Quellen zur Geschichte Thüringens

Geselliges Leben um 1800

„Die schöne Geselligkeit kostet gar viele Zeit"

Quellen zur Geschichte Thüringens

„Die schöne Geselligkeit
kostet gar viele Zeit"

Geselliges Leben um 1800

Herausgegeben
von
Thomas Neumann

Titelabbildung: Franz Ludwig Catel: Mignon als Engel. Tuschzeichnung (1799).

Titelzitat aus: Dorothea Mendelssohn-Veit-Schlegel an Friedrich Schleiermacher, 16. Januar 1800 (KGA V.3, Nr. 773, S. 345-348).

Text Rückseite: Athenaeums-Fragment 116, in: Athenaeum 1798, Ersten Bandes Zweytes Stück, S. 204-206, dort S. 204.

Landeszentrale für politische Bildung Thüringen
Regierungsstraße 73, 99084 Erfurt
www.thueringen.de/de/lzt
2004
ISBN 3-931426-81-5

Inhalt

Einführung
Die „Künste der Geselligkeit zu lehren" – Zwischen Alltag
und Poesie 11
Geselligkeit und Romantik 13
Gespräche in Briefen 18
Prinzipien der Textauswahl und Textwiedergabe 24

GESELLIGES LEBEN
In der Welt 29
1. Novalis an Friedrich Schiller, 22. September 1791 .. 30
2. Novalis an Friedrich Schiller, 7. Oktober 1791 33
3. Novalis an Friedrich Schlegel, 1. August 1794 38
4. Novalis an Friedrich Schlegel, 8. Juli 1796 44
5. Novalis an Wilhelmine von Thümmel, 18. Juli 1796 . 47
6. Novalis an Wilhelmine von Thümmel,
   24. August 1796 48

Der erste Kreis. In Thüringen (1796-1798) 51
7. Novalis an Wilhelmine von Thümmel,
   19. September 1796 52
8. Novalis an Friedrich Schlegel, 1. Januar 1797 54
9. Novalis an Friedrich Schlegel, 10. Januar 1797 55
10. Novalis an August Cölestin Just, 29. März 1797 56
11. Novalis an Friedrich Schlegel, 19. Juni 1797 58
12. Friedrich Schlegel an Novalis, 29. Juni 1797 59
13. Novalis an August Cölestin Just, 1. Juli 1797 60
14. Novalis an Friedrich Schlegel, 5. September 1797 .. 65
15. August Wilhelm Schlegel an Johann Wolfgang Goethe,
    24. September 1797 67
16. Friedrich Schleiermacher an Friederike Charlotte
    Schleiermacher, 22. Oktober 1797 74
17. Friedrich Schlegel an August Wilhelm Schlegel,
    31. Oktober 1797 77

18. Friedrich Schlegel an Caroline Michaelis-Böhmer-
    Schlegel-Schelling, 12. Dezember 1797 86
19. Ludwig Tieck an August Wilhelm Schlegel,
    23. Dezember 1797 90
20. Friedrich Schleiermacher an Friederike Charlotte
    Schleiermacher, 30. Mai 1798 93

Der zweite Kreis. Jena (1798-1800) 97
21. Friedrich Schlegel an Friedrich Schleiermacher,
    3. Juli 1798 99
22. Friedrich Schlegel, Caroline Michaelis-Böhmer-
    Schlegel-Schelling und August Wilhelm Schlegel an
    Friedrich Immanuel Niethammer, 6. Juli 1798 101
23. Friedrich Schlegel an Friedrich Schleiermacher,
    Juli 1798 103
24. Novalis an Friedrich Schlegel, 20. Juli 1798 105
25. Friedrich Schlegel an Novalis, 9. August 1798 106
26. Friedrich Schlegel an Friedrich Schleiermacher,
    vor dem 17. August 1798 109
27. Friedrich Schlegel an Novalis, 20. August 1798 112
28. Caroline Michaelis-Böhmer-Schlegel-Schelling an
    Friedrich Schlegel, 14. bis 15. Oktober 1798 114
29. Friedrich Schlegel an Novalis, 20. Oktober 1798 ... 121
30. Novalis an Friedrich Schlegel, 7. November 1798 ... 122
31. Friedrich Schlegel an Novalis, 2. Dezember 1798 ... 124
32. Novalis an Friedrich Schlegel, 10. Dezember 1798 .. 130
33. Novalis an Caroline Michaelis-Böhmer-Schlegel-
    Schelling, 20. Januar 1799 133
34. Novalis an Friedrich Schlegel, 20. Januar 1799 136
35. Friedrich Schlegel an Caroline Michaelis-Böhmer-
    Schlegel-Schelling, Februar 1799 137
36. Caroline Michaelis-Böhmer-Schlegel-Schelling an
    Novalis, 4. Februar 1799 139
37. Friedrich Schleiermacher an Henriette Herz,
    15. Februar 1799 142

38. Caroline Michaelis-Böhmer-Schlegel-Schelling und
    August Wilhelm Schlegel an Novalis,
    20. Februar 1799 145
39. Novalis an Caroline Michaelis-Böhmer-
    Schelling, 27. Februar 1799 148
40. Friedrich Schlegel an August Wilhelm Schlegel,
    Frühmärz 1799 152
41. Friedrich Schlegel an Novalis, Anfang März 1799 .. 154
42. Friedrich Schlegel an Caroline Michaelis-Böhmer-
    Schlegel-Schelling, um den 7. April 1799 155
43. Auguste Böhmer an Friedrich Schlegel und
    Ludwig Tieck, nach Mitte April 1799 157
44. Friedrich Schlegel, Dorothea Mendelssohn-Veit-Schlegel
    und Friedrich Schleiermacher an Caroline Michaelis-
    Böhmer-Schlegel-Schelling, Juli 1799 159
45. Novalis an Ludwig Tieck, 6. August 1799 162
46. Caroline Michaelis-Böhmer-Schlegel-Schelling an
    Auguste Böhmer, 30. September 1799 163
47. Caroline Michaelis-Böhmer-Schlegel-Schelling an
    Auguste Böhmer, 6. Oktober 1799 166
48. Friedrich Schlegel an Auguste Böhmer,
    7. Oktober 1799 168
49. Dorothea Mendelssohn-Veit-Schlegel an Friedrich
    Schleiermacher, 11. Oktober 1799 169
50. Caroline Michaelis-Böhmer-Schlegel-Schelling an
    Auguste Böhmer, 17. Oktober 1799 174
51. Caroline Michaelis-Böhmer-Schlegel-Schelling an
    Auguste Böhmer, 21. Oktober 1799 177
52. Caroline Michaelis-Böhmer-Schlegel-Schelling an
    Auguste Böhmer, 28. Oktober 1799 179
53. Caroline Michaelis-Böhmer-Schlegel-Schelling an
    Auguste Böhmer, 4. November 1799 181
54. Dorothea Mendelssohn-Veit-Schlegel an Friedrich
    Schleiermacher, 15. November 1799 182

55. Dorothea Mendelssohn-Veit-Schlegel an Rahel Levin-Varnhagen, 18. November 1799 184
56. Dorothea Mendelssohn-Veit-Schlegel an Friedrich Schleiermacher, 6. Januar 1800 186
57. Dorothea Mendelssohn-Veit-Schlegel an Friedrich Schleiermacher, 16. Januar 1800 190
58. Dorothea Mendelssohn-Veit-Schlegel an Rahel Levin-Varnhagen, 23. Januar 1800 192
59. Novalis an Friedrich Schlegel, 31. Januar 1800 193
60. Dorothea Mendelssohn-Veit-Schlegel an Friedrich Schleiermacher, 14. Februar 1800 195
61. Novalis an Ludwig Tieck, 5. April 1800 203
62. Novalis an Friedrich Schlegel, 5. April 1800 205
63. Dorothea Mendelssohn-Veit-Schlegel an Friedrich Schleiermacher, 22. August 1800 207

Andere gesellige Kreise. Berlin, Dresden und Paris ... 213
64. Caroline Michaelis-Böhmer-Schlegel-Schelling an Friedrich Wilhelm Joseph Schelling, Anfang Januar 1801 214
65. Novalis an Ludwig Tieck, 1. Januar 1801 216
66. Dorothea Mendelssohn-Veit-Schlegel an Clemens Brentano, 27. Februar 1801 218
67. August Wilhelm Schlegel an Friedrich Schleiermacher, 7. September 1801 220
68. Johann Wilhelm Ritter an Carl Friedrich Ernst Frommann, 2. November 1801 223
69. Caroline Michaelis-Böhmer-Schlegel-Schelling an August Wilhelm Schlegel, 20. bis 21. Dezember 1801 226
70. Johann Wilhelm Ritter an Carl Friedrich Ernst Frommann, vor dem 6. Januar 1802 232
71. Caroline Michaelis-Böhmer-Schlegel-Schelling an Julie Gotter, 18. Februar 1803 233
72. August Wilhelm Schlegel an Friedrich de la Motte Fouqué, 12. März 1806 239

73. Friedrich Schlegel an Friedrich Schleiermacher,
    5. Oktober 1806 248
74. August Wilhelm Schlegel an Dorothea
    Mendelssohn-Veit-Schlegel, 19. Januar 1807 251
75. Caroline Michaelis-Böhmer-Schlegel-Schelling an
    Luise Gotter, 15. Januar 1808 254
76. Caroline Michaelis-Böhmer-Schlegel-Schelling an
    Johanna Frommann, November 1808 255
77. Caroline Michaelis-Böhmer-Schlegel-Schelling an
    Luise Wiedemann, Mitte März 1809 257
78. Dorothea Mendelssohn-Veit-Schlegel an Friedrich
    Schlegel, 21. November 1809 263
79. Friedrich Schlegel an Dorothea Mendelssohn-Veit-
    Schlegel, November 1809 264
80. Karl Wilhelm Friedrich Solger an Karl Christian
    Friedrich Krause, 16. Juni 1811 265
81. Dorothea Mendelssohn-Veit-Schlegel an
    August Wilhelm Schlegel, 12. Januar 1813 265
82. Henrik Steffens an Ludwig Tieck, 11. September 1814 268

Anmerkungen 269
Chronik 281
Literaturverzeichnis 286
Verzeichnis der Abbildungen 291
Drucknachweise 292
    Texte 292
    Abbildungen 292
Register 293

They say that no man is an island
                Bon Jovi, Santa Fe (1990)

Aureola Borealis
The icy sky at night
Paddles cut the water
In a long and hurried flight
From the white man to the fields of green
And the homeland we've never seen.
                Neil Young, Pocahontas (1979)

I know I stand in line
Until you think you have the time
To spend an evening with me
And if we go someplace to dance
I know that there's a chance
You won't be leaving with me
                Robbie Williams, Something Stupid (2001)

Einführung

Die „Künste der Geselligkeit zu lehren"[1] – Zwischen Alltag und Poesie

„Lieber Freund ich muß mich rasend sputen, daher kömt die Confusion in meinen Schreiben, ich unterhielte mich gern länger mit Ihnen, nur habe ich nicht viel Zeit. Die schöne Geselligkeit kostet gar viele Zeit."[2] schrieb Dorothea Mendelssohn-Veit-Schlegel (nachfolgend Schlegel) an ihren Freund, den Theologen und Philosophen Friedrich Schleiermacher am 16. Januar 1800. Die beiden hatten sich einige Zeit nicht gesehen und Schlegel griff Erinnerungen an gemeinsam verbrachte Tage auf. Ihr Brief tritt an die Stelle einer direkten Unterhaltung mit dem Adressaten. Er ist dahingeworfen und wirkt, als müsse er schnell erzählt und gesprochen werden. Dorothea verwirrt sich in ihren Formulierungen an manchen Stellen, sammelt ihre Gedanken neu und schließt den Brief schnell ab, um ihn noch in die Post zu geben.

In dieser kleinen Situation ist alles enthalten, was in den hier vorliegenden Bänden im Mittelpunkt der Darstellung steht: Die Verbindung, die gegenseitige Abhängigkeit und Durchdringung von Alltag und Dichtung innerhalb einer Gruppe von Personen, deren Lebenswelten durch geselliges Beisammensein und intellektuellen Austausch bestimmt sind. Die auf drei Bände angelegte Ausgabe* widmet sich drei Themenbereichen. Band 1 enthält *Quellen zum alltäglichen Leben* um 1800. Band 2 gibt einen Blick auf das Tagesgeschehen in transzendierter Form: Die

---

* Die Bände 21, 22 und 23 der Reihe *Quellen zur Geschichte Thüringens* sind thematisch aufeinander abgestimmt.

beteiligten Personen schildern den erlebten Alltag in ihren *Briefen*. Durch die literarische und wissenschaftliche Bildung der Briefschreiber und durch die künstlerische Bearbeitung der Gedanken und Erlebnisse wird Alltäglichkeit neu gestaltet. Band 3 bietet eine Auswahl der in den dokumentierten alltäglichen Lebenswelten entstandenen *literarischen Texte*. Damit sind die Bände Beleg für ein Kommunikationsmodell um 1800. Dieses ist geprägt durch die außergewöhnliche örtliche und zeitliche Konstellation der Protagonisten. Diese sind das Bindeglied in der vorliegenden Dokumentation.

Die Akteure gehören zu dem als Freundschaftsbund zu bezeichnenden Romantikerkreis in Jena. Deren Zusammenkunft kristallisiert sich in der dortigen ‚Wohngemeinschaft' der Schlegels und ist in ihrer erweiterten Form bei den regelmäßigen Treffen zu beobachten. Die Brüder Schlegel, Friedrich und August Wilhelm, Dorothea Mendelssohn-Veit-Schlegel und Caroline Michaelis-Böhmer-Schlegel-Schelling, Novalis und Friedrich Schleiermacher, Friedrich Immanuel Niethammer und Johann Gottlieb Fichte u.a. sind an diesen geselligen Runden beteiligt. Man logiert bei den Schlegels, lädt Freunde und Bekannte aus dem universitären Umfeld zu größeren Runden ein und pflegt einen regen Gedankenaustausch.

Warum steht der Personenkreis um die Brüder Schlegel in Jena im Mittelpunkt der Darstellung? Warum ist es die unter dem zusammenfassenden Begriff ‚Romantikerkreis' bekannte Personengruppe, die hier das Interesse des Lesers wecken soll? Die Antwort ist relativ einfach: Der Romantikerkreis ist zeitlich und geographisch gut einzugrenzen: Die komplexen Verbindungen der Personen untereinander sind anschaulich und in angemessenem Umfang darstellbar. Außerdem sind ihre Beziehungen so intensiv, dass nahezu alle Lebensbereiche in den Korrespondenzen thematisiert werden. Die beteiligten Personen waren während ihrer Jenaer Zeit gesellschaftlich noch nicht etabliert. Sie standen in keinen festen Anstellungsverhältnissen und konnten auf keine materielle Sicherheit bauen, alltägliche Sorgen und Nöte – wie z.b. drückende Schulden, Wohnungsnot und Beschäftigungsprobleme – nahmen neben intellektuellen Problemen einen breiten Raum in den Gesprächen und Korrespondenzen ein. Gerade dies macht die Verbindung und Verquickung der künstlerisch-philosophischen Themen zum Alltagsleben erst deutlich. Denn nur sie erlaubt es, die alltägliche Lebenswelt gemeinsam mit der literarischen zu sehen und eine gegenseitige Durchdringung anzunehmen.

Geselligkeit und Romantik

„Die romantische Poesie ist eine progressive Universalpoesie. Ihre Bestimmung ist nicht bloß, alle getrennte Gattungen der Poesie wieder zu vereinigen, und die Poesie mit der Philosophie, und Rhetorik in Berührung zu setzen. Sie will, und soll auch Poesie und Prosa, Genialität und Kritik, Kunstpoesie, und Naturpoesie bald mischen, bald verschmelzen, die Poesie lebendig und gesellig, und das Leben und die Gesellschaft poetisch machen, den Witz poetisiren, und die Formen der Kunst mit gediegnem Bildungsstoff jeder Art anfüllen und sättigen, und durch die Schwingungen des Humors beseelen. Sie umfaßt alles, was nur poetisch ist, vom größten wieder mehre Systeme in sich enthaltenden Systeme der Kunst, bis zu dem Seufzer, dem Kuß, den das dichtende Kind aushaucht in kunstlosen Gesang."[3]
Friedrich Schlegels Charakterisierung formuliert pointiert den Kern der unter dem Namen Romantik bekannten literarischen Epoche. Darunter ist eine literarische, natur- und geisteswissenschaftliche Bewegung um das Jahr 1800 zusammengefasst. Zentral ist ihr – und ihren Protagonisten – ein Streben nach Einheit und Ganzheit. Damit einher geht der Wunsch nach einem umfassenden Gesamtkunstwerk, der Aufhebung der Widersprüche und Gegensätze zwischen Leben und Kunst. Die Betonung der Inhalte verschiebt sich dabei zu emotionalen

Werten und Maßstäben, sodass nicht nur Vernunft, Rationalität und klassische Schlichtheit im Zentrum der Literatur, der Kunst und des Lebens stehen, wie beispielsweise in der Weimarer Klassik, sondern Phantasie und Intellekt zusammengehen. Die mystische Frömmigkeit des Pietismus und der schrankenlose Individualismus des Sturm und Drangs waren Anknüpfungspunkte, die die Romantik aufgriff. Auch sie setzten auf die subjektive Emotionalität und suchten einen auf Empfindsamkeit und Selbstbespiegelung basierten Weg nach Innen. Doch bei den Romantikern war es nicht nur die Suche nach dem eigenen Ich. Es ging nicht um den puren Subjektivismus, sondern man ging weiter, um einen Weg zur Welt zu finden und um eine neue Weltsicht zu gewinnen.

Daher sind es auch qualitativ andere Gruppierungen und Freundschaftsbünde unter den Romantikern als es die Zusammenschlüsse in der Empfindsamkeit oder der Klassik waren. Keine harmonische Verbindung stand mehr im Mittelpunkt, sondern ein Geistesbund zum Austausch von Ideen. Kontroverse Standpunkte und Meinungen waren dem eher förderlich. Dies kann man unschwer am Schlegelkreis und seinen Mitgliedern sehen.

Zu dem engeren Kreis sind zu zählen: Friedrich Schlegel (1772-1829), August Wilhelm Schlegel (1767-1845), Dorothea Schlegel (1763-1839), Caroline Schelling (1763-1809) und ihre Tochter Auguste Böhmer (1785-1800), Friedrich Freiherr von Hardenberg, genannt Novalis (1772-1801), der Philosoph Friedrich Schleiermacher (1768-1834) – der aber nie in Jena war –, Ludwig Tieck (1773-1853), der Physiker Johann Wilhelm Ritter (1776-1810) und der Theologe, Philosoph und Jenaer Professor Friedrich Immanuel Niethammer (1766-1848), der dem Jenaer Kreis eng verbunden war. Nicht zu vergessen ist der Biograph der Romantiker Henrik Steffens (1773-1845), der in seinen Lebenserinnerungen einen interessanten Blick auf den Jenaer Romantikerkreis wirft. An der Ausbildung des Kreises und an der Formulierung der philosophischen, literarischen und lebensweltlichen Ideen waren vor allem auch die Philosophen Friedrich

Wilhelm Joseph Schelling (1775-1854), Johann Gottlieb Fichte (1762-1814) und der Pädagoge August Ludwig Hülsen (1765-1810) beteiligt.

Im Sinne Friedrich Schlegels stand im Mittelpunkt der Gruppe das gemeinsame Denken und Philosophieren – auch bei widersprüchlichen Positionen. Für dieses gemeinsame Denken hatte Friedrich Schlegel den Begriff der Symphilosophie geschaffen – und dehnte diesen auch auf andere Lebensbereiche aus. Synexistieren und Synfaulenzen gehörten selbstverständlich zu den gemeinsamen Erlebnissen der Romantiker.

Der Zusammenschluss der Gruppe war kein Zufall. Mit Jena war ein ideeller und intellektueller Ort für eine Gruppe von Intellektuellen geschaffen, die an keinem festen Standort situiert und nicht institutionell gebunden waren. Sie verband das gemeinsame Wissen, dass eine geistige Veränderung der Gesellschaft nur gemeinschaftlich herbeigeführt werden könne.

Der zeitliche Rahmen, in dem sich die geselligen Kreise der Romantiker in Jena zusammenfanden, war dabei maßgeblich von Friedrich Schlegel und seinem Bruder August Wilhelm abhängig. Daher wird der Zusammenschluss auch als Schlegelkreis bezeichnet.

1793 hatte Friedrich Schlegel sein Studium der Rechtswissenschaft aufgegeben und versuchte, sich als freier Schriftsteller zu etablieren. Nach zwei Jahren Aufenthalt in Dresden, wo sich schon ein kleiner Kreis von Freunden um ihn sammelte, folgte ab August 1796 der erste längere Aufenthalt in Jena. Nach dem Scheitern der Mitarbeit an Friedrich Schillers *Horen* ging er im Juli 1797 frustriert nach Berlin. Dort begegnete er seiner späteren Ehefrau Dorothea Veit und lebte einige Zeit zusammen mit Friedrich Schleiermacher in einer Art geistigen Wohngemeinschaft. Ebenso machte er dort die Bekanntschaft mit Ludwig Tieck. Gemeinsam mit seinem Bruder August Wilhelm gründete er die wichtigste Zeitschrift der Romantik, das *Athenaeum*. Damit hatten sich die Mitglieder des Schlegelkreises eine gemeinsame Diskussionsplattform und ein Publikationsorgan geschaffen. Nach seinem Berlinaufenthalt kehrte Friedrich im Herbst 1799 nach Jena zurück. Caroline, Dorothea, Novalis und Tieck stießen zu dem Jenaer Kreis und man versuchte das zu verwirklichen, was man als Lebensmodell und intellektuelle Herausforderung in Briefen, Romanen und Gedichten theoretisch formuliert hatte. Nur knapp zwei Jahre sollten diese geselligen Runden überdauern.

Im Jahr 1800 musste das *Athenaeum* im dritten Jahr sein Erscheinen einstellen. Im Frühjahr 1801 starb Novalis, August Wilhelm Schlegel ging nach Berlin und Friedrich Schlegel verließ im April 1801 Jena, nachdem er vergeblich versucht hatte, sich als Dozent an der Universität zu etablieren. Von Jena ging er nach Dresden und dann weiter nach Paris, immer von Dorothea begleitet. 1804 heirateten sie. In Paris machten seine Sanskritstudien den Schwerpunkt seiner Beschäftigung aus. 1808 konvertierten er und Dorothea zum Katholizismus. Weitere Versuche sich beruflich zu etablieren sollten erst 1809 durch die Vermittlung einer Stelle als Hofsekretär in Wien durch seinen Bruder enden.

Die geselligen Kreise der Romantiker hatten sich aus Jena verabschiedet und die einzelnen Mitglieder des Freundeskreises gingen getrennte Wege. Neue Lebens-, Diskussions- und Lesekreise bildeten sich in Dresden, in Berlin und an anderen Orten. Aber die Besonderheiten der Jenaer Treffen und geselligen Runden lagen in der einmaligen Konstellation eines relativ geschlossenen Personenkreises, ihrer freundschaftlichen und intellektuellen Bindungen untereinander und ihrer größtenteils unsicheren Lebenssituationen.

Friedrich Schlegel formulierte den Anspruch und seine Einlösung des geselligen Bundes in Jena in einem kurzen Text im *Athenaeum*: „Vielleicht würde eine ganz neue Epoche der Wissenschaften und Künste beginnen, wenn die Symphilosophie und Sympoesie so allgemein und so innig würde, daß es nichts seltnes mehr wäre, wenn mehre sich gegenseitig ergänzende Naturen gemeinschaftliche Werke bildeten."[4]

Abb. 1: Porträt August Wilhelm Schlegel (1767-1845)

Schlegel begründete damit ein Programm, das nicht nur die Literatur, sondern das ganze Leben umschließen sollte. Die Forderung nach einem Gesamtkunstwerk lag im Raum und deshalb kann man für die vorliegenden Bände formulieren: es geht um die Durchdringung – und letztendlich um die Poetisierung – des ganzen Lebens. Dass diese Forderung nur eine theoretische war scheint einleuchtend. Und natürlich gelang es nicht immer, vor allem nicht im Alltag und innerhalb der Zweierbeziehungen der Gruppe, Poesie und Wirklichkeit miteinander zu vereinigen. Aber die Bestrebungen aller Beteiligten zielten in eine gemeinsame Richtung.

Und vielleicht gelang es nur Caroline, den Anspruch an Freiheit, den Friedrich Schlegel in seinem Roman *Lucinde* formuliert hatte in der Realität umzusetzen. Sie löste sich über alle Konventionen hinweg aus ihrer bürgerlichen Existenz. Sie bekam ein uneheliches Kind, tat sich mit August Wilhelm Schlegel zusammen, um schließlich einen neuen Lebensweg mit Friedrich Wilhelm Joseph Schelling einzuschlagen. Dabei hatte sie stets die Selbstbestimmung als Individuum im Auge. Die männlichen Mitglieder des Romantikerkreises sollten nicht so bestimmt nach den freiheitlichen Grundsätzen der Jenaer Jahre leben.

Dass Lebensführung, Liebe und Beziehungen zwischen den Freunden ein wichtiges Thema auch des Alltags waren, bestätigt ein Ausruf von Novalis in einem Brief an Caroline: „Ohne *Liebe* hielt ichs gar nicht aus. Mündlich recht viel Neues und Schönes."[5]

Gespräche in Briefen

1809 schrieb August Wilhelm Schlegel in den Niederschriften seiner *Vorlesungen über dramatische Kunst- und Litteratur*: „Die antike Kunst und Poesie geht auf strenge Sonderung des

Ungleichartigen, die romantische gefällt sich in unauflöslichen Mischungen; alle Entgegengesetzten, Natur und Kunst, Poesie und Prosa, Ernst und Scherz, Erinnerung und Ahnung, Geistigkeit und Sinnlichkeit, das Irdische und Göttliche, Leben und Tod, verschmilzt sie auf das innigste miteinander [...]: so ist die gesamte alte Poesie und Kunst gleichsam ein rhythmischer Nomos, eine harmonische Verkündigung der auf immer festgestellten Gesetzgebung einer schön geordneten und die ewigen Urbilder der Dinge in sich abspiegelnden Welt. Die romantische hingegen ist der Ausdruck des geheimen Zuges zu dem immerfort nach neuen und wundervollen Geburten ringenden Chaos, welches unter der geordneten Schöpfung, ja in ihrem Schoße sich verbirgt: der beseelende Geist der ursprünglichen Liebe schwebt hier von neuem über den Wassern. Jene ist einfacher, klarer, und der Natur in der selbständigen Vollendung ihrer einzelnen Werke ähnlicher; diese, ungeachtet ihres fragmentarischen Ansehens, ist dem Geheimnis des Weltalls näher."[6]
Schlegel skizzierte in seinen *Vorlesungen über dramatische Kunst- und Litteratur* die Spannweite der später als romantisch bezeichneten Zeit im Jahr 1800. Es ist der retrospektive Blick, der schon einige Jahre nach dem Zusammentreffen unserer Protagonisten in und um Jena herum zu den ersten Legendenbildungen führte. Der theoretische und literar-poetische Rahmen der Ereignisse musste erst noch ausgelotet und abgesteckt werden. Die im nachfolgenden wiedergegebenen Briefe dokumentieren die gesellschaftlichen, kommunikativen und literarischen Prozesse, die innerhalb einer kleinen Gruppe von Personen über einen längeren Zeitraum zu dem führten, was man im europäischen Kontext als Jenaer Romantik bezeichnete. Was aber auch, und das soll hier im Mittelpunkt des Interesses stehen, als ein Mikrokosmos gesellschaftlicher Prozesse und geselligen Lebens gesehen werden kann. Die vorliegenden Dokumente dieses Bandes geben eine schon *künstlerisch gefilterte* Sicht des geselligen Lebens miteinander wieder. Liefert

der Band über *Alltägliches Leben** die realen Fakten, die Lebensbedingungen und den Kontext, in dem sich in einem kleinen Kreis von Menschen um das Jahr 1800 exemplarisch die Lebenssituation in kleinen und mittleren Städten Thüringens – und darüber hinaus – spiegelt, wird in diesem Band die transzendierte Fassung des geselligen Lebens im Alltag vermittelt. Dass es sich bei den ausgewählten Personen um die Mitglieder gebildeter Eliten handelt, hat vor allem in der Situation der Dokumentation geselliger Prozesse seine Ursache, denn will man etwa den zentralen Bestandteil geselligen Miteinanders, das Gespräch, dokumentieren, ist man auf die dem Gespräch ähnlichen Materialien angewiesen, auf den Brief oder die Gesprächsaufzeichnung. Für die Heranziehung des vorliegenden Materials liefert Dorothea Schlegel eine treffende Beschreibung: „Ich konnte heute, mit diesen Sorgen der wirklichen Welt, für keinen Preis, das lose und übermüthige Wesen im Roman treiben, ich entschloß mich also, um nicht im dummen Trübsinn zu verfallen, Ihnen recht vieles zu schreiben, und was man nennt mit Ihnen plaudern. Ich sitze dabey auf Ihren gelben Sopha die Füsse bequem hinauf gelegt, Sie sitzen neben mir, und treiben Scherz und Hohn mit meinen Sorgen, und meinem betrübten Gesicht!"[7]

Dorothea stellt sich – allein und betrübt – eine gesellige Runde vor, um den täglichen Sorgen zu entrinnen. Sie verschränkt in diesem Moment Brief und Gespräch ineinander. In der Form des *schriftlichen Gesprächs* beschreibt sie gleichzeitig die fiktive Gesprächsrunde. Hier wird die Briefform als Kommunikationsform verstanden, die das tägliche Gespräch ergänzt, teilweise sogar ersetzt und an dessen Stelle tritt. So gilt in dem vorliegenden Band der Brief als alltägliche Form der Verständigung, der das ersetzt, was uns das Telefongespräch oder die E-Mail bedeuten. Ein weiterer Gesichtspunkt ist der Aspekt der Geselligkeit, der

---

* Man vergleiche dazu Band 21 aus der Reihe *Quellen zur Geschichte Thüringens* über *Alltägliches Leben*.

sich als Form des Miteinanders von üblichen gesellschaftlichen Umgangsformen unterscheidet. Geselligkeit ist als zweckfreie und flüchtige Form des Austausches zu sehen: „Indem man nichts (voneinander) erwartet, ist in der Geselligkeit eine Offenheit des Umgangs [im Gegensatz zur Gesellschaft] möglich, welche die an ihr Beteiligten ohne deren Absicht in neue Richtungen lenkt. Der Zweck der Geselligkeit liegt in ihr selbst, in ihrer Ungeplantheit und ihrem phantasievollen Miteinander."[8]
Dass mit Geselligkeit eine andere Qualität des Austausches, eine andere Form der Kommunikation gemeint ist, als die in Lesegesellschaften und bürgerlichen Zirkeln zelebrierte Gemütlichkeit, kann man an den produktiven Ergebnissen des Romantikerkreises sehen. Und eine so definierte Form des Umgangs miteinander erlaubt auch den herrschaftsfreien Austausch von Informationen und Meinungen – Grundvoraussetzung für einen produktiv-kreativen Prozess, als der das Leben hier verstanden wurde: „Die alten Griechen und Römer, welche keine Buchdruckerkunst hatten und daher wenig Schriften lesen konnten, mußten ihre Unterhaltung in den Stunden der Muße mehr im geselligen Umgang suchen. Ihr Forum, ihre Portikus waren die allgemeinen Sammelplätze dazu; – freilich Zusammenkünfte ganz andrer Art als unsre steifen Kaffee, Thee und Ballgesellschaften, oder als unsre Klubbs, Resourcen und Harmonieen!"[9]
Geselligkeit war ein vieldiskutiertes Thema. Dies zeigt sich an Friedrich Schleiermachers Überlegungen in seinem *Versuch einer Theorie des geselligen Betragens*[10] (1799), in dem er dem Thema einige neue Seiten abgewann. Es geht ihm bei Geselligkeit um die Vermittlung von Aufklärung und Kultur und um ein soziales Subsystem, in dem Kommunikation ein zentraler Leitgedanke ist: „Wir gehen aus von der Anschauung der Person, und bedingen das, was sich daraus ergibt, durch den Endzweck der freien Geselligkeit."[11]
Aber es war vor allem die praktische Seite, die Treffen der Freunde und Diskussionspartner, um neue Meinungen und Texte zu diskutieren, um sich gegenseitig vorzulesen – z. B. aus den

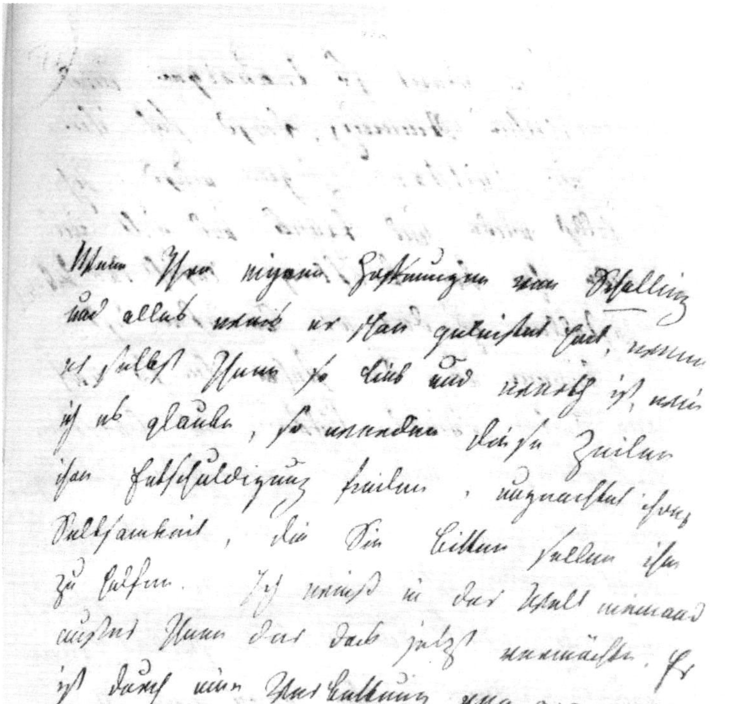
Wenn Ihre eigenen Gesinnungen von Schelling
und alles was er Ihnen geleistet hat, wenn
es selbst Ihnen so lieb und werth ist, wie
ich es glaube, so werden diese Zeilen
ihre Entschuldigung finden, ungeachtet ihrer
Seltsamkeit, die Sie bitten sollen ihm
zu helfen. Ich wüßte in der Welt niemand
außer Ihnen der das jetzt vermöchte. Er
ist durch eine Verkettung von grausamen
Ereignissen in eine Gemüthslage gerathen,
die ihn zu Grunde richten müßte, wenn
er sich ihr auch nicht mit dem Vorsatz
hingäbe sich zu Grunde richten zu wollen.
Es kann Ihnen fast nicht unbemerkt
geblieben seyn, wie sehr sein Körper
und seine Seele leidet, und er ist

Abb. 2: Caroline Michaelis-Böhmer-Schlegel-Schelling an Johann Wolfgang Goethe, 26. November 1800 (CBF II, zwischen S. 18 und 19)

Shakespeare-Übersetzungen – und gemeinsam Gedichte und Pamphlete zu schreiben.[12] Und daher waren es auch immer wieder Briefe, die zwischen den Freunden wechselten, in denen man sich zu den nächsten Besuchen verabredete, Termine absagen musste und verpasste Gelegenheiten für einen Gedankenaustausch bedauerte: „Den Plan uns Ostern in Berlin zu sehn hast Du wie es scheint aufgegeben. Wir würden einen schönen Kreis um Dich bilden!"[13] Und auch wenn die Briefpartner drängen, ist doch immer genug Zeit, die Treffen in Ruhe anzugehen: „Ich bin nicht mehr so fürs Eilen – ich habe langsam gehn gelernt. Einmal für allemal sieh künftig meine Stube für die Deinige an."[14]
Nach der Auflösung des zweiten Jenaer Kreises im Frühjahr 1801 und dem Tod von Novalis ging eine Epoche zu Ende. Dorothea und Schelling hatten schon von Mai bis Oktober 1800 Jena verlassen, waren aber wieder zurückgekehrt. Im Frühjahr 1801 fiel der Freundeskreis auseinander. Die neuen geselligen Kreise fanden sich zwar auch in Jena bei Dorothea und Schelling, aber in der obengenannten Zusammensetzung, mit der gegenseitigen menschlichen und intellektuellen Anregung sollte es eine solche Gruppe nicht mehr geben. Über die neuen Konstellationen berichtete Dorothea im Frühjahr 1803: „Es geht hier in der Societät so bunt durch einander, daß es alle Tage neue Allianzen und neue Brüche giebt, alles steht auf den Kopf – daß zwischen Niethammer, Asverus, Vermehren und Hufeland ein *geistreiches* Kränzchen statt findet, gehört in dieses Fach. Möller ist völlig verrückt worden, was er bisher nur halb war. Hegel macht den Galanten und allgemeinen *Cicisbeo*. Mich amüsirt es alles wie eine Comödie, besonders da es Podmanitzky gut vorzutragen weiß, durch den ich es gemeiniglich höre."[15]
Solche Stimmen hörte man auch von August Wilhelm Schlegel, von Friedrich, Caroline und Schelling und von Schleiermacher. Man hatte sich nach der Trennung in Jena allerorten langsam mehr oder weniger arrangiert und war in einträgliche und existenziell sichere Verhältnisse gelangt. Aber die kreativen Kreise in Jena sollten keine Wiederholung finden und es gelang nicht

das, was Schleiermacher in seiner Theorie bzw. Utopie von Geselligkeit beschrieben hatte, eine *freie Geselligkeit*. Und so ist hier auch von keinem weiteren *Glücklichen Ereigniß* – wie die Beschreibung der Begegnung zwischen Goethe und Schiller bei der Tagung der Naturforschenden Gesellschaft in Jena am 20. Juli 1794 bezeichnet wurde – zu berichten.

Einige Jahre später schreibt August Wilhelm Schlegel an Dorothea einige Zeilen, die von seinen aktuellen Lebensverhältnissen des Jahres 1807 berichten, und es ist fast eine Beschreibung, die auch auf die Jenaer Jahre hätte zutreffen können: „Doch ich schwatze Ihnen mancherlei vor, was Ihnen Friedrich vielleicht schon gemeldet, und vergesse Ihnen zu sagen, was er übergangen haben wird, nämlich wie sehr meine Freundin sich in seinem Umgange gefällt, wie lebhaften Beifall sowohl sein Scherz als sein geistreicher Ernst findet, wie viel er überhaupt beiträgt, das gesellige Leben in unserm Hause angenehm zu beseelen."[16]

Und nur unter diesen Voraussetzungen konnten hier die einzelnen Bedeutungsebenen innerhalb der Jenaer *Symkommune* miteinander verschränkt werden – war *Sym* doch der Ausdruck für das Streben nach Gemeinsamkeit, Seelenverwandtschaft, Freundschaft und kreativem Austausch in Alltag und Leben. Gesellige Kreise sollten sich auch nach der Jenaer Zeit wieder bilden. Aber die Komplexität der Beziehungen auf allen Ebenen des (all-)täglichen Lebens sollte in der kommunikativen Form auf die Jenaer Kreise beschränkt bleiben – nur so war die Ausbildung einer der innovativsten Kulturepochen um 1800 in Deutschland und Europa möglich gewesen.

Prinzipien der Textauswahl und Textwiedergabe

Eine einfache Begründung, warum die Darstellung und Textauswahl auf die Textform Brief zurückgegriffen hat, liefert Friedrich Schlegel in einem Brief an Caroline: „bedenken Sie, dass *Briefe* und *Rezensionen* Formen sind, die Sie ganz in der Gewalt haben."[17] So wie Schlegel in seinem Brief formuliert, dass es sich gerade bei dem persönlichen Dokument *Brief* um ein durch und durch gestaltbares *und* freies Medium handelt, das nicht an poetologische Gesetzmäßigkeiten wie etwa ein Gedicht oder eine Erzählung gebunden ist, so wird der Brief als

Abb. 3: *Porträt Caroline Michaelis-Böhmer-Schlegel-Schelling (1763-1809)*

Textform in der vorliegenden Auswahl verstanden. Wo nicht anders aufgeführt, wird als Textgrundlage immer die jeweilige historisch-kritische Briefausgabe herangezogen. Gegebenenfalls werden kritische Ausgaben oder wo es sich um ungedruckte Dokumente handelt, die Handschriften als Druckvorlage genutzt. Die Texte werden nach den Werkausgaben wiedergegeben, typographische Besonderheiten der historisch-kritischen

Ausgaben werden vernachlässigt, gegebenenfalls auf Besonderheiten hingewiesen. Textergänzungen wurden im einzelnen kenntlich gemacht durch [eckige Klammern], unterschiedliche Darstellungsformen der Ausgaben wurden vereinheitlicht. Textauslassungen wurden ebenfalls mit eckigen Klammern [...] gekennzeichnet. Verzichtet wurde auf die vollständige Ergänzung der Briefkopfdaten, diese wurde jeweils den Konventionen der Ausgaben entsprechend übernommen. Texteingriffe werden gegebenenfalls in den Anmerkungen kenntlich gemacht. Hervorhebungen in den Textvorlagen wurden vereinheitlicht und sind *kursiviert* dargestellt, Abweichungen gegebenenfalls in den Anmerkungen erklärt. Streichungen in den Manuskripten und deren Kenntlichmachung in den Werkausgaben wurden nicht übernommen. Nachträgliche Ergänzungen und Einfügungen des Briefschreibers in der Handschrift oder Druckvorlage werden {mit geschwungenen Klammern} hervorgehoben. Unterschiedliche Schreibungen der Namen werden in den Brieftexten nicht angeglichen. Ansonsten werden die Namen in den erklärenden Texten jeweils in der zeitlich richtigen Ansetzungsform oder in einer Kurzform, in den Briefüberschriften in der zusammengesetzten Form (Dorothea Mendelssohn-Veit-Schlegel) verwendet. Gegebenenfalls findet der Leser separate Hinweise in den Anmerkungen.

Zeilenwechsel in den Briefköpfen, Grußformeln oder in Versform wiedergegebener Textteilen werden gegebenenfalls mit einem Schrägstrich [/] kenntlich gemacht. Weitere Besonderheiten und Abweichungen werden in den Anmerkungen erwähnt.

Anmerkungen

1 Friedrich Schlegel an August Wilhelm Schlegel, 13. April 1792, in: KFSA 23, Nr. 18, S. 48-50, S. 49.
2 Dorothea Mendelssohn-Veit-Schlegel an Friedrich Schleiermacher, 16. Januar 1800 (Nr. 57).
3 Friedrich Schlegel: Athenaeums-Fragment 116, in: Athenaeum 1798, Ersten Bandes Zweytes Stück, S. 204-206, dort S. 204 f.
4 Friedrich Schlegel: Athenaeums-Fragment 125, in: Athenaeum 1798, Ersten Bandes Zweytes Stück, S. 209-210, dort S. 209.
5 Novalis an Caroline Michaelis-Böhmer-Schlegel-Schelling, 20. Januar 1799 (Nr. 33).
6 August Wilhelm Schlegel: Über dramatische Kunst und Literatur: Fünfundzwanzigste Vorlesung, in: August Wilhelm Schlegel, Kritische Schriften, Bd. 6, Hg. Edgar Lohner, Stuttgart u.a. 1967, S. 111 f.
7 Dorothea Mendelssohn-Veit-Schlegel an Friedrich Schleiermacher, 14. Februar 1800 (Nr. 60).
8 Detlef Gaus: Geselligkeit und Gesellige. Bildung, Bürgertum und bildungsbürgerliche Kultur um 1800. Stuttgart, Weimar 1998, S. 53.
9 (Anonym:) Dreizehnter Brief: Gotha, in: Briefe auf einer Reise durch Thüringen und Hessen geschrieben von einem wandernden Helvetier im Jahr 1800. Altenburg und Erfurt 1801, S. 102-117, dort S. 108.
10 Friedrich Schleiermacher: Versuch einer Theorie des geselligen Betragens, in: Berlinisches Archiv der Zeit und ihres Geschmacks 1799 [Anfang des Jahres]; KGA I.2, S. 163-184.
11 Friedrich Schleiermacher: Versuch einer Theorie des geselligen Betragens, in: Berlinisches Archiv der Zeit und ihres Geschmacks 1799 [Anfang des Jahres]; KGA I.2, S. 163-184, dort S. $179_{11\text{-}13}$.
12 Man vgl. dazu: „Da haben sich Wilhelm und Tiek lezt Abends hingesetzt und ihn mit einem verruchten Sonnet beschenkt. Es war ein Fest mit anzusehn, wie beyder braune Augen gegeneinander Funken sprühten und mit welcher ausgelassenen Lustigkeit diese gerechte *malice* begangen wurde." (Caroline Michaelis-Schlegel-Schelling an Auguste Böhmer, 28. Oktober 1799).
13 Friedrich Schlegel an Novalis, 20. August 1798 (Nr. 27).
14 Novalis an Friedrich Schlegel, 8. Juli 1796 (Nr. 4).
15 Caroline Michaelis-Böhmer-Schlegel-Schelling an Julie Gotter, 18. Februar 1803 (Nr. 71).
16 August Wilhelm Schlegel an Dorothea Mendelssohn-Veit-Schlegel, 19. Januar 1807 (Nr. 74).
17 Friedrich Schlegel an Caroline Michaelis-Böhmer-Schlegel-Schelling, November 1797, in: RB, Nr. 110, S. 206-208, dort S. 207.

Geselliges Leben

In der Welt

Eine kurze Zeit in der Geschichte der Literatur und Kultur, um das Jahr 1800 herum, waren Thüringen und Jena kulturelles Zentrum Deutschlands und Europas. Das Zusammentreffen des Schlegelkreises, der Austausch ihrer Ideen und Probleme, das Diskutieren von philosophischen Weltanschauungen und alltäglichen Kleinigkeiten hatte eine Vorgeschichte und Rahmenbedingungen. Wie im vorherigen Abschnitt beschrieben, begann man schon Jahre vor dem ‚glücklichen Ereigniß', dem gemeinsamen Zusammentreffen in Jena, Kontakte miteinander zu pflegen. In dem Brief von Friedrich von Hardenberg genannt Novalis an Friedrich Schiller vom 22. September 1791 sagte Novalis einen Besuch in Erfurt bei Friedrich Schiller ab: „Mein widerwärtiges Schicksal verhindert diesmal meine so lang ersehnte Reise nach Erfurt." Im Oktober 1790 hatte er sich an der Universität Jena eingeschrieben und pflegte Umgang u.a. auch mit Schiller, der, im Dezember 1788 berufen, seit Mai 1789 an der Universität Jena Vorlesungen hielt, und dessen Frau, mit Leonhard und Friedrich Creuzer und mit Karl Leonhard Reinhold. Noch im September 1791 verließ Novalis Jena und nahm ein Studium in Leipzig auf, wo er im Januar 1792 Friedrich Schlegel kennen lernte. Im April 1793 ging Novalis als Student nach Wittenberg, im Juni 1794 nach Weißenfels für einige Monate und arbeitete vom Oktober 1794 bis zum Februar 1796 als Aktuarius beim Kreisamt in Tennstedt. Friedrichs Bruder August Wilhelm Schlegel erhielt 1795 einen Einladung zur Mitarbeit an den Schillers ‚Horen', verbunden mit der Aufforderung nach Jena zu kommen. Am ersten Juli heiratet August Wilhelm Schlegel Caroline Michaelis-Böhmer und beide ließen sich in Jena nieder. Im Sommer kam auch Friedrich Schlegel nach Jena um u.a. an Reichardts Zeitschrift ‚Deutschland' mitzuarbeiten. Novalis hatte schon im Februar 1796 seine neue Tätigkeit bei der Salinendirektion in Weißenfels aufgenommen.

1. Novalis an Friedrich Schiller, 22. September 1791

Bester Herr Hofrat,
Mein widerwärtiges Schicksal verhindert diesmal meine so lang ersehnte Reise nach Erfurt. Es ist hier in ganz Jena für heute kein Wagen und noch viel weniger ein Pferd zu bekommen. Meine angestrengteste Mühe gieng verloren und es bleibt mir nichts übrig, als meiner Fantasie so lebendig, als möglich, die Darstellung des auf mich wartenden Vergnügens vollenden zu lassen. Wie gern hätt' ich Sie nicht gesehn, wie gern an Ihrer Seite so glühend und froh den Dichter des Don Karlos und die gelungensten Augenblicke der Kunst in der Vorstellung genossen und verschlungen; wie freute ich mich nicht zugleich auf die persönliche Bekanntschaft mit dem guten, seelenvollen Dalberg, der leider nur noch fast einzig unter den Fürsten Deutschlands steht, und den ich schon deswegen hochschätzen würde, wenn er sich nur für meinen lieben Schiller recht warm und innig interressirte: aber nun ist dis alles vereitelt, und ich muß mich resigniren; welches ich auch desto leichter kann, da mir wenigstens die Hoffnung nicht benommen ist doch Sie noch während dieser Ferien einmal zu sehn. Offenherzig war Ihre persönliche Bekanntschaft und Ihr freundschaftlicher Umgang auch das Einzige, was ich höchst ungern in Jena verlasse und was ich in Leipzig nicht aufhören werde zu vermissen. Ein Wort von Ihnen wirkte mehr auf mich als die wiederholtesten Ermahnungen und Belehrungen Anderer. Es entzündete tausend

Abb. 4: Porträt Friedrich von Hardenberg gen. Novalis (1772-1801)

andre Funken in mir und ward mir nüzlicher und hülfreicher zu meiner Bildung und Denkungsart als die gründlichsten Deductionen und Beweisgründe. Unendlich viel hätte ich in diesen Winter von Ihnen gewonnen und spielend gewonnen, was des angewandtesten Fleißes, des willigsten Bestrebens ohngeachtet mir vielleicht erst in Jahren erreichbar wird. Und selbst dis abgerechnet, so wäre Ihr freundschaftliches Herz, Ihre ganze Individualitaet, der ich so nah mich wußte, genug gewesen um Jena mir angenehm und unvergeßlich zu machen. Und doch werde ich Alles leichter ertragen, wenn mich nur das Bewußtseyn begleitet, daß ich Ihnen ein bischen lieb bleibe, und daß ich, wenn ich Sie wiedersehe noch immer die alte Stelle in Ihrem Herzen offen finde. Denn wen sollte nicht das überschwänglich selige Gefühl sich von Ihnen wärmer umfaßt zu wissen für alles und selbst den persönlichen Umgang mit Ihnen entschädigen. Ihnen größestentheils werde ich es zuschreiben, wenn diesen Winter mein eifrigster Wille meine Kräfte unterstüzt, um die gefährlichste Klippe eines jungen, lebendigen Kopfs die sauren und anhaltenden Vorarbeiten zu einem künftigen, bestimmten Beruf glücklich zu übersteigen, denn Sie machten mich auf den mehr als alltäglichen Zweck aufmercksam, den ein gesunder Kopf sich hier wählen könne und müsse und gaben mir damit den lezten, entscheidenden Stoß, der wenigstens meinen Willen sogleich festbestimmte und meiner herumirrenden Thätigkeit eine zu allen meinen Verhältnissen leichtbezogne und passende Richtung gab. Ich kann Ihnen zwar nicht verheelen, daß ich fest glaube, daß meine Neigung zu den süßen Künsten der Musen nie erlöschen und meine liebe, freundliche Begleiterinn durchs Leben seyn wird, daß immer die Werke der Lieblinge Apolls einen unnennbaren Zauber für meine Seele behalten werden, und ich nie ungeneigt seyn werde dem Wunsche des Königs von Preußen beyzupflichten, wenn gleich auf eine ganz verschiedne Art, der die Zaÿre Voltairs[1] lieber gemacht haben wollte als Sieger in so vielen Schlachten gewesen zu seyn; daß ich endlich selbst in manchen süßen,

heimlichen Augenblicken Funken vom heiligen Altar der Kunst zu entwenden mir nicht entbrechen werde und selbst an der Seite der strengen Göttin, zu deren Priester ich mich an Kopf und Herzen combabisiren[2] lassen soll, noch manchen verstohlnen Blick und manchen liebeathmenden Seufzer den glücklicheren Lieblingen der Grazien und Musen und ihren Schutzgöttinnen zuzuwerfen, aber demohngeachtet hoffe ich auch zu Gunsten meines bessern aber vielleicht kleinsten Selbsts, der Vernunft meinem gefaßten Vorsatz und dem mir am fernen Ziel winkenden Genius der höhern Pflicht treu zu bleiben und dem Rufe des Schicksals gehorsam zu seyn, das aus meinen Verhältnissen unverkennbar deutlich zu mir spricht. Aber zuseufzen werde ich Ihnen doch noch wol zuweilen: ora pro nobis[3]. Der Frau Hofräthin bitte ich Sie mich unterthänig zu empfehlen und Sie, bester Herr Hofrath, wünsche ich bald gesunder als jemals und im vollen Gefühl erneuter Jugendkraft und Munterkeit zu umarmen und Ihnen mündlich wärmer und inniger sagen zu können, mit welchen tiefen Empfindungen von Liebe und Hochachtung ich nie aufhören werde mich zu nennen
  Ihren / gehorsamen Diener / Fridrich von Hardenberg.
  Jena. am 22sten September / 1791.

Novalis an Friedrich Schiller, 22. September 1791, in: NS 4, Nr. 30, S. 89-91.

2. Novalis an Friedrich Schiller, 7. Oktober 1791

  Wcißenfels: am 7ten Oktober. 1791. [Freitag] Ich hoffe, daß mein Brief Sie schon wieder in Jena trifft. Wie gern hätt ich mir nicht selbst das Vergnügen Sie zu überraschen gegönnt, wenn es irgend möglich gewesen wäre. Auf Weihnachten geschieht es gewiß. Von Ihrer Gesundheit hoffe und wünsche ich alles mögliche Gute aus vollem Herzen. Wie selig wär ich, wenn ich Ihnen die Hälfte meines jetzigen Wolbefindens abtreten könnte; meine eigne Heiterkeit würde gewinnen. Ich leb' und webe in der frischen Herbstluft, und neue Ströme von Lebenslust fließen in mich mit jedem Athemzuge. Die schöne Gegend, und eine gutmüthige Harmlosigkeit, in die ich aufgelöst bin, zaubern mich in die blühenden Reiche der Fantasie hinüber, die ein ebensomagischer, dünner Nebel umschwimmt, als die ferne Landschaft unter meinen Füßen: Ich freue mich mit dem lezten Lächeln des scheidenden Lebens der Natur und dem milden Sonnenblick des erkaltenden Himmels. Die fruchtbare Reife beginnt in Verwesung überzugehn, und mir ist der Anblick der langsam hinsterbenden Natur beynah reicher und größer als ihr Aufblühn und Lebendigwerden im Frühling. Ich fühle mich mehr zu edeln und erhabenen Empfindungen jezt gestimmt als im Frühjahr, wo die Seele im unthätigen, wollüstigen Empfangen und Genießen schwimmt und anstatt sich in sich selbst zurückzuziehn, von jedem anziehenden Gegenstande angezogen und zerstreut wird. Schon das Loßreißen von so viel schönen, lieben Gegenständen macht die Empfindungen zusammengesezter und interressanter. Daher fühl ich mich auch nie so reingestimmt und empfänglich für alle Eindrücke der höhern, heiligern Muse als im Herbst. Ich habe jezt die Odyssee und den Don Karlos[4] gelesen; auf einem Weinberge gelesen, mitten zwischen hochaufgeschossen vollen Rebenbüschen, und beyde waren wieder für mich neu: So unterschieden sich die dadurch in mir erregten Empfindungen zu andern Zeiten und in dieser romantischen Lage von einander. Ich habe den Homer[5] wieder so liebgewonnen in seiner heiligen, einfachen, Häuslichen, gutmüthigen Sinn und Denkart, daß ich Kronen darum gegeben hätte, wenn ich den biedern Alten um den Hals fallen und mein erröthendes Gesicht in seinem dichten, ehrwürdigen Barte verbergen könnte. So, dachte ich mir, gieng er, so sprach er, so trug er sich. Jung und alt umhüpfte den heiligen Greis und baten ihn um ein Lied von ihren Heroenvätern vor Troja: und dann sang er es Ihnen in der simpelsten, faßlichsten, melodischten Volksart und Weise kunstlos aber tieferschütternd, anschmiegend an jedes Herz und Sinn, und die himmlische Grazie schwebte leise und ihm nur sichtbar um seine Lippen und Natur und Einfalt lehnten sich über seine Schultern. Wenn ich mich in diesen entzückenden Augenblicken des freysten Geistesgenusses hätte ärgern können, so wärs gewiß geschehn über alle die Schulfüchse und moralischen Krüppel und Zwerge, die aus seinem einfachen, schlichten Wanderstabe bald einen Pariser Badin[6], bald eine Krücke für seine seynwollenden Nachfolger und Schüler verwahrlost an Herz und Kopf, schnizten, und bald mit Lob bald mit Frechheit und Aberwiz die um sein Grabmal schwebenden Geister beleidigten, die moralische Grazie und die gerechte Nemesis. Jeder paßte seinen ästhetischen oder moralischen Leisten mit hohen, zermalmenden Schulwiz dem ehrlichen Alten an und gab dann nach einer angestellten elenden, sinnlosen Vergleichung sein Decisum[7] streng und unerbittlich, wem er seinen demüthigenden Beyfall gnädig zuwinken wollte und wem sein Tadel in den Staub niederwürfe. Genossen und empfunden will Homer seyn von seinen Zeitgenossen und wer sich nicht zu seinen Zeitgenossen erheben kann und will, der bleibe von fern stehn, schlage an seine Brust, und sage: Gott sey mir Sünder gnädig. Ossian und Homer, Milton und Ariost, Virgil und Klopstock,[8] jeder ist, was er wollte und konnte: aber keiner wollte je ein infallibler, einziger Codex der Gesetze der Schönheit und Wahrheit seyn und ein Idol für alle Zeiten und Völker abgeben; gewiß, lieber Herr Hofrath, geben Sie mir hierinn recht, und verzeihen allenfalls meinen jugendlichen Eifer: Aber ein Fehler ganzer Generationen auf Unkosten des gemeinen, reinen Menschensinns, der die Entweihung unsrer Lieblinge angeht, könnte einen zu dem Feuereifer eines Elias berechtigen, der die Baalspfaffen auf gut jüdisch am Bache Kidron schlachten ließ.[9] Mir ist alles lieb im Homer, wie mir in der Natur alles auch lieb und werth ist und so muß es mit jedem großen Menschen seyn, dessen Geist eine runde, vollendete Form hat, wenn sie gleich von der andern himmelweit unterschieden ist. So finde ich auch im Ariost, im Ossian, im Werther[10], im Don Karlos mehr Homerisches, mehr ächte Homerheit als im Apollonius Rhodius[11] und andern Nachahmern Homers, in deren Händen der Göttliche eine Anthropomorphose ausstehn muß. Aber ich breche hiervon ab; besonders da ich es gewagt habe vertieft und verloren in diese Betrach[tungen] einen längern Aufsaz über Homer, seinen Karakter, seine Sinnesart, seine Beurtheilung und den Geist seines Zeitalters im allgemeinen betreffend, anzufangen, den ich Ihnen vielleicht zur Prüfung nach seiner Vollendung mitzutheilen wagen werde.

Bey Gelegenheit der Lektüre des Don Karlos habe ich noch einmal die Rezension von Bürgers Gedichten[12] gelesen und sie ist mir beynah in der Stimmung, worein Sie mich versezt hatten, noch zu gelind vorgekommen; Da wenigstens der Maaßstab, den Sie darinn nicht, wie viele gethan haben, von der Erfahrung mehrerer Jahrhunderte abstrahirten, sondern ihn a priori aus einem den Gesetzen der Sittlichkeit correspondirenden Gesetze aufstellten und dadurch der Wissenschaft zu einem einzigen Gesichtspunkt verhalfen, der ihr bis dahin mangelte, ihr eine Anwendung und Grenze zeigten, wodurch unfehlbar alles dazu nicht gehörende und falsch angemaaßte getrennt und ihr ein Ziel gesezt wird, das im innersten Heiligthume der Schönheit und Wahrheit steht und unendliche Sonnenwege dem forschenden Auge des Genius eröffnet, und dadurch so viel für sie thaten, wie Prometheus der Lichträuber, für die Sterblichen, da wenigstens der Maaßstab, sag ich, sich zu den meisten von Bürgers Gedichten nicht harmonisch verhält. O! ich lerne immer mehr einsehn, daß nur moralische Schönheit, je absichtsloser sie bewürkt zu seyn scheint, den einzig unabhängig, wahren Werth eines jedweden Werks des dichterischen Genies ausmacht: daß nur sie denselben den Stempel der Unsterblichkeit aufdrücken kann und sie mit dem Siegel der Klassizitaet bezeichnet. Eine einzige, erhabene, moralische Stelle im Don Karlos ist mehr werth als Voltairs Candide[13] und mehr werth vielleicht im Auge der Nemesis der schönen Künste als seine Werke zusammengenommen. Ein witziger Gedanke verzischt, wie eine Raquete; der Erguß einer veredelten reinen Empfindung ist ewig, wie die Welt und jedem Edeln ein nie zu erschöpfender, nie zu verlierender Schatz. Jeder ist ein Erbtheil und Eigenthum der Menschheit, das selbst die Zeit nie veräußern kann. Hätte Idris[14] tausendmal schönere Stanzen noch als Oberon[15], so würde er doch an Wert diesem untergeordnet bleiben. Nur gehört freylich viel zur vollendeten Schönheit, was nicht eingeschränkt genug gewähnten Nutzen aufgeopfert werden darf, ohne Verletzung der wesentlichsten Formen; das Utile muß nicht Zweck werden, sonst sinken wir zu moralischen Predigern und Schlendrianisten herab.

Eine ächt erhabene Stelle, im größesten Sinne dieses Worts kann nur moralisch seyn. Sie ergreift die Seele in ihren mächtigsten Tiefen und bewegt den ganzen Ozean der Empfindungen; Sie erhebt uns über uns selbst und täuscht selbst den Lasterhaften mit einer augenblicklichen sittlichen Existenz. Sie sezt alle Kräfte in Bewegung und läßt uns höher denken und empfinden. Sie bleibt das unzerstörbare Monument der ewigen Schönheit der Seele, in der sie entstand. O! wie viel verdankt ich Ihnen nicht, wenn ich Ihnen auch nur diese einzige Ueberzeugung verdankte. Sie könnte mich allein zu Werken begeistern, die einen höhern Ursprung verriethen, und was noch mehr ist, nur ein Quell des heitersten Bewußtseyns, der himmlischten Empfindungen werden.

Könnte ich doch diese Liebe zur sittlichen Grazie zur moralischen Schönheit zur reinsten, edelsten Leidenschaft entflammen, die je einen sterblichen Busen durchglühte. Zwar unterbricht sie den ruhigen Strom des Nachdenkens, aber sie läßt uns auch schnell die Größe eines Gedankens erhaschen, der zwar längstgeahndet, doch dem stilleren Herzen unerreichbar noch lange geblieben wäre: Sie giebt unsern Empfindungen, unsern Gefühlen einen Schwung, dessen Schnellkraft auch gegen verdoppelte Hindernisse und die dicke Atmosphäre der Sinnlichkeit aushält. Der Entschluß tritt dem Entwurfe in die Fußtapfe.

Tagtäglich such ich den Grazien meine Seele würdiger zu machen und an jede Stunde einen kleinen Sieg über meine befangne Seele anzuknüpfen. Die vorüberfließenden Eindrücke und Typen des Schönen halte ich fest und entlasse sie nicht eher, als bis sie sich auf manchem zerstreuten Blatte meiner Seele verewigten. Vielleicht daß einst das mißgestimmte Instrument rein und voll tönt, und Natur und Einfalt ihren verlornen Sohn wiederfinden; daß Künstler erneuern, was Pfuscher verdarben, und was Künsteley verstümperte, die Kunst wieder adelt. Vielleicht daß auch die Linie, die hier sich um die Schönheit windet dort auch an das Gute sich schmiegt und auf ihrem sanftgeschwungnen Pfade sich Schönheit und Wahrheit findet und Herz und Geist mit den zartesten Faden und im reichsten Bunde vereinigt. Jünglinge, die ihr mit mir einem gleichen Wege nachspürt, bey den Grazien, folget dieser Spur, die uns unser Lehrer, unser angebeteter Schiller zeigte. Ihr werdet glücklich seyn. Verzeihn Sie mir, bester Herr Hofrath, diesen wortreichen Erguß des herrschenden Enthusiasmus meiner Seele; ich war zu voll davon und konnte ich wol mich besser ausschütten als in den Busen eines zärtlichgeliebten, duldsamen Freundes, denn Sie unter dieser Beziehung zu denken wird immer der Stolz seyn

Ihres / Sie innig liebenden Verehrers
Fridrich Leopold von Hardenberg.

Novalis an Friedrich Schiller, 7. Oktober 1791, in: NS 4, Nr. 32, S. 98-102.

3. Novalis an Friedrich Schlegel, 1. August 1794

Weißenfels, den 1. August 1794. [Freitag] Endlich wieder ein Brief von Dir! Der alte, bekannte Kopf auf dem Siegel weckte mich aus tiefem Schlummer. Ich sah lange die Züge Deiner Hand an und wollte nur nicht glauben, daß ich wirklich Dich vor mir hätte. Gott sei Dank: stammelte ich gegen Kommerstedt[16], der von mir gewohnt ist, daß ich meine meisten Briefe erst binnen acht Tagen öffne – oft gar nicht, wenn ich weiß, von wem er ist – und riß den Brief auf. Ein ganzes volles Jahr verschwand aus meiner Errinnerung – Es rückte alles so nah zusammen – und mir war, als hätt ich lange geträumt. Noch immer der gute, innige Schlegel voll Zutrauen und Hoffnung. So manches ist vorübergegangen in Freud und Leid, und Du bist mir treu geblieben und hast mein Andenken nicht auf Sand am Ufer geschrieben. Ich war wirklich seit acht Tagen mit einem Briefe an Dich in Gedanken beschäftigt – denn das kannst Du wohl glauben, daß ich Dich nie vergessen haben kann – Aber Du warst mir zuvorgekommen. Was mich am meisten freute, daß Du mit soviel Heiterkeit schriebst. Ob sie ganz ächt ist, getrau ich mir nicht zu entscheiden. Zu den Unersättlichen hab ich Dich immer ein wenig gerechnet. Wie gern säh ich Dich in Deinem Patmus[17] – lauschen auf die Eingebungen der Natur, und ob Du einen Nachhall vergangener Tage ertappen könnest. Du könntest recht froh da leben, wenn Du einig wärst mit Dir und der Welt und Dich mit Deinen Bedürfnissen knapp einschränktest. Wer weiß, ob es nicht so ist – aber Mittheilung, Theilnahme, Arm, an dem Du wandeltest – *das* wird Dir fehlen und wird *Dir* fehlen, wie es keinem fehlt.

Neulich erschrack ich recht. Ich war in Leipzig und saß more modoque consueto bei Donna Ester.[18] Ein junger Mensch setzte sich zu mir – Mestmacher[19] – Er fing an von Dir zu reden, redete nach seiner Art warm von Dir – aber klagte, daß Du so fremd und krank ausgesehn hättest, und Dein Gesicht nicht von innerm Frieden spräche. Er erzählte weiter, daß Du bei einer frohen Partie traurig und frostig geschienen und gar nicht mit jugendlichem Muth aufgelodert wärst.

Dies bestimmte mich sogleich zum Schreiben an Dich, das ich wirklich theils unterlassen, weil ein Tag mir nach dem andern vor dem Examen trüb und seelenlos hinfloß, theils weil ich hoffte, Dich nach einer solchen Pause fröhlich zu überraschen und

Abb. 5: Porträt Friedrich Schlegel (1772-1829)

Dich mitten im geistigen Genuß wie ein Apicius[20] zu finden, glänzend und heiter. Sonst hab ich auch keine Sterbenssilbe von Dir gehört, und alles spannte meine Erwartung. Den Ostermeßkatalog nahm ich begierig her – *Dein* Grundsatz, nie anonym zu schreiben – Dein Name war nicht zu entdecken.

Nun weiß ich doch, was Du vorhast, was Du Dir für einen Umgang unter Deinen Gedanken gewählt hast, und genieße Dein Buch schon halb in der phantastischen Vorstellung, die ich mir davon mache.

Ich wünschte freylich jetzt sehnlich die Politik eher zur Welt – die liegt mir jetzt näher am Herzen. Könnt ich mit Dir jetzt reden über meine Lieblingsgedanken bei Tag und Nacht – Du würdest mir und manchem nützlich sein – sintemalen jetzt die Zeit der Anwendung vor der Thür ist – und deutlich muß ich mir selber noch werden.

Neulich noch habe ich Deine Zauberkraft auf menschlichen Geist bewundert. Ich las einen recht viel versprechenden Brief von Fert[21] – Lang und voll Analyse und Kritik und mitten hie und da die Züge Deiner Urbilder – Copieen, die mich überraschten, wie in Häberlins Reichsgeschichte[22] eine Klopstockische Ode. Ich traue ihm wirklich Wärme für Dinge zu, die nicht von heut und morgen sind, wahres Interesse an den Angelegenheiten der Menschheit – Plato aber und die Republik sind Pfropfzweige. Zachariä[23] hatte herzliche Freude – ich wollte sie ihm nicht stören mit einer Bemerkung, die nur die *Eitelkeit* kränken kann.

Mir behagts auch in der Einsamkeit herrlich. Es sind vielleicht die letzten ruhigen Monate – Eine weite, tumultvolle Zeit wird folgen, und wie gewichtig wird dann jeder wohlangelegte Augenblick meiner Ruhe. Die Natur scheints darauf abgesehen zu haben, die Schuld hernach auf mich wälzen zu können, wenn ich stolpre, denn an Belehrungen und Erfahrungen hat mir's nie gefehlt, und jetzt brauch ich nur hin zu hören, hin zu sehen, wohin ich will, so finde ich, was mich leitet, stärkt und erhebt. Jedes Buch, das ich in einem Winkel liegen sehe, was der alltägliche Zufall mir in die Hände spielt, ist mir Orakel, schließt mir eine neue Aussicht auf, unterrichtet und bestimmt mich. Doch ich muß Dir kurz zuvor noch erzählen, wie mirs im Ganzen gegangen ist. Ich habe in Wittenberg fast total meine Lieblingsbeschäftigungen verlassen. Studium chursächsischer Gesetze nahm alle meine Zeit weg. Mit den *Besten* war ich bekannt, und da sie etwas aus mir machten, so lebt ich gern und frei dort. Jeder Tag hatte seinen Plan, seine Hoffnung – Wünsche quälten mich nicht sehr, ich wies alle auf die Zeit hin nach überstandenem Examen. Zerstreuung hatt ich genug – Mit der ersten Censur war ich um einen guten Schritt weiter. Der Pedantismus der Schule war nun überstanden, und ich war mit dem zweiundzwanzigsten Jahre frei, munter und muthig. Jetzt hat mein ganzer Charakter einen politisch philosophischen Schwung erhalten, und zwar sehr unmerklich. Ich bin plötzlich von Wittenberg weggegangen, um mich allein zu haben. Des jugendlichen Lärms hab ich genug. Hier erwart ich *gelassen* den Ruf meines Schicksals, denn *mein* Leben ist schon fertig – Ich habe nur *einen* Zweck – der ist überall erreichbar, wo ich thätig sein kann – doch hab ich mir nicht, wie ein Spießbürger, allzu enge Gränzen gemacht – Bleib ich gesund, so muß ich ein Maximum für mich erreichen. Ich bin wenigstens jeder Art von Aufklärung fähig, und dies Einzige berechtigt mich vielleicht schon zu kühnen Ansprüchen. Ich will Dich ruhigen Bürger nicht langweilig von meinen Träumen unterhalten – doch wisse, daß ich gewiß Deiner würdig bleibe und werde. Wir können doch *eine* Bahn gehn – Vergiß meine zweiundzwanzig Jahr auf einen Augenblick und laß mir den Traum – vielleicht wie Dion und Plato.[24] Heutzutage muß man mit dem Titel Traum doch nicht zu verschwenderisch sein – Es realisieren sich Dinge, die vor zehn Jahren noch ins philosophische Narrenhaus verwiesen wurden. Magnis tamen excidit ausis.[25] In einem Monat muß viel für mich entschieden sein – in der Wahl des Weges blos. Du erfährst alles – sowie ich doch auch von Dir *etwas* erfahre. Was macht denn Schweinitz und Carlowitz! Auch nicht ein Wort schreibst du. Mich interessiert jetzt zehnfach jeder übergewöhnliche Mensch – denn eh die Zeit der Gleichheit kommt, brauchen wir noch übernatürliche Kräfte. Du glaubst nicht, lieber Junge, wie ganz ich jetzt in meinen Ideen lebe. Es sind die Tage des Brautstandes – noch frei und ungebunden und doch schon bestimmt aus freier Wahl – Ich sehne mich ungeduldig nach Brautnacht, Ehe und Nachkommenschaft. Wollte der Himmel, meine Brautnacht wäre für Despotismus und Gefängnisse eine Bartholomäinacht[26], dann wollt ich glückliche Ehestandstage feiern. Das Herz drückt mich – daß nicht jetzt schon die Ketten fallen wie die Mauern von Jericho. So leicht der Sprung, so stark die Schwungkraft – und so stark der weibischte Kleinmuth. Staarbrillen sind nötig – zum Staarstechen ist die Zeit noch nicht. Aber immer ein Zirkel – zum Freidenken gehört Freiheit, zur Freiheit Freidenken – zum Zerhauen ist der Knoten – Langsames Nisteln hilft nichts.

Schreibe mir bald wieder – meine Antwort soll nicht zaudern – und vergiß nie wieder, daß ich Dich nicht vergessen kann und daß es Hypothese, pure, blanke Hypothese war von der divergirenden Bahn – Ein Schuß in die blaue Luft. Unser Gang muß Approximation sein – bis wir beide von *einer* Flamme anzünden, links und rechts um uns her, wie zu Weihnachten, wo denn das *neue Jahr* acht Tage darauf fällt.

F. L. Hardenberg.

Novalis an Friedrich Schlegel, 1. August 1794, in: NS 4, Nr. 47, S. 138-141.

4. Novalis an Friedrich Schlegel, 8. Juli 1796

Dürrenberg: den 8ten Julius. 1796. [Freitag] Du glaubst nicht, alter, guter Schlegel, wie herrlich Du mich mit Deinem Briefe überrascht hast. Gut, daß Du mir auf gewisse Weise nicht zuvorgekommen bist. Wahrscheinlich ist mein Bruder Erasmus[27] schon bey Dir gewesen, oder hat Dich nicht zu Hause getroffen. Er war mein persönlicher, früherer Brief. Ich habe ihn aufs dringendste gebeten, Dich aufzusuchen und Dir Nachricht von mir zu geben. Vergessen hab ich Dich auf keine Weise und konnte es so leicht nicht, ohne mich selbst zu vergessen. Du weißt welchen Antheil Du einst an meiner Erziehung hattest. Auch gewöhnliche Dankbarkeit vergißt den Lehrer nicht. Jeder Gedanke an meine historische Bildung war mit Deiner Errinnerung verbunden. Vollends die Ankündigung Deiner Griechen hat mich ganz außerordentlich bewegt. Das ist das Buch, dacht ich, woran seine Seele so lange brütete – das ihn so lange aus sich und aus der wircklichen Welt gedrängt hat – Endlich da – wird es wol Spuren seiner Schöpfungsperiode tragen, oder desto schöner ruhn, je wilder der Sturm war, aus dem es hervorging. Ich errinnerte mich der Bruchstücke – es entstand in mir eine Intuition des Unbekannten, die meinen Geist in unbekannten Weiten umhertrieb. Es reichen nicht sechsfache Erkundigungen nach seiner Erscheinung. Ein einziges köstliches Stückchen hab ich gelesen in – Deutschland. Im 2. Stück der Horen ist Göthe armseelig dagegen behandelt, so brav übrigens der Aufsatz ist – Du sprichst durchaus neue Dinge, Du bereicherst Sprache und Geist – Du schaffst eine Kritik – Du hast ein tausendfach feineres Netz, durch das kein Fischchen, und wärs ein Essigälchen, entschlüpfen kann. Dis nur im Vorbeygehn. Du bist mir also wiedergegeben – ich dacht es nicht. Seine Liebe wird dahin seyn – die Griechen haben ihn alles vergessen machen – er lebt im Anschaun seiner Welt – die alte Zeit drückt ihn zu gewaltig und hat mich auch mit todtgedrückt – Man wirft ja alles weg, um einem verhaßten Zustande zu entfliehn. Glücklich dacht ich Dich mir – die Zeit und die Selbstthätigkeit thun Wunder – man wird alles gewohnt und Deine politische Lage dacht ich mir beträchtlich verbessert. Gut, daß Du wenigstens heiter bist – Du fängst Dich an wieder der Sonnenwelt zu nähern, wie ein Komet. Ich freue mich herzlich Dich zu sehn. Du wohnst so lange Du willst, in Weißenfels, oder, wo ich bin bey mir – ohne Zwang und nimmst mit uns vorlieb. Ich böt es Dir nicht an, wenn ichs nicht könnte und dürfte. Nach Jena kommst Du immer noch früh genug. Ich bin nicht mehr so fürs Eilen – ich habe langsam gehn gelernt. Einmal für allemal sieh künftig meine Stube für die Deinige an. Dis Wenige vermag ich. Von mir erzähl ich Dir das Beste mündlich. Praeliminariter[28] nur, daß ich im Gantzen froh gelebt habe und zufrieden mit der Anwendung meiner Zeit bin. Mein Amtmann ist mein Freund geworden. Er hat mich zum Geschäftsmann weitergebildet und Thüringen zur Schule meines Geschäftslebens überhaupt gemacht. Seit dem Februar bin ich in Weißenfels – angestellt bey den Salinen – gut mit allen Menschen dran – in einer erträglichen Freyheit – mit hinlänglicher Muße meine inneren Geschäfte fortzutreiben – und zufrieden mit Allem, außer noch hie und da nicht mit mir. Freunde hab ich sonst in der Zeit eigentlich nicht acquirirt, außer den Kreisamtmann. Aber sonderbarer Weise hab ich, außer Dir, 4 höchst verschiedne Leute gefunden, die nach langer Zeit sich meiner bestens errinnert haben und mich wieder aufsuchten. Der Eine war Manteufel sen.[29] dem es Gott weiß wie, einfiel nach einem jahrelangen Stillschweigen und ohne, daß uns auch in Wittenberg ein engeres Band umschlang, an mich höchst freundschaftlich zu schreiben. Der 2te war, Forberg[30] in Jena, der, eben nach sehr langer Unterbrechung unsrer Freundschaft, mir ein Herz voll Zärtlichkeit für mich zeigte. Der dritte war Bolschwing[31], der vor einigen Monaten mir einen Brief im alten Styl schrieb, der mir aber die unangenehme Erfahrung abnöthigte, daß durch sein Stehnbleiben eine sehr große Kluft zwischen uns entstanden war. *Medem*!!![32] war der 4te. Sein Brief war voll freundschaftlicher Errinnerungen und mir von allen der Unerwarteteste. Du weißt, wie wir uns trennten – so kalt, so geschieden, als möglich – und nun nach drey Jahren das! Kurz ich kanns nicht begreifen und bitte Dich, mir das Räthsel zu lösen. Aus meinen alten Verbindungen bin ich ganz heraus. Julchen hat geheyrathet. In dieser Rücksicht ist mit mir eine mächtige Verwandlung vorgegangen. Betrachte dies Kapitel, wie abgethan, in meinem Leben. Mein Schicksal hat einen großen Epichronismus gemacht. Sobald hattest Du Dir, dem natürlichen Lauf der Dinge nach, die Lösung dieses Karacterzugs nicht erwartet. Kurz hierüber bist Du nun mit mir im klaren. Mich hat es am meisten überrascht. Seit $^7/_4$ Jahren bin ich Einer und derselbe im Wesentlichen – denn ich bin so lange fixirt und kurz und gut seit $^5/_4$ Jahren – *versprochen*. Jetzt in dieser Stunde betheure ich, daß ich, wie in der ersten Stunde denke – und, wo möglich, ernster, zärter, fester und wärmer bin. Mehr mündlich. Mein Lieblingsstudium heißt im Grunde, wie meine Braut. Sofie[33] heißt sie – Filosofie ist die Seele meines Lebens und der Schlüssel zu meinem eigensten Selbst. Seit jener Bekanntschaft bin ich auch mit diesem Studio ganz amalgamirt. Du wirst mich prüfen. Etwas zu schreiben und zu heyrathen ist Ein Ziel fast meiner Wünsche. Fichten[34] bin ich Aufmunterung schuldig – Er ists, der mich weckte und indirecte zuschürt. Glaub aber nicht, daß ich, wie sonst, leid[enschaft]lich blos Eins verfolge und nicht vor meine Füße sehe – Mein Vater [ist] zufrieden mit meinem Fleis und ich kann nicht über Langeweile bey ande[rn] Beschäftigungen klagen. Ich fühle in Allem immer mehr die erhabnen Glieder ein[es] wunderbaren Ganzen – in das ich hineinwachsen, das zur Hülle meines Ichs werden soll – und muß ich nicht alles gern leiden, da ich liebe und mehr liebe, als die 8 Spannenlange Gestalt im Raume, und länger liebe, als die Schwingung der Lebenssayte währt. Spinotza und Zinzendorf[35] haben sie erforscht, die unendliche Idee der Liebe und geahndet die Methode – sich für sie und sie für sich zu realisiren auf diesem Staubfaden. Schade, daß ich in Fichte noch nichts von die-

ser Aussicht sehe, nichts von diesem Schöpfungsathem fühle. Aber er ist nahe dran – Er muß in ihren Zauberkreis treten – wenn ihm nicht sein früheres Leben den Staub von den Flügeln gewischt hat.
Lebe wohl – bester Schlegel. Ich erwarte Dich mit Ungeduld – wenn ich weiß, daß Du in Leipzig bist, so komm ich und hole Dich ab. Dein
alter Freund / Hardenberg.

Novalis an Friedrich Schlegel, 8. Juli 1796, in: NS 4, Nr. 77, S. 186-188.

5. Novalis an Wilhelmine von Thümmel, 18. Juli 1796

Dürrenberg: den 18ten Julius [1796]. [Montag] Immer hat es ein ungünstiger Zufall verhindert, daß ich Ihnen[36] nicht schrieb. In Grüningen hofft ich Sie zu sehn – Ich gieng so froh von dort weg – Meine Sofie erklärt Mein – so gut, so himmlisch gegen mich – ohne Ahndung, daß Ihre Krankheit noch etwas zu bedeuten habe – voll Hoffnung für die Zukunft, da meiner Eltern Genehmigung mir gewiß war, da ich nun so ungestört, so frey in Grüningen seyn konnte – und nun auf einmal die Gefahr Alles zu verlieren – In Jena fand ich meine Sofie heiter und gefaßt – aber Starke[37] selbst sprach mir nicht uneingeschränkt, unbedingt Muth zu – ich hoffe nicht – es ist freylich eine bedenkliche Krankheit – indeß die Jahre des Fräuleins und daß Sie sich anfängt zu bessern läßt mich noch Hoffnung fassen – So sprach er und denken Sie mich dabey – und nun entfernt und allein – recht in Muße alle Qual mir recht langsam zumessen zu können;
Auf den Sonnabend [23. Juli] geh ich wieder hin. Gott, wenn Sie dann reisen könnte! Es wär unaussprechlicher Jubel. An einen schlimmen Ausgang darf ich nicht denken – dann leben

Sie wohl auf ewig – indeß ist ein guter Gott im Himmel – Söffchen ist zu Mehr bestimmt und ich vielleicht auch – ich glaube und bete. Behalten Sie mich lieb – Sie wissen, daß ich Sie nie aufhören kann zu schätzen und zu lieben.

Hardenberg.

Novalis an Wilhelmine von Thümmel, 18. Juli 1796, in: NS 4, Nr. 78, S. 189.

6. Novalis an Wilhelmine von Thümmel, 24. August 1796

Weißenfels. den 24 Aug[ust] [1796]. [Mittwoch] Nicht wahr, liebe Thümmeln, ein wenig spät? Sie wissen ich hätte Ihren lieben, durchaus schönen Brief gewiß eher beantwortet, wenn ich Zeit gehabt hätte. Auch jezt ist diese kurz – aber Sie sollen doch wissen, was Söffchen macht und wissen, daß ich Sie grenzenlos schätze – Die Mutter ist jezt in Grüningen und Karoline[38] [da]für in Jena. In 14 Tagen denkt Starke seine Patientin entlassen zu können. Es war doch eine zweyte Incision[39] nöthig – aber mit ihr hofft auch Starke den Faden der Kranckheit durchschnitten zu haben. Unsre Sofie beträgt sich trefflich. Sie ist immer heiter und tröstend. Ich liebe Sie fast mehr Ihrer Kranckheit wegen. Meine Eltern waren ganz außer sich über Söffchens Kranckheit und mein Vater denkt ernstlich darauf Sie zu besuchen. Er trug mir auf Ihnen Schlöben[40] zum Aufenthalt anzubieten und scheint ängstlicher über den Ausgang zu seyn, als ich. Mir steht der Glaube an ihre Genesung zu fest – Er ist mit meiner irdischen Existenz innig verwebt und fußt auf einen Blick, der wol nicht trügt. Es ist jezt alles in Wirbel bey uns gewesen. Der Kurfürst hat herkommen wollen – die Truppenmärsche – der nahe Feind – alles verbreitete Unruhe. Nur gut, daß das Kontingent bald kam. Mein Bruder [Karl][41] ist Adjutant bey Zeschwitz[42]. Er und Mandelsloh[43] haben uns besuchen wollen – Jezt scheinen Sie sich aber ohnedem uns nähern zu wollen – da das Kontingent tiefer herein rückt. Moritz Mandelsloh hat nebst einigen andern den Heinrichsorden. Erasmus ist hier gewesen und legt sich Ihnen zu Füßen. Nun, auf Michailis denk ich, wollen wir uns alle umarmen und des überstandenen Trübsals vergessen. Schreiben Sie mir bald, liebenswürdige Frau; Ihre Briefe befriedigen Geschmack, Geist und Herz zugleich – Sie gewähren mir einen unaussprechlich süßen Genuß und haben bleibenden Werth für [mich].

Leben Sie wohl.
Ihr / Freund / Hardenberg.

Novalis an Wilhelmine von Thümmel, 24. August 1796, in: NS 4, Nr. 79, S. 189-190.

Abb. 6: Porträt Dorothea Mendelssohn-Veit-Schlegel (1763-1839)

Der erste Kreis.

In Thüringen (1796-1798)

Vor allem berufliche Umstände führten die Brüder Schlegel, Novalis und Tieck, Dorothea und Caroline in Jena und Berlin zusammen. Hardenberg hatte 1796 eine neue Tätigkeit als Akzessist bei der Salinendirektion in Weißenfels angenommen. August Wilhelm Schlegel begann die Mitarbeit an Schillers ‚Horen', heiratete am 1. Juli Caroline Michaelis-Böhmer und ließ sich dort am 8. Juli zusammen mit seiner Frau nieder. Friedrich Schlegel arbeitete für Reichardts ‚Deutschland' und ging im Sommer 1796 nach Jena (Ankunft 7. August). Er überwirft sich mit Schiller, macht die Bekanntschaft Goethes und nimmt die Freundschaft zu Novalis in neuer Intensität auf. Ein kleiner Kreis findet jetzt in Jena zusammen. Im Juni und Juli wird die Braut von Novalis in Jena behandelt und operiert. Novalis hält sich deshalb immer wieder in Jena auf. Friedrich Schlegel revanchierte sich mit Gegenbesuchen in Weißenfels. Im August 1797 findet man Novalis bei August Wilhelm und Caroline in Jena. Ende März 1798 liest er den beiden aus ‚Glauben und Liebe' vor. Im Mai verlassen A. W. Schlegel und Caroline Jena. Schlegel geht nach Berlin, Caroline nach Dresden, wo sie am 12. Mai eintrifft. Friedrich Schlegel war schon 1797 nach Berlin gegangen. Schon im Juli 1797 sind August Wilhelm und Friedrich bei Caroline in Dresden zu Besuch. Auch die anderen Mitglieder des ersten Jenaer Kreises sollten ihre Besuche dort abstatten. Einer der Höhepunkte war das ‚Romantikertreffen' am Wochenende vom 25. und 26. August 1798 in Dresden. Die Schlegels sind da, Schelling, Gries und der Weimarer Karl August Böttiger. Novalis berichtete in einem Brief vom 1. September an seinen Vater über das gesellige Wochenende: „*Ich habe einen Abend bey Manteuf[f]els zugebracht. Die Rekke war da – Sie hat mir sehr misfallen, ohnerachtet sie artig genug war. In Karolinen ist alle Welt verliebt – Charpentiers, die Manteuf[f]eln und die Beckern, bey der ich den ersten Abend sehr vergnügt mit der Ernsten und Schlegels zugebracht habe. Wir haben die Antiken bey Fakkeln gesehn, und hatten zur Belustigung den litterairischen Harlekin Boett[i]ger aus Weimar bey uns.*" *(NS 4, S. 259) Dass man auf die gegenseitige Anwesenheit allerdings auch verzichten musste, macht ein Brief Dorotheas deutlich – der Brief als Ersatz für das Gespräch:* „*Ich konnte heute, mit diesen Sorgen der wirklichen Welt, für keinen Preis, das lose und übermüthige Wesen im Roman treiben, ich entschloß mich also, um nicht im dummen Trübsinn zu verfallen, Ihnen recht vieles zu schreiben, und was man nennt mit Ihnen plaudern.*" *(Dorothea Mendelssohn-Veit-Schlegel an Friedrich Schleiermacher, 14. Februar 1800).*

7. Novalis an Wilhelmine von Thümmel, 19. September 1796

Weißenfels: den 19 Sept[ember] [1796]. [Montag] Sie haben recht lange keinen Brief von mir erhalten. Aber Sorgen, Reisen und Geschäfte sind doch wohl gültige Ehehaften[44]? Seitdem ich Ihnen nicht schrieb bin ich unterschiedliche Mal in Jena gewesen. Einmal mit meinem Vater und Schwester. Denselben Tag, da wir ankamen, wurden wir spät Abends von Mandelsloh und meinem Bruder überrascht, nachdem wir schon vorher ein Rendesvous in Auma[45] projectirt hatten, wohin die Mandelsloh mit uns reisen sollte. Es traf gerade die Abwesenheit der Mutter und nur dis vermißten wir im Genuß der schönen Tage, die wir zusammenblieben. Sofie hat eine völlige Eroberung an meinem Vater und Schwester gemacht. Keine seine Töchter liebt er zärtlicher und seine Lieblingsunterhaltung ist Sie geworden. Dis macht Ihrem Eroberertalent um so viel mehr Ehre, da mein Vater seinen Jahren und seinem Karacter nach sich schwer zu ergeben pflegt. Diesem Eindruck zu folge gerieht er von selbst auf die Idee Söffchen, sobald sie reisen könnte, auf eine Zeitlang nach Weißenfels zu nehmen. Meine Eltern und alle wünschen es lebhaft und ich machte den Antrag, der von Seiten des Vaters äußerst verbindlich und artig angenommen, von Seiten der Mutter nicht verweigert und von Söffchens seite mit vielen Bedenklichkeiten aufgenommen ward. Sie entschloß sich aber doch endlich meinen Eltern zu Liebe dazu. Um Ihre Sehnsucht nach Grüningen, als dem wichtigsten Grund ihrer Abneigung, zu mildern bat die Mutter den Vater, bey seiner Herkunft zur Abreise und Trennung, da meine Mutter Söffchen selbst abholen will, die Machère[46] mitzubringen. So steht es denn jezt, da mancherley Umstände die Vollendung der Kur noch aufhalten.

Während der Anwesenheit meines Vaters zu Jena geschah auf sein Anstiften die dritte, höchst nöthige, aber schmerzhafteste Operation, deren Folgen noch dauern. Gewiß ist es die lezte und nur kleine Vernachlässigungen, und weibliche Umstände haben die Zuheilung der lezten Wunde noch verhindert. Der Hofrath gibt allen Trost und bittet nur dringend um genaue Obsicht, und Abwartung. Dis bewog auch vorzüglich meinen Vater zu dem Wunsche Söffchen bey sich zu haben. Bey uns ist man auf Krankenpflege weit besser abgerichtet – Man ist viel sorgfältiger und genauer im Brauchen einer Kur – Gesellschaft und Zerstreuung findet sie bey uns schon der Stadt wegen mehr – und im Nothfall ist Jena in 5 Stunden zu erreichen. Sonst sind sie in Jena recht in ihrem Esse.[47] Der Professor Woltmann[48] gibt sich alle Mühe Sie zu unterhalten. Es gibt einige artige Weiber da – die Mandersloh hat einmal getanzt – es sind Konzerts gewesen – Sie sind spatzierengefahren – der berühmte Göthe hat neulich ihre Bekanntschaft gemacht und scheint vorzügliches Interresse an der Kleinen zu nehmen. So angenehm der Aufenthalt in dieser Rücksicht für Sie ist, so wünsche ich ihn doch von Herzen bald geendigt. Der Sommer ist mir recht fatal verstrichen. Ich sehe die Seele meines Lebens langwierig leiden, ohne ihr helfen zu können und eine unaufhörliche Unruhe läßt mich nie zu Athem kommen. Von Neuigkeiten ist alles still. Unsre Truppen stehn noch fest an der Grenze – Der Kurfürst scheint nicht herkommen zu wollen, besonders da man die Niederkunft der Kurfürstin Ende Novembers erwartet. Thugut will schlechterdings keinen Frieden. Nehmen Sie vorlieb und vergessen Sie nicht Ihrem alten Freunde bald Nachricht von sich zu geben.

Hardenberg.

Novalis an Wilhelmine von Thümmel, 19. September 1796, in: NS 4, Nr. 80, S. 190-192.

8. Novalis an Friedrich Schlegel, 1. Januar 1797

W[eißenfels] d[en] 1sten Januar. 1797. [Sonntag] Hier mit vielen Danke Deine Philosophica[49] zurück. Sie sind mir sehr werth geworden. Ich habe Sie ziemlich im Kopfe und sie haben derbe Nester gemacht. Mein cainitisches Leben stört mich nur, sonst hättest Du einen dicken Stoß Repliken und Additamenta[50] mit gekriegt. Der Meister muß warten; doch entgeht er Dir nicht. Wenn ich von Artern und Grüningen zurückkomme welches in 8 Tagen geschieht, so mach ich mich gleich dran. Eher hätte ich Dich gern mit einem Pröbchen Republick beschickt – doch kann das auch geschehn; denn ich habe mich förmlich auf Execution bey mir gelegt. Das verwünschte Umherstreifen macht mich ganz confus. Ich vermuthe, daß es Dir jezt recht wohl geht und freue mich deshalb – desto leichter werden die Wehen seyn. Vielleicht kann ich Dich abholen; welches ich dann sehr wünsche, auch um Deinen Wirth kennen zu lernen, dem ich wegen seines ehrlichen Republicanismus recht gut bin, ohnerachtet Du, als Rigorist, uns beyden den Herrendienst verdenken mußt. Reichardt hat Kinder und ich habe Söffchen. Und an diesen Absolutis hängen wir [...].

Novalis an Friedrich Schlegel, 1. Januar 1797, in: NS 4, Nr. 82, S. 193.

9. Novalis an Friedrich Schlegel, 10. Januar 1797

W[eißenfels] d[en] 10ten [Januar 1797]. [Dienstag] Du wirst wohl an meiner Feder sehn, daß ich nicht ganz, wie gewönlich, schreibe. Auf meiner Reise hab ich die Fatalität gehabt den Finger, neben dem Kleinen an der Rechten Hand auszufallen und bin dadurch sehr am Schreiben verhindert – indem ich nur zwey Finger dazu brauchen kann. Deinen Brief erhielt ich gestern bey meiner Zurückkunft – Mit dem Abholen wirds nun wol nichts seyn, da ich einige Zeit zu Hause bleiben soll. Es freut mich desto mehr, daß Du mir dennoch Hoffnung machst herzukommen. Mein Vater kommt künftige Woche nach Merseburg – aber der Tag ist ungewiß, sonst könntest Du die Gelegenheit benutzen. Reichardt[51] kann Dich ja wohl herüberfahren lassen. Es ist mir sehr gelegen, daß Du kommst, auch denk ich, daß der Großkreutz[52] bald weggehn wird. Meine Hand hat mich 8 Tage faul seyn lassen, welches mich häßlich quält – Selbst Lesen kann ich nicht recht, weil ich dabey unaufhörlich die Feder haben muß. Vom Urian[53] hab ich nur das Lied in der Zeitung gelesen, worüber mein Alter besonders sein Fest hatte. Die Ankündigung des Alm[anach][54] in Hexametern soll gut seyn – selbst hab ich Sie noch nicht gesehn. Das Xte Stück hab ich gestern gekriegt. Du hast Dich mit Schlosser[55] selbst übertroffen – Du bist im frischen Wachsthum des Annihilirens. Der

Schluß ist allein eine Hecatombe von Maulwürfen wehrt. Du machst Wespen, wie Moses Läuse. Die Rec[ension][56] kannt ich schon und Du weißt, daß ich Sie sehr bewundre. Die Bruderrettung wird man Dir, wie dem Timoleon den Brudermord, aufmutzen. Die Griechen sollen uns schön willkommen seyn. Woltmann soll an einer erhaltnen Duellwunde gefährlich krank liegen. Meine Sofie ist etwas besser, als Sie in Jena war, und die Aerzte scheinen voller Hoffnung zu seyn. Bedenklich fand ich Sie immer noch. Meine Handverletzung störte mich sehr im stillen Genuß der wenigen Tage, die ich in Gr[üningen] seyn konnte. Gestern erhielt ich die unangenehme Nachricht, daß Erasmus in Zillbach an einem Blutsturz gefährlich krank liege. Wahrscheinlich muß ich in einigen Wochen hin. Es scheint sich die Materia peccans[57] gegen mich verschworen zu haben. Die Störungen reißen nicht ab. Untröstlich wär ich über seinen Verlust und käm ich um Söffchen, so weiß Gott, was aus mir würde. Lebe wohl, bester Schlegel; Empfehlungen an Reichardt, dessen Apologie von [Jean Paul] Richter[58], so wie der Zug mit seiner Frau mir ihn sehr lieb gemacht hat.

Dein Hardenberg.

Novalis an Friedrich Schlegel, 10. Januar 1797, in: NS 4, Nr. 83, S. 194-195.

10. Novalis an August Cölestin Just, 29. März 1797

Weißenfels, den 29ten März 1797. [Mittwoch] Es ist für mich eine bittersüße Bemerkung, daß Unglück unsern Sinn für Freundschaft und Liebe so sehr vermehrt, wenigstens zu vermehren scheint, indem es ihn mehr erweckt. Die Freude des ruhigen Besitzes ist so unbemerkt, aber im Gefühl des Verlustes merkt die Seele erst, welche stille Wohlthäterin sie zugleich verlohren hat. Die Sehnsucht nach Sofieen hat durch ihren Tod sehr merklich zugenommen, und mit ihr ist mein Gefühl für Freundschaft ebenfalls beträchtlich gestiegen. Ihre milden Briefe waren eine sehr angenehme Nahrung für dasselbe. Es freute mich, daß Sie, mein erster, ältester, sicherster Freund, so deutlich den wahren Verlust übersahn, den mir der Heimgang meiner Sofie verursacht. Eine solche Bestätigung meines Gefühls mußte sehr wohlthätige Wirkungen hervorbringen. Die Errinnerung an das, was mir zeitlebens davon bleibt, ist wenigstens ein bedeutender Fingerzeig, und doch ein lieblicher Zug im vollendeten Bilde des Trostes. Bisher ist mir dieses nicht erschienen, ob ich wohl seit gestern Abend eine Ahndung seines Kommens habe. Wie ich bisher in der Gegenwart und in der Hoffnung irdischen Glücks gelebt habe, so muß ich nunmehr ganz in der ächten Zukunft, und im Glauben an Gott und Unsterblichkeit leben. Es wird mir sehr schwer werden, mich ganz von dieser Welt zu trennen, die ich so mit Liebe studirt; die Recidive[59] werden manchen bangen Augenblick herbeyführen – aber ich weiß, daß eine Kraft im Menschen ist, die unter sorgsamer Pflege sich zu einer sonderbaren Energie entwickeln kann. Sie würden Mitleiden mit mir haben, wenn ich Ihnen von den Widersprüchen der zeitherigen Stunden erzählen wollte. In Carolinchens Brief steht manches davon. Ich leugne nicht, daß ich mich noch vor dieser entsetzlichen Verknöcherung des Herzens – vor dieser Seelenauszehrung fürchte – die Anlage ist unter den Anlagen meiner Natur. Weich gebohren hat mein Verstand sich nach und nach ausgedehnt und unvermerkt das Herz aus seinen Besitzungen verdrängt. Sofie gab den Herzen den verlohrenen Tron wieder – Wie leicht könnte ihr Tod nicht dem Usurpator die Herrschaft wieder geben, der dann gewiß rächend das Herz vertilgen würde. Seine indifferente Kälte hab ich schon sehr empfunden – aber vielleicht rettet mich noch die unsichtbare Welt, und ihre Kraft, die bisher in mir schlummerte. Die Idee von Gott wird mir mit jedem Tage lieber – Wie würde Jemand entzückt, beruhigt seyn – wenn er noch nie von Gott gehört hätte, und er wäre sehr unglücklich und man machte ihn von dieser Idee bekannt. Auf eine ähnliche Weise hoff ich, solls mir gehn. Freylich mit der Liebe zu den Angelegenheiten der Menschen für diese Stufe ist es aus – die kalte Pflicht tritt an die Stelle der Liebe. Meine Geschäfte werden eigentliche Offizialgeschäfte. Auch ists mir überall zu geräuschvoll. Ich werde mich immer mehr zurückziehn – So wird mir der Schritt ins Grab, einmal immer gewöhnlicher – der Abstand der mich davon trennt, wird so immer kleiner. Die Wissenschaften gewinnen ein höheres Interresse für mich, denn ich studire sie nach höheren Zwecken – von einem höheren Standpunkte. In ihnen, in Aussichten auf die unsichtbare Welt, in wenigen Freunden und in Pflichtgeschäften, will ich bis zum letzten Athemzuge leben, der, wie mir scheint, so entfernt nicht ist, als ich oft fürchte. Die Meinigen nehmen stillen, herzlichen Antheil. Besonders Karl und mein Vater. Der lezte hat sie aufrichtig beweint – die ersten Thränen seit vielen Jahren – er ist mir wieder recht lebhaft werth geworden, auch ihn hat so ein Verlust auf immer der Welt fremd gemacht. Erasmus ist seit 3 Wochen hier. Er ist bedenklich krank und macht sich durch entsetzliche Grillen und Eigensinn die ohne dem drückende Lage noch drückender. Meine Gleichgültigkeit hat mich bisher vor schmerzhaften Gefühlen Seinetwegen geschüzt.

Novalis an August Cölestin Just, 29. März 1797, in: NS 4, Nr. 94, S. 214-215.

11. Novalis an Friedrich Schlegel, 19. Juni 1797

Wiederstedt. / Den 19ten Junius. 1797. [Montag] Heute Abend find ich Deinen Brief hier, der freylich viel umhergeschweift ist, eh er mich getroffen. Just hat ihn nach Weißenfels geschickt und von da hab ich ihn durch einen Boten

erhalten. Ich hoffe, daß Dich dieser Brief noch in Jena trifft – Landvoigt[60], der Morgen nach Weißenfels abgeht, schikt ihn Dir durch einen Expressen. Meinen ersten Brief mit den Büchern mußt Du nun auch schon haben.
Höchst unerwartet ist mir der Inhalt Deines lezten Briefs. Meine Augen sind feucht geworden – also auch Du? Du, den ich so sicher, so fest glaubte. Es ist mir alles unerklärlich – Kaum wag ich zu vermuthen. Wie gern säh ich Dich – sähe Dich noch Einmal. Hätten wir uns wircklich damals zum leztenmal gesehn? – Es wäre sehr sonderbar – und warum ich Dich nicht wiedersehn soll? So gern hätt ich Dich noch einige Tage gesprochen? Auf den Montag – den 26sten, komm ich nach Weißenfels – Komm hin – bleibe bey mir – so lange Du willst. Ich schreibe Dir nichts mehr – ich erwarte Dich. Leb wohl.

Dein / Hardenberg.

Novalis an Friedrich Schlegel, 19. Juni 1797, in: NS 4, Nr. 106, S. 231.

12. Friedrich Schlegel an Novalis, 29. Juni 1797

Jena den Donnerstag

Liebster Freund,
Dienstags den 4ten Jul[i] komme ich zu Fuß nach Weißenfels. Meine Koffer schicke ich gleich nach Halle. Ich nehme aber einen Boten mit, um mir einige andre Bedürfnisse, und besonders die philosophischen *Hefte*[61] zu tragen. Ich sehe Dich binnen Jahresfrist gewiß nicht wieder (falls *Du* nicht nach Berlin kommst), ich habe also meine Einrichtung darauf gemacht, daß ich wohl *acht* Tage bei Dir zu seyn gedenke, falls es Dir recht ist. Nur wünsche ich, selbst um unsres Umgangs willen, einen Theil der Zeit ruhig arbeiten zu können, welches ich in der letzten Zeit leider meiner *Stimmung* wegen auch hier nicht

konnte. – Doch schäme ich mich fast dieser Weichlichkeit.
Ist es zu dem Ende besser, wenn ich nicht bey Dir wohne, so findet sich ja wohl ein Privatlogis für mich. Doch Du wirst das Alles schon einrichten. – Nach *Dürrenb.[erg]* gehe ich gern mit Dir, da es so auf dem Wege liegt, allenfalls auch nach Cösen. Nur nicht so gern.
Sey aber ja in Weißenfels den Tag meiner Ankunft, oder laß es mich sobald als möglich wissen, falls Du verreisen mußt.
Das Wetter müßte *sehr* schlecht seyn, wenn ich den Dienstag nicht kommen sollte. Ließe es sich den Montag sehr schön an, und kann ich in der bestimmten Arbeit bis dahin etwas weiter rücken, so komme ich vielleicht schon Montag.
Lieb wäre mirs wenn Du den *Dienstag* den Versuch machen wolltest, mir entgegen zu kommen, da ich mich so herzlich nach Dir sehne.
Daß ich einen Theil der Zeit bey Dir der Arbeit widme, ist durchaus nothwendig. Du wirsts schon einzurichten wissen, daß dieß möglicher wird als es bisher bey meinem Aufenthalt in W.[eißenfels] und D.[ürrenberg] war.
Und nun laß uns die Zeit benutzen, ehe sie vorüber eilt, und empfiehl mich den Deinigen
Viele Grüße von den Meinigen
                                        Fr. Schl. / In höchster Eil.

Friedrich Schlegel an Novalis, 29. Juni 1797, in: KFSA 23, Nr. 208, S. 374-375.

13. Novalis an August Cölestin Just, 1. Juli 1797

Weißenfels, den 1. Jul[ius] 1797. [Sonnabend]
Seit meinem letzten Briefe bin ich recht umhergeschweift. Unser Hofmeister [Landvoigt] und ich machten in den letzten Tagen unseres Wiederstädtischen Aufenthaltes eine Digression

nach der Roßtrappe bey Thale. Das Wetter war uns hold und nichts störte diese genußreiche Wallfahrt, als müde Beine. In Ballenstädt nahmen wir hin und her unser Nachtlager. Der neue Ort, im Friedrichshöher Styl, liegt prächtig den waldigen Vorderharz in die Ebene herunter. Unser Logis im fürstlichen Gasthofe am Schloß öffnete die schönste Aussicht; vorwärts in eine lange Reihe naher Gärten und über die alte Stadt hinweg in eine weite, flache, sehr angebaute Gegend nach Aschersleben, Staßfurth, Bernburg und Barby zu; seitwärts linker Hand auf die Höhen nach Halberstadt und Quedlinburg, und die natürlichen Ruinen der sogenannten Teufelsmauer; rechter Hand auf benachbarte Waldrücken und Gründe. Von Ballenstädt aus ist der Weg prächtig. Die Teufelsmauer und Quedlinburg rechts; vorn den uralten Landgraben mit 7 bis 8 Warten; geradaus eine höchst mannichfaltige Aussicht auf die Gegenden jenseits Halberstadt nach Helmstedt und Wolfenbüttel zu, auf dem Regenstein, ein im siebenjährigen Kriege gesprengtes Bergschloß; das Blankenburger Schloß auf einer Mittelhöhe am Fuß der waldigen Vorderharzgebirge; oben aus dem Holze ragen die Häuser von Hüttenrode hervor; – und auf dieser erhabenen Base lagert der Hercynische Riese im fernblauen Mantel. Links blickt Gernrode unterm Vorderharz hervor, und lockt mit seinem vielsprechenden Stufenberg jeden Lebenslustigen herbey. Der Eingang der Roßtrappe erscheint wie die Pforte jenes Riesen, wenn er in die Ebene zu kommen gedenkt. Zerstörung und Einsamkeit kündigen hier den Aufenthalt der Schrecken an. Schon vor Thale, das am Heraustritt der Bude aus dem Gebirg in einem Vorgrunde liegt und sich mit vielen rothen Dächern recht gut ausnimmt, fängt man an, aus den beträchtlichen Felsenstücken, die man wie Schrittsteine im Bette der Bude regellos gehäuft sieht, auf ein felsigtes Chaos und die Nähe furchtbarer Kräfte zu schließen. Vor dem Wirthshaus fanden wir einen mächtigen Wurstwagen. – [Und nun folgt eine sehr komische Schilderung der Gesellschaft, welche sie dort antrafen, und des originellen, gesprächigen Cicerone, eines Schusters, den die beyden Wanderer zum Führer mitnahmen; von diesem erzählend fährt er so fort:]* – Durch mannichfaltige Abentheuer hatte ihn nachher sein Genius unter die preußischen Soldaten gebracht, und auch diesen Berg des siebenjährigen Krieges hat er glücklich überstiegen und ist reich an Erfahrung und Weltkenntniß mit geprüftem Muth nach dem Kriege in sein Vaterland zurückgekommen. – Er klagte über zunehmende Stümperey in seiner Kunst. Jeder Müssiggänger im Thale traue sich zu, die Roßtrappe zu zeigen, und dränge sich den Fremden zu ihrem Nachtheil auf. Auch im Wirthshause werde gegen ihn cabalirt; die Magd habe einen Bruder; einen kindischen dummen Burschen; diesem trage der Wirth gewöhnlich die Führung derjenigen Gesellschaften auf, von denen ein gutes Trinkgeld zu erwarten stehe, und er werde nur im Nothfall gerufen. – Indes schien er sich über dies gewöhnliche Loos des Talents mit weiser Resignation hinwegzusetzen und nur das Schicksal der Fremden zu beklagen, die an einen solchen Pfuscher geriethen, indem sie mit unbefriedigter Neugierde hinweggiengen, oder gar der Roßtrappe die Schuld der nicht erfüllten Erwartung beymäßen. Seine Erfahrung ließ ihm keine Antwort auf unsere Fragen schuldig bleiben, vielmehr gab er noch reichlichere Auskunft, als verlangt worden war. Er errieth unser Vaterland Weißenfels aus dem Dialect; so genau hatte er die Dialecte und Provinzialismen der deutschen Sprache inne. So verstrich uns die Zeit des Heraufsteigens angenehm und lehrreich. Oben ward uns die Mühseligkeit des Wegs reichlich belohnt. Es ist ein über die Maßen fürchterlicher Blick in eine schauderhafte Tiefe zu beyden Seiten. Die Bude, die in diesen Felsenschlünden jeden Schritt sich gewaltsam Bahn zu machen genöthigt wird, sieht man von oben kaum sich bewegen, und nur mit Mühe hört man das ferne Rauschen unter seinen Füßen. Die Klippen sind mannichfaltig gruppirt; von einer Seite ist nichts als Wald und Abgrund, von der andern hingegen eine köstliche Aussicht in

* Justs Anmerkung.

die Ebene auf Halberstadt und Quedlinburg. Die merkwürdige Klippe, auf der man hinausgeht, streckt sich von der linken Seite des Felsenthals mit Busch bewachsen bis nahe an die gegenüberstehende Wand. Der furchtbarste Spalt stürzt sich zwischen der Stirn dieses wilden Feldrückens und der rechten Seite des Thals hinunter. Ein Stein von einer Elle im Durchmesser, der aus dem Felsen über die schreckliche Kluft hinausragt, ist das non plus ultra des neugierigen Wanderers. Es gehört mehr als gewöhnlicher Muth dazu, diesen Stein zu betreten und in das sogenannte Kronenloch hinunter zu schauen. Dieses Kronenloch ist eine tiefe Stelle in der Bude, worin die unschätzbare Krone liegen soll, welche der Prinzessin, deren Abentheuer dem Roßtrapp den Namen gegeben, im gewaltigen Satz entfiel, den ihr Roß auf der einen Seite des Thals auf diese Klippe machte, und hier mit seinem Hufe dem Felsen das Mahl eindrückte, das noch bis auf den heutigen Tag daselbst unter dem Nahmen der Trappe sichtbar ist, und was auch wir mit unsern leiblichen Augen gesehen haben. Dieser Satz errettete das heroische Mädchen von der Verfolgung eines Wendischen Fürsten, der, von ihren Reitzen besessen, sie auf der rechten Spitze des Thals mitten im Tanz mit ihren Gespielen überraschte. Von diesem Tanz heißt jene entgegenstehende Spitze noch jetzt der Tanzsaal. – Unser Führer schien in der Welt auch Freydenker geworden zu seyn; er sprach mit Spötteln von diesem ächt historischen Facto und rückte mit manchem Vernunftgrunde recht polemisch heraus. So viel ist aber gewiß, daß man sich auf der Roßtrappe geneigt fühlt, ein wenig mehr zu glauben, als auf dem platten Lande; denn man findet sich in einer wunderbaren Umgebung. Die Felsen nehmen allerley seltsame Gestalten an. So sieht man hier aus dem Walde einen Thurm, dort Ruinen eines Thors, ja sogar zwey Bildsäulen hervorragen, aus denen man nicht recht weiß, was man machen soll. – Zuletzt führte uns der Führer auf einen Fleck, der das Kriterium seiner Meisterschaft ist. Man gewahrt nämlich hier mitten in der waldigen Einöde plötzlich den Brocken und seine Knappen in lichter

Klarheit. Dies ist eine Thatsache, die allen Zweifel ein Ende macht, den unkundigere Führer über diesen wichtigen Punkt veranlaßt haben. Der unsrige that auf die Kenntniß dieses Flecks nicht ohne Grund stolz, und erzählte, daß er einen von diesen Pfuschern, der gegen ihn behauptet und sogar auf eine desfalsige Wette angetragen hätte, daß man den Brocken nicht von der Roßtrappe aus sehen könne, damit auffallend vor den Augen einer ganzen Gesellschaft beschämt habe. Noch zwey gräßliche Geschichten gab er uns zum Besten, von drey Thalschen Kindern, die vor etwa funfzehn Jahren beym Holzsuchen einer hohen Klippe heruntergestürzt waren, wovon das Mädchen den Hals gestürzt, der eine Junge mit gebrochenem Arm und Bein davon gekommen, der andere aber gar einen blauen Fleck nur davon getragen habe; – und von einem Jägerburschen, der einst auf einer Klippe, genannt Rabenstein, nach Adlerhorsten gestiegen sey und nicht wieder herunter gekonnt habe; drey Tage hintereinander sey das Dorf hinausgezogen, ohne daß sich jemand zum Hinaufsteigen entschlossen, oder sich sonst ein Mittel zu seiner Errettung gefunden habe. Sein Vater, der Förster, hat den letzten Tag sich schweigend an einen Baum gelehnt und mit der Büchse unverwandt nach dem Sohne hinaufgesehen; endlich ist ein verwegener Flößer gegen Abend glücklich zu ihm gekommen, und hat ihn mittelst einer Strickleiter heruntergebracht. Nachher hat der Vater oft versichert – er sey Willens gewesen, den Sohn den Abend mit der Büchse herunterzuschießen, um ihm die letzten Qualen des Hungertodes zu ersparen. – Auf einem bequemen Wege kamen wir nach Thale zurück.

[Und nun schließt er noch mit recht heitern und satyrischen Blicken auf die Gesellschaft, die er wieder antraf, auf die

Wirthsleute, – gerade als wenn ein müßiger Lustwandler mit sorgenfreyem Sinn und kummerlosen Gemüthe hier eine Relation von seinen kleinen Abentheuern machte.]*

Novalis an August Cölestin Just, 1. Juli 1797, in: NS 4, Nr. 107, S. 231-235.

14. Novalis an Friedrich Schlegel, 5. September 1797

Kösen: den 5ten Septemb[er]. [1797] [Dienstag] Damit Du nur siehst, daß ich Dein gedenke – Es ist so viel, was ich Dir schreiben möchte. Seit Du weg bist – bin ich eine Zeit lang recht unthätig, recht kranck – und eine Zeit recht thätig – recht gesund gewesen. Die lezte Zeit währt noch. Ich bin in der Brandung – an festes Land schlägt mich ein Wogenstrom. Mein Geist ist jezt fruchtbarer, vielleicht glücklicher, als je. Sobald ich meine Beute ein wenig gemustert, und gesäubert habe, so sollst du Theil an meiner Habe nehmen. Vor 14 Tagen gieng ich hieher – in köstlicher Gegend leb ich ganz frey – Deinen Bruder hab ich 2mal besucht – Bey Fichte war ich auch – Die Deinigen haben meine frohen Stunden um einige vermehrt. Ich war, wie zu Hause, bey Ihnen. Herzlicher und vergnüglicher kann man nicht seyn – Lebendiger leben wenige, als die Beyden. Wir gerichten gleich tief in die Mitte des Gesprächs – Sie haben mich so frey reden lassen – und ich wußte, daß ich reden konnte. Was mich am nächsten angeht, wird auch von Deinem Bruder anerkannt.
Der köstliche Almanach auf [17]98.[62] hat uns herrlich unterhalten. Die ersten Bogen war[en] dort – Pausias aber nicht – Prometheus[63] las sie vor – ich hab ihn da mehr musikalisch, als poëtisch genossen. Er ist sehr schön in seiner Art – ein Muster

---

* Justs Anmerkung.

der Verschmelzung – Aber die *Zueignung*, die bet ich an – die sagt mir zu – die 6te Stanze – Guter, fühle es mit mir – dieser Almanach hat mich von neuen in die Welt der Dichter gezogen – Meine alte Jugendlieb' erwacht. – Himmlisch wohl ist mir schon wieder in diesen glücklichen Regionen geworden. Pausias, den ich seitdem gesehn –

> Schön ist er wircklich, sieh ihn nur an, es
> wechseln die schönsten
> Kinder Florens um ihn, bunt und gefällig,
> den Tanz.

Doch wollen wir nicht, wie die Deinigen, ungerecht gegen Alexis und Dora seyn – die Mitte v[on] A[lexis] u[nd] D[ora][64] – bleibt doch ein Maximum. Von den Balladen und sonst will ich nichts sagen – Genung, daß hier ein reicher Schatz von Leben liegt. Schick uns nur bald das epische Gedicht.

Bey Fichte gerieth ich auf eine Lieblingsmaterie – Er war meiner Meynung nicht – aber mit welcher zarten Schonung sprach er darüber, da er meine Meynung für eine Abgedrungne hielt – Es soll mir unvergeßlich seyn.

Schellings Ideen pries er, wie *Schmidt*,[65] gewaltig – bes[onders] die Einleitung.

Michaïlis geh ich nach Dresden und Freyberg – in Freyberg bleib ich vor der Hand. Schreibe mir nach Weißenfels – bis ich Dir v[on] Freyberg aus schreibe.

Lebe wohl. Schreibe mir bald. Jezt bin ich wieder zum Schreiben gestimmt – Du sollst bald wieder etwas von mir hören.

Dein / Hardenberg.

Novalis an Friedrich Schlegel, 5. September 1797, in: NS 4, Nr. 108, S. 235-236.

Abb. 7: Ansicht Jena um 1790

15. August Wilhelm Schlegel an Johann Wolfgang Goethe, 24. September 1797

Jena d. 24 Sept 97.
Schon oft nahm ich mir vor Ihnen zu schreiben, doch war mir, als ob das was ich zu sagen hätte nicht bedeutend genug wäre um Ihnen so weit nachzureisen: eine Bedenklichkeit über die mich Ihre freye Mittheilungsweise im Gespräch seit dem ersten Augenblicke der Bekanntschaft weggesetzt hatte. Daß ich Ihren Umgang unendlich vermisse, daß nichts mir ihn ersetzen könnte, wenn ich auch jetzt weniger isolirt, und nicht beynah für alles was meinem Geiste und Herzen werth ist, auf meine geliebte Freundin eingeschränkt wäre, glauben Sie mir gewiß gern.
Sie sind uns indessen während dieser Zeit im Geiste einige Male sehr nahe gewesen, wir haben die ganze Gewalt Ihrer Gegenwart gefühlt. Ich habe die Bogen vom Almanach einzeln gehabt, und wollte, ich könnte Ihnen mein Entzücken und meine Bewunderung ausdrücken. Alexis hat einen gefährlichen Nebenbuhler am Pausias gefunden: der neueste Eindruck ist immer der

reizendste, und man muß sich also jetzt hüten, jenem Unrecht zu thun. Alexis hat die unwiderstehliche Macht der Leidenschaft für sich, die meisten Menschen werden durch die Gegenwart stärker ergriffen werden als durch die Erinnerung, wenn diese gleich vielleicht geschickter ist, in zauberischem Lichte aus dem Spiegel der Dichtung zurückgestrahlt zu werden.
Im Pausias liebe ich eben diese schöne besonnene Ruhe unter den süßesten Empfindungen. Die zarteste Sinnlichkeit ist mit dem reinsten und edelsten in der Liebe so innig verschmelzt, wie in der Zeichnung der Gestalten das Liebliche mit großen herrlichen Umrissen. Die Wechselreden fügen sich an einander wie die Blumen im Kranze der Geliebten. Das Idyllische in das wirkliche Leben hinein zu verpflanzen und ihm dadurch eine Wahrheit zu geben, die es bey der Versetzung in eine isolirte ländliche Welt schwerlich für uns haben kann, weil uns bey unsrer rauhen Natur die feine Bildung der Gefühle unerklärlich bleibt – dieß war schon im Alexis gelungen; aber hier steht das Idyllenleben des Mahlers und der Blumenkünstlerin, wie mich däucht, noch unabhängiger und schöner entfaltet, dicht neben den Szenen der großen Welt. Ob alles so täuschend im Griechischen Kostum ist, wie das Gastmahl, darüber haben wir gestritten. Vielleicht konnte ein Griechischer Dichter die Vorzüge des Dichters, des Mahlers, der Liebenden nicht so vergleichen: aber doch lägen ihm diese Zeilen wohl nicht so fern, daß er sie, in's Griechische übertragen, nicht ganz gefühlt hätte.
Ich kann mir nicht helfen, ich muß Sie von Dingen unterhalten, die Ihnen freylich nicht neu seyn können. *Die Braut von Korinth* ist mir unter Ihren dießjährigen Gaben doch die liebste. Ich las sie meiner Frau vor ohne noch von dem Inhalte zu wissen, und da ich nun anfing etwas unheimliches zu ahnden, und allmählig ein immer stärkerer Schauer durch die glühende Szene hinlief, so gerieth ich in Verwirrung, ich stockte, und meine Frau behauptete, ich hätte eben deswegen darstellender gelesen, als nachher, da ich die Wendung schon voraussah. Das Gespenstermäßige auf diese Art mit dem idealisch Schönen zu vereinigen,

war Ihnen vorbehalten; der innerliche Schauer ist desto gewaltiger, weil er gar nicht durch sinnliche empörende Vorstellungen erregt wird. Und wie kühn und groß ist der noch unentschiedne Antagonism zwischen den heidnischen Göttern und den christlichen! Es ist als ob der Geist des Mädchens aus einer doppelten Ferne herkäme, weil sie durch die Kluft des Lebens und der Religion von dem Geliebten geschieden ist. – Das Sylbenmaaß scheint auch eine wahre Eingebung für diesen Gegenstand: es tritt so leise und heimlich auf, und beschleicht das Gemüth mit stiller Gewalt; der ganze Rhythmus der Erzählung ist wie ein Geisterschweben.

Mit der *Bajadere* haben Sie Ihr Geheimniß ein wenig verrathen: wir lassen es uns nun nicht ausreden, daß Sie der Gott Mahadöh selbst sind, der jetzt, ich weiß nicht in der Wievielsten Verwandlung auf der Erde umhergeht.

Welche neuen Aussichten für die Poësie eröffnen so wohl Ihre Idyllen als die hier aufgestellte Reihe von Balladen! und wie werden durch solche Beweise diejenigen widerlegt, welche behaupten, das Gebiet der Dichtung werde durch den Gang unsrer Bildung immer mehr verengt, und sey nahe daran völlig erschöpft zu seyn! Sie haben der Ballade durch die Wahl des Stoffes, durch die Behandlung und selbst durch die erfundnen Sylbenmaaße ganz neue Rechte gegeben, und für alles bisher vorhandne in dieser Gattung ist ein andrer Maaßstab gefunden, ein neuer Gesichtspunkt gegeben. Bey Gelegenheit habe ich einmal Bürgers Balladen wieder gelesen, und unter andern starke Zweifel gegen ihre durchgängige Volksmäßigkeit bekommen. Ich glaube nämlich, es läßt sich eine positive Popularität, und eine negative unterscheiden. Von der ersten, die eigentlich ganz entbehrlich ist, hat Bürger nur allzuviel; (ich rechne dahin: „Herr Marschall, was haun wir das Leder uns wund" u. dergl.) gegen die letzte aber, die in bloßer Enthaltung besteht, scheint es mir oft durch das Bestreben nach Stärke und Lebendigkeit der sinnlichen Darstellung, auf die er meistens sein ganzes Vertrauen setzt, zu verstoßen. Die alte Spanische, Englische und

Dänische Romanze oder Ballade thut ja in diesem Stücke immer lieber zu wenig als zu viel, und überrascht durch die große Wirkung bey scheinbar geringen Mitteln. Ich habe diesen Sommer auch noch fleißig gedichtet: Sie werden mich mehrmals im Almanach finden. Ich gehöre zu den Leuten, die Lust zum Spazierengehen bekommen, wenn das Thor eben geschlossen werden soll; erinnern Sie sich noch, wie Sie mich einmal vorigen Herbst auf dem Garten zum Dichten ermunterten, und sagten: man rechne bey dem Alm. auf nichts was nicht vor dem Schlusse des Jahres fertig wäre? – Seit vielen Jahren fühlte ich mich nicht so dichterisch gestimmt als grade jetzt. In frühern Zeiten, als Knabe noch, hatte ich eine unsägliche Leichtigkeit, die freylich mit dem immer regen Nachbildungstriebe zusammenhing. Seit ich in das männliche Alter trat, waren die Foderungen, die ich an mich machte, mit der Schwierigkeit sie zu realisiren, immer in einem solchen Verhältnisse, daß es mir einen Entschluß kostete, etwas zu unternehmen. Das Mechanische der Ausführung habe ich freylich durch so mancherley Übungen zu sehr in meine Gewalt bekommen, als daß es mich aufhalten könnte. Nur über die Anlage wurde es mir schwer mit mir eins zu werden: aber ich sehe, wie viel man auch hier durch einige gelungene Anstrengungen an Sicherheit und Selbständigkeit gewinnt; und ich hatte jetzt mehrmals recht lebhaft das Gefühl, wie gegen diese freythätigste aller Beschäftigungen des Geistes jede andre ihren Reiz verlieren muß. Leider verhindern mich ganz heterogene Arbeiten dieser günstigen Stimmung nachzuhängen.

Ein Gedicht von mir über und wider die Wegführung der Kunstwerke aus Rom wird Ihnen vielleicht wegen des Gegenstandes keinen sonderlich erfreulichen Eindruck machen – und ich wünschte wirklich, die Begebenheiten hätten keinen Stoff zu einem solchen Gedichte gegeben. – Haben Sie vielleicht einen Aufsatz von Röderer gelesen, worin er die Gründe gegen die Wegführung auf das bündigste zusammengedrängt hat, der vor ziemlicher Zeit im *Journal de Paris* und seitdem, wo ich nicht irre, in der Minerva übersetzt gestanden? Es nannte jemand neulich diesen unbestechlichen Schriftsteller einen überfranzösischen Kopf, und ich würde schon nach diesem einzigen Aufsatze so urtheilen.

Ich habe mich auch an eine Romanze gewagt, und zwar, ohne von den Kranichen des Ibycus[66] zu wissen (welches mir die schönste von Schillers Balladen scheint) einen Gegenstand gewählt, der Pendant dazu macht, obgleich in einem ganz entgegengesetzten Farbentone, die Geschichte vom Arion. Ich bin äußerst begierig Ihr Urtheil darüber zu erfahren. Was wohl eine Geschichte für Beschaffenheiten haben muß, um zu einer Ballade zu taugen? Denn auf die glückliche Wahl des Stoffes kommt doch hier wohl vorzüglich viel an. Ich bin mit meinen Gedanken darüber noch nicht viel weiter gekommen, als daß diese Dichtart immer etwas wunderbares zu verlangen scheint; grade nicht immer ein eigentliches Wunder – obgleich die alte Englische, Schottische und Dänische Ballade gar zu gern in die Geisterwelt hinüberschreitet – aber doch eine seltsame Verkettung von Umständen, oder ein wunderbares der Gesinnung. – So bald ich einmal wieder Zeit habe, werde ich Jagd auf passende Geschichten machen, auch auf Morgenländische. Da Sie mit der Indischen Ballade vorgegangen sind, so denke ich, wird die Dichtart wohl die Reise um die Welt machen, und vielleicht einmal in Madagaskar die verwiesenen Deputirten besuchen. –

Bey Gelegenheit der Gedichte für den Alm. habe ich mit Schiller mehrere Briefe gewechselt; er hat mir auch auf ein paar andre Gedichte lebhaft seinen Beyfall bezeugt, auf meine letzte Sendung aber mit dem Arion[67], den er indessen ebenfalls eingerückt, habe ich gar keine Antwort von ihm bekommen, ich weiß nicht aus welchem Grunde. So viel ich weiß, hat noch niemand hier diese Entfernung bis jetzt gemerkt: doch hat es mich einige Male in Verlegenheit gesetzt, daß sich Leute an mich gewandt haben, in der Voraussetzung ich sähe Schillern häufig. Ich konnte jetzt keinen Schritt zur Annäherung weiter thun, wenn Sch. nicht meinen Eifer zu seinem Alm. beyzutragen, dafür genommen hat. Es sollte

mir leid thun, wenn ich die Hoffnung aufgeben müßte, dieses unverschuldete Misverständniß wieder ausgeglichen zu sehen, weil ich es alsdann mir selbst schuldig wäre, meine Sachen nicht mehr in Institute zu geben, die Sch. herausgiebt; so ungern ich mich von der guten Gesellschaft ausschließen würde. Wir haben hier verschiedentlich interessanten Besuch von Fremden gehabt: daß der Rittmeister von Funk[68] hier war, werden Sie vielleicht wissen; Hr. von Hardenberg[69] aus Weißenfels hat einige Male einen Tag bey uns zugebracht. Sie werden ihn hier oft gesehen haben, aber ich weiß nicht, ob Sie je näher ins Gespräch mit ihm gekommen sind. Er ist für uns ein äußerst interessanter Mann, und die schwärmerische Wendung die ihm der Tod seiner jungen Geliebten des Fräuleins von Kühn, gegeben hat, macht ihn noch liebenswürdiger, da ein so ausgebildeter Geist sie unterstützt, oder ihr das Gegengewicht hält. Seine Schwermuth hat ihn mit doppelter Thätigkeit in die abstraktesten Wissenschaften gestürzt: seine innre Unruhe verräth sich dabey durch die Menge und Neuheit seiner eigenthümlichen Ansichten. – Er verläßt jetzt diese Gegend, um nach Dresden und von da nach Freyberg zu gehen. Von meinem Bruder aus Berlin haben wir recht angenehme Nachrichten. Wie es scheint, wird er sehr in Gesellschaften gezogen, doch betheuert er, daß er immer sehr fleißig ist, und die Griechen nicht vergißt. Doch wird auf Michaelis noch nichts davon, ich denke dagegen, auf Ostern alles erscheinen. – Am zweyten Bande meines *Shakspeare* wird stark gedruckt, er muß nächstens fertig seyn. Bey dem zweyten Stücke hat mir die Prosa, worin es großentheils geschrieben ist, viel Noth gemacht, beynah so viel als die versifizirten Stellen; wenigstens hat die alte Übersetzung dabey eine eben so starke Umformung erleiden müssen. Diese Zeit her habe ich viel für Fiorillo's Werk[70] gearbeitet, besonders die Artikel von Leonardo da Vinci und
Michel, più che mortal, Angel divino. –
Eine Rec. von mir, die zu Anfange des vorigen Monats in der Lit. Zeitung gestanden, hat mir viel Freude gemacht, weil es mir

dadurch gelungen ist, etwas Gutes aus der unverdienten Dunkelheit hervorzuziehen. Sie betraf nämlich ein Gedicht *die Gesundbrunnen* von *Neubeck*[71], das schon vor ein paar Jahren erschienen ist, wovon aber bis jetzt noch gar nicht die Rede gewesen. Ich hatte es mir also recht angelegen seyn lassen, die Aufmerksamkeit darauf zu lenken; und wie ich höre, ist es mir ziemlich gelungen. Der Verfasser ist ein junger Arzt der in Schlesien lebt; das Gedicht ist auch dort und zwar sehr unscheinbar gedruckt. Ein Hr. Fischer, der jetzt sich hier aufhält (mit einer verwitweten Gräfin von Reichenbach verheirathet, die hier eine Kur gebraucht) kennt den Neubeck persönlich, und machte mir von seiner Lage keine allzugünstige Schilderung, und erbot sich das Stück von der L. Zeit. nebst einem Briefe von mir zu besorgen. Ich erkundigte mich darin, wie es mit der ersten Auflage seines Gedichts stehe, und ob sich keine neue veranstalten ließe, wobey ich meine Dienste anbot. – Er meldet mir denn, sehr erfreut darüber endlich bemerkt worden zu seyn, es seyen nur 300 Ex. auf seine eignen Kosten gedruckt, und abgesetzt, und giebt mir freye Vollmacht mit Buchhändlern deswegen Verträge zu machen. Nun hatte ich Gelegenheit, es gleich zu Stande zu bringen, da Göschen[72] hier durch kam. Er ging sehr bereitwillig in den Vorschlag ein, und will eine elegante Ausgabe veranstalten, die gewiß auch beytragen wird, das Gedicht in Ansehen zu setzen, da Kleider Leute machen. – Der gute Neubeck, der mit seinem Talent ganz isolirt und bisher unbemerkt in einer kleinen Schlesischen Stadt lebt, wird eine große Freude haben. –

In etwa acht Tagen hat man uns *Hermann und Dorothea* versprochen, dann ist aber unsre poëtische Weinlese für den Herbst so ziemlich vorbey. Klopstocks Oden werden erst im Winter fertig. – Der Meß Katalog, der übrigens wohl nicht vollständig ist, soll die sieben magern Kühe Pharaonis[73] vorstellen.

Verzeihen Sie, daß ich so ins Plaudern hinein gerathen bin, und es Sie vielleicht bereuen mache, daß Sie mich Ihnen zu schreiben veranlaßt. Wahrscheinlich trifft Sie dieß noch diesseits der Alpen:

ich bin äußerst begierig, ob Sie noch in das Land gehen werden, *Ch'Apennin parte, e'l mar circonda e l'Alpe.* Wohin der Eigennutz meine Wünsche lenkt, errathen Sie leicht, ob uns gleich in der Folge gewiß Früchte Ihrer Italiänischen Reise zu Theil würden. – Reisen Sie in jedem Falle recht glücklich und gesund, und vergessen Sie uns nicht ganz.
Viele Empfehlungen von meiner Frau, welche diese Zeit über nicht wohl gewesen ist, und noch medicinirt. Doch hoffe ich, es soll vor dem Winter noch wieder besser werden.
Leben Sie recht wohl. Mit unveränderlichen Gesinnungen
Ganz der Ihrige / A W Schlegel.

August Wilhelm Schlegel an Johann Wolfgang Goethe, 24. September 1797, in: GR 1, Nr. 5, S. 4-14.

16. Friedrich Schleiermacher an Friederike Charlotte Schleiermacher, 22. Oktober 1797

d[en] 22t[en] Octob[er]. Aus den Paar Posttagen sind ein paar Wochen geworden und deßen was ich Dir zu sagen habe ist unterdeß nicht weniger sondern mehr geworden. Da sind vor einigen Tagen die Dohna's[74] zurük gekommen und haben mir viel aus Preußen erzählt. Alles befindet sich wol, alles lebt einträchtig, Comteße Karoline[75] ohne Geheimniße und ohne Spannung mit ihren Eltern, die Gräfin von Karwinden[76] auf dem vertrautesten Fuß der je stattgefunden hat. Der frohen Feste sind während dieses Aufenthalts viele gefeiert worden, unter andern ist Graf Louis Geburtstag d[en] 8t[en] Sept[ember] mit einer großen militärischen Fete begangen worden. Graf Fabian der bisher als Junker in Königsberg vielerlei Unannehmlichkeiten erduldet ist Offizier geworden, und meiner erinnern sich Alle, wie die Grafen versichern, freundlich und liebreich. Es thut mir doch immer noch sehr wohl von dort zu hören und mein herzliches Interesse an diesen lieben Leuten wird nie aufhören. – Da haben die Grafen noch einen andern Dohna mitgebracht und in dem habe ich einen alten Bekannten entdekt; es ist der Dohna, den ich als Knabe in der Anstalt in Niesky gekannt habe, und der mit Karl auf einer Stube wohnte. Er war ein außerordentlich schönes Kind und ist jezt mit starken Traits[77] und von den Poken verdorben nichts weniger als hübsch. Was innerlich aus ihm geworden ist, kann ich freilich von einmal sehen nicht beurtheilen. Eigentlich wollt ich Dir aber von einer weit interessanteren Bekanntschaft erzählen die ich zwar dem äußeren nach schon diesen Sommer gemacht aber die erst seit kurzem für mich recht wichtig und fruchtbar geworden ist. Es ist nichts weibliches sondern ein junger Mann, der – merkwürdig genug Schlegel heißt und sich jezt hier aufhält. Ich lernte ihn zuerst in einer geschloßenen Gesellschaft kennen von der ich ein Mitglied bin wo man zusammen kommt um sich Aufsäze vorzulesen, schöne schriftstellerische Werke zu beherzigen, literarische Neuigkeiten mitzutheilen u.s.w. Ich weiß nicht ob ich Dir von dieser Gesellschaft unter dem Namen der Mittwochsgesellschaft[78] schon etwas geschrieben habe; wo nicht so soll Dir nächstens eine nähere Nachricht davon zu Dienste stehen. Hier lernte ich Schlegel zuerst kennen dann sah ich ihn öfters bei Herz und Brinkmann[79] der seine Bekanntschaft schon vor einigen Jahren gemacht hatte brachte uns näher zusammen. Er ist ein junger Mann von 25 Jahren, von so ausgebreiteten Kenntnißen, daß man nicht begreifen kann, wie es möglich ist bei solcher Jugend soviel zu wißen, von einem originellen Geist, der hier wo es doch viel Geist und Talente giebt alles sehr weit überragt, und in seinen Sitten von einer Natürlichkeit, Offenheit und kindlichen Jugendlichkeit, deren Vereinigung mit jenem allem vielleicht bei weitem das wunderbarste ist. Er ist überall wo er hinkommt wegen seines Wizes sowol als wegen seiner Unbefangenheit der angenehmste Gesellschafter. Mir aber ist er mehr als das, er ist mir von sehr großem wesentlichen Nuzen. Ich bin zwar hier nie ohne gelehrten Umgang gewesen, und für jede einzelne Wissenschaft die mich interessirt hatte ich einen Mann mit dem ich darüber reden konnte; aber doch fehlte es mir gänzlich an einem, dem ich meine philosophischen Ideen so recht mittheilen konnte und der in die tiefsten Abstraktionen mit mir hineinging. Diese große Lüke füllt er nun aufs herrlichste aus; ich kann ihm nicht nur was schon in mir ist ausschütten sondern durch den unversiegbaren Strom neuer Ansichten und Ideen der ihm unaufhörlich zufließt wird auch in mir manches in Bewegung gesezt was geschlummert hatte. Kurz für mein Daseyn in der philosophischen und litterarischen Welt geht seit meiner nähern Bekanntschaft mit ihm gleichsam eine neue Periode an. Ich sage seit meiner nähern Bekanntschaft, denn ob ich gleich seine Philosophie und seine Talente weit eher kennen und bewundern lernte so ist es doch eine Eigenheit von mir, daß ich auch in das Innere meines Verstandes Niemanden hinein führen kann wenn ich nicht zugleich von der Unverdorbenheit und Rechtschaffenheit seines Gemüths überzeugt bin; ich kann mit Niemand philosophiren deßen Gesinnungen mir nicht gefallen. Nur erst nachdem ich hievon soviel Gewißheit hatte, als man mit gesunden Sinnen aus dem Umgang und den kleinen Äußerungen eines Menschen schöpfen kann, gab ich mich ihm näher und bin jezt sehr viel mit ihm. Er hat keine sogenannte Brodtwissenschaft studirt, will auch kein Amt bekleiden, sondern so lange es geht spärlich aber unabhängig von dem Ertrag seiner Schriftstellerei leben, die lauter wichtige Gegenstände umfaßt und sich nicht so weit erniedrigt um des Brodtes willen etwas mittelmäßiges zu Markte zu bringen. An mir rupft er beständig ich müßte auch schreiben, es gäbe tausend Dinge die gesagt werden müßten und die grade ich sagen könnte, und besonders seitdem er mich in der erwähnten Gesellschaft eine kleine Abhandlung hat vorlesen hören läßt er mir keinen Tag ruhe. Wir kauen jezt an einem Projekt, daß er auf Neujahr zu mir ziehn soll, und ich würde mich königlich freuen wenn das zu Stande käme, denn jezt kostet mich jeder Gang zu ihm hin und zurük immer eine Stunde Weges. NB. den Vornamen hat er von mir: er heißt Friedrich; er gleicht mir auch in manchen Naturmängeln, er ist nicht musikalisch, zeichnet nicht, liebt das französische nicht, und hat schlechte Augen. Seit 8 Tagen habe ich einen großen Theil meiner Vormittage die ich sonst sehr heilig halte bei ihm zugebracht um eine philosophische Lektüre mit ihm zu machen die er nicht gut aus den Händen geben konnte. Daß ich soviel von ihm geplaudert habe wird Dir hoffentlich nicht unlieb seyn, da er zu denen gehört die mir jezt hier die liebsten sind. [...]

Friedrich Schleiermacher an Friederike Charlotte Schleiermacher, 22. Oktober 1797 (2. September bis 12. November 1797), in: KGA V.2, Nr. 402, S. 176-178.

17. Friedrich Schlegel an August Wilhelm Schlegel, 31. Oktober 1797

{Die Musik schick ich Auguste das nächstemahl.}[80]

Den 31ten Oktober 97.
Ich bin jetzt äußerst thätig, liebster Freund; dabey muß ich sehr viel in Gesellschaften gehn, sogar auf Diners und Soupers, recht ordentliche. Endlich ziehe ich noch jetzt um u.s.w. Ich weiß also gar nicht, wo ich die Zeit hernehmen soll, Euch alles zu schreiben, was ich Euch schreiben möchte, und müßte. Eure letzten Briefe haben mir eine unglaublich große Freude gemacht. Sie waren sehr lange unterwegs gewesen, und zweymal hatte ich von *Unger und Vieweg*[81] Packete von Euch bekommen ohne Brief. Da nun Auguste zuletzt von Husten, der nicht weichen wolle, geschrieben hatte, so war ich fast überzeugt, sie sey krank und habe etwa acht Tage in der größten Angst und Betrübniß verlebt. –

Deine neuen Gedichte haben mich auf das schönste überrascht. {Die 6te Stanze} der *Zueignung* kann Hardenb.[erg] leicht entzückender fühlen als ich; das Ende ist noch mehr als er. In der ersten Stanze finde ich *viel Romeo*; doch hätte ich im ganzen Gedicht beynah noch mehr wünschen können. Die schwache Seite des Gedichts scheint mir die zweite Stanze, die Art wie das, daß die Liebe das Höchste sey, ausgeführt ist. – Der *Arion* ist wohl das leichteste, zarteste und dabey vollendetste unter den Gedichten von Dir, die nicht eigne Empfindung darstellen. Er ist so ganz aus einem Stücke, wie hingehaucht. Diese *Leichtigkeit* ist mir auch als Omen für längere romantische Gedichte sehr viel werth. In den *entführten Göttern*[82] hat mir der würdige Anfang besser gefallen, als der ein klein wenig gallische Schluß. – Verzeih das Wenige {Gesagte}, und glaub nicht daß ich darum nicht empfänglich bin. Allein der erste Eindruck ist bey mir äußerst selten der beste. Ueber den *Prometheus*[83], der mehr Bewunderung als Liebe finden wird, könnte ich Dir jetzt eher etwas Verständiges schreiben. Und wie viel hätte ich Dir nicht auf Deine poetischen Projekte zu sagen, die ich mit brüderlicher Zärtlichkeit umarme. – Die Hauptsache aber ist daß jetzt ein großer Plan Tag und Nacht alle meine Gedanken absorbirt. Mir hat es lange *Zeit* geschienen, unser gemeinschaftliches Journal anzufangen. Was Du mir letzthin, und Car.[oline] neulich schrieb, hat mich bewogen mit *Vieweg* darüber zu reden, der *sehr* empfänglich dafür scheint. Es ist nun an Dir, die Sache {schließlich} zu überlegen, und falls Du beystimmst, *sogleich* an Vieweg einen zweckmäßigen Brief zu schreiben. Denn darauf wartet die endliche Entscheidung. – Vieweg habe ich Unger aus vielen Gründen vorgezogen. Unger hätte es wohl nicht genommen; auch konnte ich *ihm* nicht gut ein Journal anbieten, was mich hindern wird am *Lyc[eum]*[84] weiter Antheil zu nehmen. Dieß würde ich zwar auch ohne das nach Vollendung des Lessing[85], haben liegen lassen. Reichardt hat den *Voßiden*[86] sehr empfindlich aufgenommen und einen albernen Brief darüber geschrieben, den ich stark beantwortet haben würde, wenn ich mich nicht entschlossen hätte, mich auf die möglichst mildeste Weise von ihm zu trennen. Ueberdem ist R.[eichardt] jetzt hier und wir leben natürlich im besten äußern Vernehmen zusammen. Der Mann hat viel Gutes, aber da er nicht liberal[87] ist, so würde es thöricht seyn, wenn ich mich entetiren[88] wollte, in litterar.[ischer] Gemeinschaft mit ihm zu bleiben. Sein soidisant *Republikanism*[89] politisch und litterarisch ist alter Aufklärungsberlinism, Opposizionsgeist gegen die Obskuranten, und Franzosenhang, die er als Deutscher haßt und verachtet, ohne doch von ihnen lassen zu können, so wie er die Deutschen hinwiederum völlig wie ein Franzose verachtet. Ich habe ihn lange so gesehn, obgleich ich nichts gethan, was ich aus Ehrgefühl oder Klugheit anders hätte thun können. Ich habe es nicht gesagt, weil es nicht nöthig war und Ihr doch eigent[li]ch nicht in der Stimmung wart, frey {und gelassen} darüber hören und reden zu können. Ich erinnre mich noch einer Schilderung die ich vorigen Winter an Hardenb.[erg] von ihm machte, wie sein ganzes Wesen aus drey Elementen zusammengesetzt ist, aus Musik, Berlinism und Oekonomie. Dieß finde ich immer noch das Kürzeste und Treffendste über ihn. Er ist (vielleicht ein sehr rechtlicher, ja für manches nicht unliebenswürdiger Mann: aber er ist nicht liberal, und also ist es nichts mit ihm. – Goethes Haß in *dem Maaße* hat ihm höchst wahrscheinlich auch eine Klatscherey von *Böttiger*[90] zugezogen. *Diesen* – lernt man immer besser kennen. Es freut mich, daß Du gegen ihn eine so strenge Maaßregel genommen hast.[91] – Iffland[92] ist recht artig gegen mich; er hat gegen U.[nger] den Wunsch geäußert, daß nur B.[öttiger] von der ganzen Sache nichts wieder erfahren möchte.

Nun zur Hauptsache zurück. U.[nger] ist eigentlich gar kein guter Verleger für *Journale*. Warum will ich Dir wohl mahl mündlich aus einander setzen. Ueberhaupt müßte ich ein Buch schreiben wenn ich Alles erschöpfen wollte. Bedenke bey dieser wichtigen Sache ja, daß jede Sylbe die ich schreibe, das Resultat reiflicher Ueberlegung und Beobachtung ist. –

Ich muß Dir aber nur gestehn, daß ich V.[ieweg] den Plan gleich etwas anders vorgetragen als Du ihn Dir so viel ich weiß bisher gedacht; wie Du's nehmen willst, viel größer oder viel enger. – Nähmlich ein Journal von uns beyden nicht bloß edirt, sondern *ganz allein* geschrieben, ohne alle {regelm.[äßige]} Mitarbeiter, wo *weder Form noch Stoff näher bestimmt* wäre, außer daß alles was ganz unpopulär wäre, oder *großes Werk* oder Theil eines solchen wäre, ausgeschlossen bliebe. Vor der Hand würde also nichts von Dir, nur manches von mir ausgeschlossen seyn. – Ich und Vieweg sind der Meynung, daß *6 Stück jährlich jedes zu 12 Bogen* eben das rechte Maaß wären. Ich war sehr für die Ungerschen Lettern, er wünscht aber daß wir dieß *nicht* zur *Bedingung* machen möchten. Sage mir auch darüber Deine Meynung. Ich wünschte es eigentlich sehr dafür. Sonst hat der Vieweg gewöhnlich miserabeln Druck. –

Denk {Dir} nur den unendlichen Vortheil, daß *wir alles thun und lassen könnten, nach unserm Gutdünken.* Ist es nicht eine Sünde und Schande daß ein Mensch wie Du sich in und nach der A.[llgemeinen]-L.[itteratur]-Z.[eitung] geniren soll!

Honorar habe ich noch nicht fodern wollen und können ohne Deine Beystimmung. Ich rathe Dir nicht über, aber auch nicht unter 3 Ldrs. zu fodern. Er wird vielleicht etwas dingen wollen; aber er ist für die Sache gewaltig eingenommen. Ich hoffe daß Du eins ums andre gerechnet mit den Horen und der L.[itteratur]-Z.[eitung] doch im Merkantilischen gar nichts verliehren sollst, wo denn also die Freyheit und Gemeinschaft *reiner Gewinn* wäre.

Ich hoffe, daß auch Carol.[ine] durch die Schönheit des Unternehmens angefeuert werden wird, mehr Theil zu nehmen als bisher. –

Ich sagte zwar, *keine REGELMÄSSIGE Mitarbeiter*, weil man doch nur für sich allein stehn kann. Doch mit der Ausnahme, daß wir *Meisterstücke der höhern Kritik und Polemik* aufspürten wo sie zu finden wären. – Ja auch überhaupt Alles, was sich durch *erhabne Frechheit* auszeichnete, und für alle andren Journale *zu gut* wäre. Um Dir nur eine Idee zu machen: *Hardenberg* hat {mir} über den Meister[93] und über manche philos.[ophische] Materie Sachen zum Druck geben wollen, für die ich mich als *Diaskeuasten*[94] angeboten habe. Beydes könnte gewiß nirgends anders gedruckt [werden]. Mein Freund *Schleyermacher*, der mich neulich durch eine wirklich *große* Skizze über die *Immoralität aller Moral* überrascht, hat einige kritische Sachen vor, die glaube ich meisterhaft ausfallen dürften, aber viel zu sehr für Fichte's Journal[95]. Er nimmt überhaupt enthusiastischen Antheil an meinem Projekt. –

Ein andrer großer Vortheil dieses Unternehmens würde wohl seyn, daß wir uns eine große Autorität in der Kritik machen, hinreichend, um nach 5-10 Jahren kritische Dictatoren Deutschl.[ands] zu seyn, die A.[llgemeine] L.[itteratur-] Z.[eitung] zu Grunde zu richten, und eine kritische Zeitschrift zu geben, die keinen andren Zweck hätte als Kritik. – Du scheinst Dir bey unserm Plane bisher besonders *dieß* gedacht zu haben. Allein 1) muß soll ein solches Journal wenn es was rechts seyn soll, sehr umfassend seyn, wozu Mitarbeiter gehören, und wo sollen *gute* herkommen; es muß auch 2) allen andern *schlechten* aber geltenden krit.[ischen] Journalen offen Krieg ankündigen. Dazu fehlt es uns an Zeit und Autorität, und Connexion pp. In 10 Jahren ist das eine Sache. – Eine kritische Schrift in *Briefen* ohne Vollständigkeit, und ohne Polemik findet positiv kein Publikum. *Ich* könnte mich auch durchaus nicht an die Monotonie einer einzigen *Form* binden. Mit Recens.[ionen] ists was andres. Das ist eine ganz formlose Form. – Auch bliebe für jetzt, wenn Du Dich von den *Horen*[96] trennst, die Schwierigkeit, daß Du keinen Ort weißt, wo Du so manche andre Aufsätze hingeben sollst. So auch mit mir. *Ins Lyc.[eum]* das wäre für mich ein Grund, um es {noch} eine Weile mit anzusehn, woraus ich mir ungeachtet des Obigen am Ende auch nicht viel mache. Allein 1) siehts doch so feindselig gegen Schill.[er] aus, gleichsam wie ein förmliches Uebergehn zum Feindes-Heer 2) hat R.[eichardt][97] sich grade gegen Dich {vorzügl[ich]} *nicht* liberal gezeigt, da Du es doch gegen ihn sehr gewesen bist 3) und das ist nächst dem Mangel der Freyheit das wichtigste, ist das Honorar für Dich nicht gut genug. – Der Titel ist Eure Sache. Ich und Schl[eyermacher] sind für *Herkules*. Man könnte da leicht so die Idee von Herk.[ules] *Musagetes*⁹⁸ herziehn, da so viel der jetzigen Musageten, von den herkulischen *Arbeiten*, die doch auch in der Poesie und in der Kritik vorfallen, gar keinen Begriff haben. – Ich hatte erst *Freya* im Sinne, nicht ohne Zweydeutigkeit. Dagegen ist aber Schleyerm.[acher]. Denkt ja darauf. Die neueste Spötterey über den Herkules thut nichts. Dafür ist die *Keule*.

Was ich noch gegen Deine Ansicht unsers alten Projekts, gegen bloß kritische Briefe habe, ist daß ich über alles wünsche, Du möchtest eine Zeitlang weniger recensiren, und besond.[ers] einige poetische Projekte vornehmen. Wie leid thut mirs nicht, daß Deine Gedichte in dem Allm.[anach] stehn! Das wäre ein glänzender Anfang!

Zu einem solchen Unternehmen kannst Du Dich, auch wenn Sch.[iller] Dir keine {besondre} Ursache dazu giebt, sehr füglich von den Horen entfernen. Ins Lyc.[eum] das wäre freylich was anders.

Ich denke nicht nur alle kritischen Sachen hereinzugeben (Briefe über Meister {fernere Fragmente} durch viele Stücke, Winckelmann⁹⁹ (nach Art des Lessing), im ersten Stück ein halb Dutzend *exemplarisch kurze* Recens.[ionen] pppppp.) sondern auch alles was für die *Griechen und Römer* bestimmt war, und nicht zu unpopulär ist (denn vor der Annahme eines solchen zweyten Theils fürchten sich die Buchhändler sehr). Ferner auch das ganz Populäre, Witzige und für Fichte nicht passende von meinen philosophischen Sachen. – Wenn *Du* so viel Stoff hast wie ich, so könnten wir allenfalls jedes Stück gleich zu 15 Bogen bestimmen. –

Es versteht sich, daß es gleich zu Neujahr los gehn muß, – Ostern schon zwey Stücke da seyn. {Nicht wahr?}

Mit Tieck[100], dächte ich, warteten wir es erst ab, wie er sich im kritischen Fache zeigt. Ich erwarte manches Gute von ihm zur Charakteristik des individuellen Tons der verschiedenen Sh[akespear]schen Stücke: aber auch weiter nichts. – Er ist sehr eingenommen von Deinem IIten Bande,[101] beynah auf Unkosten des Iten, desgleichen von dem Aufsatz über Romeo.[102] Er läßt Dich sehr grüßen und will Dir schreiben. Er ist jetzt recht oft bey mir, und interessirt mich recht sehr, ungeachtet er immer aussieht, als ob er fröre und an Geist und Leib {gleich} mager ist. – Nächstens mehr von ihm. – Ueber die Rec.[ension] in der A.[llgemeinen] L.[itteratur-] Z.[eitung] habe ich ihn gefragt, weil ich glaubte, er würde allerley dagegen haben. Er ist aber unendlich bereit dazu.

Die Zeit drängt mich, und es ist noch so viel zu schreiben. – Unger hat mich letzthin gefragt, ob ich den *Don Quixote* wohl übersetzen wollte? – Da Uebersetzung klassischer Prosa, und Roman{kunst} schon sehr mein Augenmerk sind, und noch immer mehr seyn werden: so war das gar nicht von der Hand {zu weisen}. Eine Hauptschwierigkeit sind nur die *Verse*, die vorkommen. Willst Du Dir wohl den D[on] Q[uixote] einmahl ansehen, ob *Du* das machen kannst und willst, und *wieviel* Du verhältnißmäßig Dir dafür *im Ganzen* würdest bezahlen lassen (was ich d[ann] besonders stipuliren, oder von meinem Honor.[arium] abziehen würde). – Nun ist der Reichardt dazwischen gekommen und hat U.[nger] eine Uebersetzung von *Eschen* angetragen, und nach seiner Art ist er recht hastig dabey verfahren. Was ist das für ein Gedanke, daß so ein Junge der noch gar keinen Styl hat, so ein Werk übersetzen will. Und wie will er denn {mit} diesen Versen fertig werden? – Schreib mir doch recht offenherzig, ob Du glaubst, daß er fähig dazu ist. Ferner, ob Du mir dazu räthst. Natürlich finge ich erst künftigen Sommer an. – Ich habe eigentlich recht große Lust dazu. – Ich habe mir den D[on] Q[uixote] kommen lassen, und will mir ihn einmahl darauf ansehn. Möchte ich aber nicht, so hätte ich weit mehr Zutrauen zu Tieck als zu Eschen. – Ich habe es nun mit U.[nger] *so* verabredet. Eschen soll etwas schicken zur Probe. Ists gut, so stehe ich ab. Kann ich oder Tieck es besser machen, so geht der bessere vor. Dagegen frage einmahl Eschen, ob er wohl Lust hätte, eine sorgfältige Uebersetzung der Biographien des Plutarch[103] für Viewegs Verlag zu machen (der jetzt auch Voßens Ovid druckt): so soll er mir oder V.[ieweg] seine Foderung pp. schreiben. Ich dächte, das wäre weit eher etwas für ihn. – Vieweg hat mir das aufgetragen, {nähmlich er frug mich, ob ich jemand wüßte,} ich bitte mir also Antwort aus. – Das wäre was für Augusten. Herzlich freut michs, daß Dir meine Fragmente so gefallen haben. Eine Freundin von mir nennt sie meine verzognen Kinder. Schley[ermacher] hat wohl eben so viel Theil dran genommen wie Du und Car.[oline]. Das ist mir schon genug. – Allerliebst ist der Gedanke, *gemeinschaftlich* solche Fr.[agmente] zu schreiben. Das wäre göttlich für *unsern Herkules*. Ich habe noch unendlich Vorrath; das nächstemahl denke ich aber mehr kondensirte und kompakte Abhandlung und Charakteristik zu geben, als Einfälle. Ich kanns immer vorher nicht klar machen wie's werden soll, obgleich ichs sehr bestimmt fühle. Ganz anders, aber doch eben so.

Vieweg ist *sehr* für meinen Vorschlag; schmiede ja das Eisen so lange es warm ist, und stimmst Du bey, so schick mir *gleich* einen Brief für Vieweg. Du könntest, dächte ich, auch alle ältere Gedichte (d.h. alle die nicht in den drey Schill.[erschen] Allm.[anachen] stehn) die Du der Revision würdig achtest, *zusammen* in den *Herkules* geben. Desgl.[eichen] *alle* Sonnette die Du aus Petr.[archa][104] übersetzt hast, zusammen. Die Fortsetzung des Dante[105] fürchte ich dürfte für den *Anfang* wenigstens nicht populär genung seyn; es müßte denn etwas *Historisches* {oder was in der Akad.[emie] gestanden, umgearbeitet,} über dieses Zeitalter seyn. Ueberhaupt denke ja nach, was unter den alten histor.[ischen] Projekten für den Herkules brauchbar wäre. –

Fichte'n und Nieth.[ammer] bitte ich vielmahls zu grüßen und sagen, daß ich an den philos.[ophischen] Fragmenten stark arbeite. Dem ersten schreibe ich mit nächster Post. So auch Karolinen, der ich für Ihren Brief herzlich danke. Ich muß ihn recht ordentlich beantworten, das ist im Kopf lange geschehen; nur schreiben kanns ichs heute nicht. – Es ist alles was sie schreibt, so schön, als die Hauptsache gut. Nur habe ich das nicht gut finden können, daß sie so eine Creatur wie die L[iebes]kind, die sie selbst so verachtet, über mich und meine Verhältnisse hat ausforschen mögen. – Bitte Sie, mir recht viel zu schreiben, und doch ja nicht genau mit mir zu rechnen, da meine Zeit jetzt so gewaltig in Anspruch genommen wird. – Ueberlegen Sie auch ja den *Herkules* recht vernünftig liebe Karoline. Ich empfehle das unbändige Kind Ihrer mütterlichen Zärtlichkeit und ihrem mütterlichen Schutze. –

Noch ein Lieblingsplan, lieber Freund. Du hast Recht, ich habe mich ordentlich auf den Witz *gelegt*, und habe recht viel darüber philosophirt. Ich denke daß mir manches eine Ansicht von Sh.[akespeares] Witz und Komischen geben könnte. Wie wäre es wenn *wir drey* gemeinsam etwas darüber schrieben! – Ich gäbe Euch Fragmente, und Grundriße zu beliebiger Auswahl. Haben Ihre Majestät gewählt, so führtet Ihr es aus. Dieß hielte so das Mittel zwischen der ganz allgemeinen Abhandl.[ung] und der ganz speciellen über Romeo, und wäre doch auch sehr schön und nützlich. Nimms ja in Ueberlegung. – Mit Vollendung des IIIten Bandes wären dann allenfalls genung Lustspiele zu Beyspielen da. –[106]

Den Caesar[107] habe ich mit Tieck gelesen. Er ließt ohne alles ηϑος[108], aber das Pathos auch vortreflich. Dann habe ich *Was ihr wollt* verschiedentlich mit guten Freunden beyderley Geschlechts gelesen. Morgen geschiehts wieder in einer sehr gemischten, beynah öffentl[ichen] Gesellschaft.[109] Man will mich versichern, daß ich den *Malvolio* gut, den *Narren* aber unvergleichlich läse. Ich glaube selbst, daß ich außer diesem und dem Alhafi[110] eigentlich nichts lesen kann. Dazu hat mich wohl die Natur bestimmt. Ich werde mich also auch morgen in diesen beyden Rollen hören lassen.

Wenn Du mein Projekt {zum Herkules} im Ganzen acceptirst, so überlasse ich Dir gerne alle nähere Bestimmung im Einzelnen. Wollen wir etwa in Rücksicht der Extraneer[111], die etwa jeder aufnehmen will, dem Andern ein absolutes Veto verstatten? – Karoline sollte mit Hardenberg correspondiren! Wißt Ihr gar nichts von ihm? –

Ich umarme Dich herzlich. Dein Friedrich S.

{Es wäre sehr gut, wenn es ganz geheim bleiben könnte, bis die II ersten Stücke da wären.}

Friedrich Schlegel an August Wilhelm Schlegel, 31. Oktober 1797, in: KFSA 24, Nr. 26, S. 29-35.

18. Friedrich Schlegel an Caroline Michaelis-Böhmer-Schlegel-Schelling, 12. Dezember 1797

Wenn ich doch nur mehr schreiben könnte, liebe Caroline! Es geschähe so gerne. – Sie müssen nicht übel nehmen, daß ich nun in dem Gedränge von Allem, was ich eigentlich schreiben wollte und sollte, jetzt immer dem den Vorzug gebe, was das Journal betrifft. – Schreiben Sie mir doch ja, alles was Sie für sich dazu zu thun denken, auch noch *ehe* Sie fixiert sind. Ich rathe Ihnen dann, so gut ichs weiß. Rathen auch Sie mir, und überlegen Sie alles, was ich von meinen Arbeiten und Projekten dafür schreibe, recht kritisch und gründlich. – Besonders aber auch das, was Wilh.[elm] thun kann und will, befördern Sie durch Ihre Theilnahme. Wenn er meinen Vorschlag wegen der neuesten lyrischen Gedichte des Meisters eingeht: so können Sie ihm gewiß sehr viel dazu helfen. – Lassen Sie sich {weder} Wilhelms Treiben noch Ihre Arbeitsscheu den Gedanken verleiden, selbst Beyträge zu geben. Wenn Sie dieß aber auch nicht gleich können oder wollen, so bleibt Ihnen doch sehr viel übrig – durch Theilnahme und Rath unsern Eifer zu verdoppeln und zu berichtigen. – Ich habe immer geglaubt, Ihre Naturform – denn ich glaube, jeder Mensch von Kraft und Geist hat seine eigenthümliche – wäre die *Rhapsodie*. Es wird Ihnen vielleicht klar, was ich damit meyne, wenn ich hinzusetze, daß ich die gediegene feste klare *Masse* für Wilhelms eigentliche Naturform, und *Fragmente* für die meinige halte. – Ich habe wohl auch Rhaps.[odien] versucht und W.[ilhelm] kann gewiß sehr gute Fragmente machen, aber ich rede nur von dem, was jedem am natürlichsten ist. Man erschwert sichs gewiß sehr, wenn man, besonders bey wenig Uebung, eine Form wählt, die Einem nicht natürlich und also nur durch große Kunst und Anstrengung erreichbar ist. – Sollten Sie jemahls einen Roman schreiben: so müßte vielleicht ein andrer den Plan machen, und wenn nicht das Ganze aus Briefen bestehn sollte, auch alles darin schreiben, was *nicht* {in} Briefen wäre. –

Sie können wohl *Fragmente* sprechen und auch in Briefen schreiben: aber sie sind immer gerade nur in dem, was ganz individuell und also für unsern Zweck nicht brauchbar {ist.} – Ihre Philosophie und Ihre Fragmentheit gehn jede ihren eignen Gang. – Seyn Sie also ja vorsichtig bey der Wahl der Form, und bedenken Sie, daß *Briefe* und *Recensionen* Formen sind, die Sie ganz in der Gewalt [haben]. An den Briefen über Sha.[kespear]'s komischen Geist schreiben Sie doch auch mit, wenn der Vorschlag acceptirt wird? –

Was sich {aus} Ihren Briefen drucken ließe, ist viel zu rein, schön und weich, als daß ich es in Fragm.[ente] gleichsam zerbrochen, und durch die bloße Aushebung kokett *gemacht* sehn möchte. Dagegen denke ich, es würde mir nicht unmöglich seyn, aus Ihren Briefen *Eine* große philosophische Rhapsodie zu – diaskeuasiren. Was meynen Sie dazu? – Das wäre etwas für den Sommer, wenn ich wieder bey Ihnen bin: denn ich bin sehr geneigt mit Euch zu ziehn und im Sommer vollends bey Euch zu bleiben: dagegen aber auf den Winter wieder hierher zurückzukehren. – Was mir auf die Länge jetzt noch in Jena *sehr* fehlen würde, sind Bücher, die ich hier haben kann, wie ich wünsche, und die ich dort ganz entbehren muß. Wenn ich mich schon in Ruhe hinsetzen dürfte und einen meiner Romane ausführen, so wäre es etwas anders. Doch würde ich auch dabey homogene Lektüre brauchen. – Es freut mich sehr, daß W.[ilhelm] mich wieder zu sich wünscht, und wie haben Sie glauben können, daß ich einer Einladung wiederstehen könnte, die {nur} mit meinen Wünschen entgegenkam?

Was Sie mir von Augusten[112] schreiben, freut mich sehr. Nur das nicht, daß Sie sie nicht mitbringen wollen. – Singen kann sie hier so gut lernen, wie irgendwo. Vielleicht könnte ich ihr Zutritt in der Faschischen Singakademie[113] verschaffen, wo sie Vokalmusik hören würde, wie man sie selbst in Dresden gar nicht hat. So oft Ihr in Gesellschaften gingt, wo sie nicht Lust hätte, oder Sie nicht gut fänden, daß sie mitginge, könnte sie mit mir ins Theater gehn. Ich verspare das absichtlich auf die Zeit und bin seit einem Vierteljahr nicht dreymahl dringewesen. – Oder sie kann auch Griechisch mit mir lesen. – Ich bitte Sie recht sehr, es zu überlegen. Mit der Unschuld, das ist nichts. Erstlich kann Auguste Berlin sehen und unschuldig bleiben. Wenn die Unschuld {aber} darin besteht, daß man immer an demselben Fleck klebt: so ist Auguste, die schon so vieler Menschen Städte und Sitten gesehn hat, ein weiblicher Odysseus, nicht mehr unschuldig, und hat also nichts zu verlieren. – Im Ernst, ich dächte, es könnte ein kleiner Beytrag zu der Art von Bildung, die ihr nächst dem Beyspiel doch auch etwas der Zufall gegeben hat, und die sie so sehr von andern Mädchen ihres Alters unterscheidet, seyn, Berlin zu sehn. – Und dann, denken Sie nicht an die Trennung?

– Eben kommen zwey Briefe von W.[ilhelm]. Ehe ich sie aber erbreche, will ich, da die Zeit bis zum Abgange der Post nur sehr kurz ist, noch folgendes melden, worauf sich Tieck in seinem Brief bezieht. – Eschen[114] hat Ungern durch seine letzten Briefe sehr disgustirt[115], und Reichardt noch mehr. U.[nger] hat an Eschen ziemlich pikirt und resolut geschrieben, und mirs mitgetheilt, wobey er sagte: Er wünsche, daß Eschen die ganze Sache überdrüßig werden möchte. Nun habe ichs mit Tieck fürs beste gehalten, den Verlauf davon abzuwarten, und wenn es sich mit Eschen zerschlägt, Un.[gern] Tieck vorzuschlagen. Unger hat doch die erste Idee gehabt und ist am Ende der beste Verleger. – Das war das. – Mit R.[eichardt] hab' ich nicht wegen seiner Vorwürfe über den Voßiden gebrochen, worauf ich {ihm} nicht geantwortet; ja auch manches herrische Betragen hab' ich nicht geahndet. Allein zuletzt hatte er mich nicht aus Bosheit, sondern aus Leidenschaftlichkeit und Albernheit bei Unger verklatschen wollen, wo er aber seinen Zweck ganz verfehlt hat. Da ich es erfuhr, schrieb ich ihm ein verweisendes aber freundschaftliches Billet. Er schrieb drauf sehr lang und sehr gemein – worauf ich ganz kurz von ihm Abschied nahm.

Ich zweifle sehr, daß ich Fichte'n und Niethammer jetzt etwas schicken kann. Der Fragmente, die im Sinn des Journals philosophisch sind, hab' ich nicht sehr viel. Zwar sehr viel Materien, aber nicht Fragm.[ente] oder jetzt nicht druckbar. Was ich ihnen leicht geben könnte, wäre {wohl} 1 oder 1 $^1/_2$ Bogen. Aber bey den meisten und grade bey den besten bin ich sehr ungewiß, ob sie Fichten einleuchten würden – oder auch zu sehr. Ich kann doch eigentlich nicht recht in den Geist des Journals eingreifen, außer daß ich etwa die Kritik, oder wo es Noth thut, Polemik gegen elegante Philosophen, die zugleich auf Philologie oder Poesie Anspruch machen, übernehme. Wenn nun aber mein Aufsatz nicht in den Geist des Ganzen eingriffe: so wäre er {ihnen} doch nur ein Lückenbüßer, und von wenig Werth. Für mich aber d.h. für die Fragmente in unser Journal sind mir die paar eigentlich philosophischen sehr viel werth der Abwechselung wegen. – Wollen Sie wohl Fichten vorläufig, bis ich ihm selbst schreiben kann, ein paar entschuldigende Worte darüber sagen? – Nieth.[ammer]s mache ich meinen herzlichsten Glückwunsch.

Friedrich Schlegel an Caroline Michaelis-Böhmer-Schlegel-Schelling, 12. Dezember 1797, in: KFSA 24, Nr. 39, S. 59-62.

19. Ludwig Tieck an August Wilhelm Schlegel, 23. Dezember 1797

Berlin am 23. Dezbr. [1797]
Ihre Briefe haben mir eine außerordentliche Freude gemacht, ja einen großen Mut in mir erregt, etwas Gutes und gerne mit Bedacht zu schreiben, was ich bisher noch wenig getan habe. Ihren Shakespeare studiere ich recht, und ich wünsche, ich könnte auch erst den folgenden Teil so studieren, die Anzeige soll gewiß sogleich nach der Erscheinung in Bereitschaft sein.[116] Ich sehe es immer mehr ein, was Sie bei Ihrer Übersetzung zu bekämpfen haben und wie glücklich Sie jeden Widerstand überwinden, die Deutschen werden nun erst den Dichter verstehen lernen und nun vielleicht die alte zähe Haut abstreifen, die sie bis jetzt gegen alle echte Schönheit so gefühllos gemacht hat. Doch der La Fontaine und andre Modeschriftsteller arbeiten immer noch herzhaft dagegen. – Ihre Abhandlung über *Romeo*[117] hat mir unendlich gefallen, Sie haben mir über dieses Stück fast alles für meine Briefe weggenommen, ich finde die Auseinandersetzung ungemein glücklich und es machte mir große Freude, daß ich sah, wie unsre Ideen sich begegneten. Ich sehe aber die Julie etwas sinnlicher an, dann ist es nach meinem Urteil ungemein schön, wie verschieden, wie weit weniger *mädchenhaft* ihr ganzes Betragen nach der Nacht ist: im ersten Monolog des Mönchs liegt der Gang des ganzen Stücks, in der Betrachtung über die Blumen die Apologie seines Betragens, ich habe ihn darum immer in vielen Rücksichten so bedeutend gefunden.
Für Ihr Urteil über meine geschickte (d.h. überschickte) Sachen sage ich Ihnen den herzlichsten Dank, ich bitte Sie, recht auf-

richtig gegen mich zu sein, Sie sollen wenigstens, wenn keinen gelehrigen, doch einen solchen Schüler an mir finden, der sich alle Mühe geben wird, Sie zu verstehen, ich verehre die Kunst, ja ich kann sagen, ich bete sie an, es ist die Gottheit, an die ich glaube und darum möchte ich wohl irgend einmal recht was Gutes hervorbringen. Bis jetzt habe ich meine Arbeiten, oder wie ich es nennen soll, zu sehr verachtet und mich wundert und freut es zu gleicher Zeit, daß sie gerade Ihnen in einem solchen Grade gefallen: den Blaubart habe ich fast in einem Abend geschrieben, ebenso den Kater; ich habe, Ihren Bruder ausgenommen, bis jetzt noch keinen Menschen gefunden, der mir etwas hätte sagen können, und da es mir nun gelungen ist, so denke ich darum auch besser zu werden. – – –

Ich wünschte, ich könnte Ihnen vorher die Shakespeare-Briefe[118] zeigen, es wäre überhaupt herrlich, wenn wir uns einmal recht viel sähen und ich habe schon im stillen darauf gedacht, wie ich es einrichten könnte. Die Briefe werden in einen etwas wilden poetischen Ton hineingeraten, aber vielleicht läßt sich die Poesie manchmal durch Poesie erklären. Ich will wenigstens den Versuch machen und alles das schildern, was ich immer bei der Lektüre des Sh. empfinde. Er ist der größte und mannichfaltigste Dichter, den ich kenne, bei alle dem auch der dichterischste: ein *Erypont* wie ich ihn nennen möchte, der durchaus von nichts außer sich abhängt, wie es denn doch wohl bei Goethe oft der Fall ist. Wenn Sie mir Unrecht geben, so will ich Ihnen meine Meinung nächstens noch weitläuftiger schreiben. – Wie muß Ihnen aber meine Abhandlung zum Sturm[119] und der ganze *Sturm* vorgekommen sein? Der ist ein rechter Beweis meiner Faulheit, die sogenannte Abhandlung ist nun sechs Jahre alt, der Sturm wurde in zwei Tagen übersetzt, ich ließ das alles drucken, weil es der Verleger haben wollte, er hielt's in der Dummheit für was Schönes und ich litt es in Geduld, daß er meinen Namen davor setzte, denn ich bin ganz unschuldig an dieser scheinbaren Eitelkeit. Wenn Ihr Bruder in seinen Fragmenten seine Griechen und Römer *Musikalien* nennt, so ist dies abhandelnde wunderba-

re Zeug von mir nichts anders, als wenn ein Anfänger auf der Violine damit anfangen wollte, daß er gleich *hinter* dem Stege spielte, der Virtuos wird es kaum dahin bringen, daß es nur irgend einer Musik ähnlich wird und vollends der Anfänger! Wenn man mit solchem falschen Scharfsinn auf die Jagd nach Schönheit geht, so kann man auch aus der Zauberflöte das vollkommenste Kunstwerk herausschließen und herausbeobachten, vollends wenn man sich selber dabei psychologisch zergliedert. – Ihre Rezension hätte eigentlich viel härter ausfallen müssen, Sie haben für einen Rezensenten zu viel
„von der Milch der menschlichen Güte in sich".
Ich habe an Voß und Co. geschrieben wegen der Romantischen Darstellungen[120]. Ich wünschte, ich könnte bei Unger den Don Quixote übersetzen, es ist doch immer besser, wenn nur eine Übersetzung da ist. Es ist schön, daß Sie die Prosa des Cervantes so fühlen wie ich, das hat mir auch Mut [gegeben], denn es war immer mein Ideal, es Göthisch zu übersetzen, soviel ich kann: darum ist der *Bertuch*[121] gar kein Don Quixote, es ist ein ganz andres Buch, in dem bloß dieselben Begebenheiten ohngefähr sind, für das eigentliche Romantische der Novellen, für die herrlichen Verse, für die süßen Schilderungen der Liebe hat er gar keinen Sinn gehabt, er hat gemeint, seinen Lesern ein großes Geschenk zu machen, wenn er das meiste davon wegläßt. Wie wenig ist überhaupt die wahre Herrlichkeit dieses Romans erkannt! man hält es doch immer nur für ein Buch mit angenehmen Possen.
Über Ihre Gedichte kann ich Ihnen heut unmöglich etwas sagen, als daß sie mich entzückt haben, den *Prometheus*[122] versteh ich wohl noch nicht, ich habe ihn erst einmal gelesen. Ich fühle bei Ihren Versen doch die süße himmlische Poesie, die mich mit sich nimmt, wenn ich bei Wieland, Matthison[123] und tausend Menschen, die von Liebe sich was vom Herzen lossingen wollen, nur poetische Redensarten verspüre. Vielleicht sage ich Ihnen in einem folgenden Briefe mein Gefühl, denn Meinungen habe ich selten, Urteil, glaube ich, treffen vernünftige Menschen

gar nicht bei mir an. – Das ist ein schlimmer Fall für das künftige Rezensieren! ich will es aber wenigstens mit allem guten Willen versuchen. Ich habe Ihrem Bruder aufgetragen, Sie zu bitten, daß Sie nur immer recht aufrichtig Ihr Urteil über mich sagen, und Sie bitte ich darum, daß Sie Ihren Bruder auch dahin vermögen. – – –
Gewiß freut sich kein Mensch so auf Ihre Ankunft in Berlin, als ich, selbst Ihr Bruder nicht, da er Sie schon so lange kennt. Ich wünsche nur, daß Sie meiner Briefe und dann meines persönlichen Umgangs nicht zu bald überdrüssig werden; denn ich habe vielleicht ebensowenig den guten Umgang in meiner Gewalt, als den guten Briefstil. – Empfehlen Sie mich Ihrer Gattin und leben Sie recht wohl.

Ihr ergebenster Freund / Ludwig Tieck.

Ludwig Tieck an August Wilhelm Schlegel, 23. Dezember 1797, in: FdR, Nr. 31, S. 83-88.

20. Friedrich Schleiermacher an Friederike Charlotte Schleiermacher, 30. Mai 1798

d[en] 30t[en] May. Du mußt Dich nicht wundern liebe, daß es mit meinem Schreiben so auffallend schlecht geht, es stekt nichts dahinter als das lautere Wolbefinden und Lebensgenuß. Der Sommer hält mich an tausend Striken gefangen und läßt mich nicht los; ich komme kaum dazu die Hälfte von alle dem zu thun was ich mir vorseze, und doch kann ich eigentlich nicht unzufrieden mit mir seyn: ich lebe, ich mache Andern angenehme Stunden, ich bin ihnen nüzlich beiher – was kann man denn auf dieser Welt mehr thun. Am meisten lebe ich jezt mit der Herz[124] sie wohnt den Sommer über in einem niedlichen kleinen Hause am Thiergarten wo sie wenig Menschen sieht und ich sie also recht genießen kann. Ich pflege jede Woche wenigstens einmal einen ganzen Tag bei ihr zuzubringen. Ich könnte das bei wenig Menschen, aber in einer Abwechselung von Beschäftigungen und Vergnügungen geht mir dieser Tag sehr angenehm mit ihr hin. Sie hat mich italienisch gelehrt, oder thut es vielmehr noch, wir lesen den Shakspeare zusammen, wir beschäftigen uns mit Physik, ich theile ihr etwas von meiner Naturkenntniß mit, wir lesen bald dies bald jenes aus einem guten deutschen Buch, dazwischen gehn wir in den schönsten Stunden spazieren und reden recht aus dem innersten des Gemüthes mit einander über die wichtigsten Dinge. So haben wir es seit dem Anfang des Frühlings getrieben und Niemand hat uns gestört. Herz schäzt mich und liebt mich so sehr wir auch von einander unterschieden sind, der Herz ihre Schwestern ein paar liebe Mädchen freuen sich so oft ich komme, und sogar ihre Mutter eine verdrießliche und strenge Frau hat mich in Affektion genommen. Kannst Du nach diesen wol denken daß uns von Seiten unserer besten Freunde ein paar unangenehme Tage gekommen sind. Schlegel und die Veit haben zusammen Besorgniße gebrütet, daß ich gegen jenen und die Herz gegen diese – ihre älteste und unzertrennliche Freundin – kälter würden, die Veit machte mir Vorwürfe daß ich Schlegeln nicht wäre was ich ihm seyn könnte, daß ich über sein Thun und seine Werke nicht offen gegen ihn wäre, daß ich sein Gemüth nicht schonte – zu ihr käme ich auch nicht, man müßte am Tode seyn um meine Theilnahme zu erregen, ich wäre alles nur par charité[125], und wenn die Leute wieder auf den Beinen und glüklich wären ließe ich sie gehn. Schlegel bekannte mir aufrichtig er wäre eifersüchtig auf die Herz, meine Freundschaft mit ihr wäre so schnell und so weit gediehen als er es mit mir nicht hätte bringen können, er sei fast nur auf meinen Verstand und meine Philosophie eingeschränkt, und sie habe mein Gemüth. Was hatte ich da ins klare zu bringen, und wie stach ich ab gegen die andern mit meiner Ruhe und Sicherheit. Beim Licht besehn war dann neben dem allem noch etwas andres: beide nemlich sowol Schlegel als die Veit hatten einige Besorgniß daß ich mich über mich selbst täuschte, daß Leidenschaft bei meiner Freundschaft gegen die Herz zum Grunde läge, daß ich das früher oder später entdeken, und daß es mich unglüklich machen würde. Das war mir denn zu arg und ich habe ausgelaßen darüber stundenlang gelacht. Daß gewöhnliche Menschen von gewöhnlichen Menschen glauben Mann und Frau könnten nicht vertraut seyn ohne leidenschaftlich und verliebt zu werden, das ist ganz in der Ordnung, aber die Beiden von uns beiden. So wunderbar war es mir daß ich mich gar nicht darauf einlaßen konnte, sondern nur ganz kurz Schlegeln auf mein Wort versicherte: es wäre nicht so, und würde auch nie so werden. Die arme Herz aber war ein paar Tage ganz zerrüttet über diesem Mißverständniß. Dem Himmel sei Dank ist aber alles wieder im Gleichen, und wir gehn ungestört unsres Weges fort. Von Schlegel habe ich aber jezt wenig Genuß. Seit einigen Tagen ist sein Bruder aus Jena hier, der als Dichter und als neuer Uebersezer des Shakespeare bekannt ist, er wohnt in der Stadt in einem Hause wo ich nur wenig seyn kann und Schlegel ist fast immer da. Dieser Bruder hat weder die Tiefe noch die Innigkeit des hiesigen, er ist ein feiner, eleganter Mann, hat sehr viel Kenntniße und künstlerisches Geschik, und sprudelt von Wiz – das ist aber auch alles. Ich habe Schlegeln geweissagt daß sein Bruder keinen Sinn für mich haben würde, und wie es scheint habe ich sehr recht. Vor einigen Tagen habe ich mit ihnen beiden bei Ifland gegeßen – den ich sonst schon ein Paarmal gesehen habe – und mich da gar sehr gut amüsirt. Das komische Talent dieses Mannes ist ganz einzig; er ist voll lustiger und ergözender Anekdoten, und die agirt er gleich so köstlich daß man so seiner Kunst weit mehr froh wird als auf dem Theater. Dabei ist er höchst gutmüthig, was Leute mit dieser Gabe so selten sind, und das Bewußtseyn daß er seiner Gesinnungen wegen, mit denen er aber nicht prahlt, Achtung verdient läßt es einem recht wohl bei ihm seyn.

Friedrich Schleiermacher an Friederike Charlotte Schleiermacher, 30. Mai 1798, in: KGA V.2, Nr. 473, S. 320-323.

Abb. 8: Porträt Friedrich Wilhelm Joseph Schelling (1775-1854)

Der zweite Kreis.

Jena (1798-1800)

Die ersten Versuche, in Jena und Umgebung sich eine Existenz aufzubauen, waren bei den Brüdern Schlegel gescheitert. Anfang September 1798 war A. W. Schlegel mit seiner Frau wieder nach Jena gegangen, Friedrich Schlegel nach Berlin. Dort trat er in enge Beziehungen zum Kreis um Henriette Herz und stand mit Schleiermacher und Ludwig Tieck in enger Verbindung. Im Laufe des Jahres 1799 sollten sich die Verhältnisse wieder ändern. Friedrich übersiedelte im September 1799 nach Jena. Dorothea Mendelssohn-Veit wurde 1799 von ihrem Mann Simon Veit geschieden. Im Herbst 1799 erscheint Friedrich Schlegels Roman ‚Lucinde‘, in dem er sein Ideal freier Lebensformen beschrieb und in dem er den Jenaer Schlegelkreis indirekt charakterisierte. In Jena war nun der gesamte Romantikerkreis wieder versammelt: Friedrich und August Wilhelm Schlegel, Caroline und Dorothea, Schelling, Novalis und Ludwig Tieck. Letzterer war im Herbst 1799 nach Jena gekommen. Eine weitere Bereicherung des Kreises war Johann Wilhelm Ritter, der schon seit dem Frühjahr 1796 in Jena war und durch seine physikalisch-chemischen Experimente auf sich aufmerksam gemacht hatte. In Fortsetzung der Ideen von Volta schuf er die Grundlagen für die Entwicklung der Elektrochemie. Ritter war eine willkommene ‚Ergänzung‘ der geselligen Runden, lieferte er doch mit seinen wissenschaftlichen Forschungen und Experimenten Argumente für Schellings Naturphilosophie und genoss auch sonst ein hohes Ansehen bei den Freunden. Besonders verbunden war er mit Novalis. Seine Stellung in *den geselligen Runden beschreibt am besten eine Stelle aus einem Brief vom 20. Januar 1799 von Novalis an Caroline: „Schreiben Sie mir nur bald von ‚Ritter' und Schelling. Ritter ist Ritter und wir sind nur Knappen."* Es waren kleine Kreise, die sich in den engen Jenaer Bürgerhäusern trafen, keine großen Gesellschaften wie in den Berliner Salons oder am Weimarer Hofe. Aber die kleinen Kreise scheinen dafür den Gedankenaustausch umso reger befördert zu haben. Man lebte, wohnte und arbeitete zusammen. Und trotz der geselligen Kreise, die in Jena den Alltag unserer Protagonisten auch über die Jahreswende 1800 zu 1801 bestimmten, war das Miteinander doch nicht das ‚Heilmittel' und die ‚beste aller Welten' für alle am Kreise beteiligten. So schreibt Caroline am 26. November 1800 an Goethe über die Sorgen, die ihr der Gemütszustand Schellings bereitete und mit dem sie seit 1799 ein Liebesverhältnis verband: „Wenn ich einen Wunsch besonders aussprechen darf, so ist es der, daß Sie ihn um Weynachten aus seiner Einsamkeit locken und in Ihre Nähe einladen." (CBF II, Nr. 276, vgl. auch Abb. 2). Und das die gemeinsamen Lebensverhältnisse nicht ungetrübt waren, bestätigt ein relativ bösartiger Brief von Ludwig Tieck an seine Schwester Sophie Bernhardi: „Wir kamen glücklich hier an, und waren recht vergnügt und munter, wir haben auch Hardenberg hier gesehn, der nachher mit seinem Bruder, einen Officier, wiederkam, welche beide ganz in unser Urtheil von der ‚Veit' einstimmen. Es ist um die Kreutzschwerenoth zu kriegen, mit Erlaubniß sei's gesagt, wie die Bestie sich hier benimmt (o laßt den Brief nicht drucken und zeigt ihn Niemand) die andern sind wie verzaubert, das macht, weil alles eine Einzige Schweinewirthschaft ausmacht. Du hast ganz recht gehabt, liebste Schwester, und Du wirst wieder einmahl über meine Dummheit lachen. Die Veit müßte nur noch ihren Rosenfarbnen Attlas, schwarz aufgeschlagen tragen, so wäre es gar komplett. Doch dergleichen wagt sie nicht, weil sie ihr doch diesen Abgeschmack ausgeredet haben. Sonst macht Schelling der Schlegel die Cour, daß es der ganzen Stadt einen

Scandal giebt, die Veit dem Wilh. S. und so alles durcheinander, und die Weiber würden sich freuen, wenn wir mit darinn hineingingen, Fried. ist allen mit der Lucinde lächerlich, wie nothwendig." * Die Interessen hatten sich in verschiedene Richtungen entwickelt, kleine und größere Streiterein machen ein geselliges Miteinander zwar immer noch möglich, aber es taten sich auch andere Lebensperspektiven auf. So schied man nach und nach voneinander und nahm Abschied von Jena.

21. Friedrich Schlegel an Friedrich Schleiermacher, 3. Juli 1798

Berlin, den 3. Juli.
Vor der Hand geht mirs wohl genug. Das Unangenehme der Reise habe ich vergessen, und bin eben beschäftigt mich zur Selbständigkeit zu recht zu setzen. Dabey werde ich viel an Dich denken können und denken müssen, theils weil Du doch auch ein Essayist, ein Rhapsode, ein sophistischer Mystiker bist, theils aber weil es da in den Mittelpunkt der Menschheit geht. Denn das Symmenschen (nicht manschen) werde ich wohl verschieben müssen, bis ich wieder bey Euch bin. Um aber doch etwas zu thun, haben wir Hardenberg zum Sympropheten citirt.[126]
Da ich gestern die eigentlich Dir bestimmte Zeit durch einen Zufall verloren, und jetzt nur noch eine halbe Stunde Zeit habe, so will ich mich bloß an Fakta halten, und die Mysterien auf das nächstemal versparen. Ich werde Dir permanent schreiben wie der Veit, und ich rechne auch darauf, daß Ihr Euch gegenseitig das Gemeinsame mittheilt.

---
* Ludwig Tieck an Sophie Bernhardi, 6. Dezember 1799, in: Euphorion 1897, Drittes Ergänzungsheft, S. 211-215, dort S. 212 f.

Mit Karolinen habe ich gestern schon in eigenen und öffentlichen Angelegenheiten viel gesprochen, und wir sind in beyden dem Reinen beträchtlich näher gekommen. In dem ersten durch häufige Anerkennung ewiger Verschiedenheit, Scheidung und Nichtverstehung. In dem zweyten durch bloße Auseinandersetzung, und Wechselwirkung.

Ueber meinen Uebermeister habe ich hier noch nichts bedeutendes vernommen. Wilh.[elm] hat zu thun, und ist sub rosa Professor[127] geworden, und für Karoline ist das erste Stück zu klein gewesen, um ihr einen recht entschiedenen Eindruck zu geben. Sie giebt indessen doch zu, daß Goethe kein ganzer Mensch sey, daß er aber wie ich behaupte theils ein Gott theils ein Marmor ist, will sie nicht zugeben. So stehts mit ihr und ihre Absicht ist auch noch dieselbe.

Ich bin begierig, wie Dir der Uebermeister vorgekommen ist, und hoffe in Deinen Briefen nicht bloß den Aushängebogen für dieses Fach zu finden, obgleich wir auch diesen mit der größten Sehnsucht erwarten.

Der alte Herr hat so gut und schön als billig {Er lobt uns über die Maaßen und empfiehlt nur Gerechtigkeit und Mäßigung; diese sind nun so einmal seine Liebhaberey} über das Athen.[äum] geschrieben, worüber Wilhelms höchlich erfreut {sind}. Karol.[ine] sagte, er würde die Ironie in meinem Aufsatze nicht merken. Das heißt viel sagen. – –

Wilh.[elms] Professur hat sich ihm ärschlings genähert, oder ihm wie Hardenb.[ergs] Geist {innerer Mensch} der äußeren Erscheinung zuerst den Hintern gezeigt. Er bekam nämlich einige Briefe von Kanzeleisten, die gehorsamst um 4 $^1/_2$ Rh Gepieren[128] ersuchten, und sich {noch} zu einem Tussär[129] Hoffnung machten.

Fr.[iedrich] Richter ist ein vollendeter Narr, und hat gesagt der Meister sey gegen die Regeln des Romans. Auf die Anfrage, ob es denn eine Theorie desselben gebe, und wo man sie habhaft werden möchte, antwortet die Bestie: Ich kenne eine denn ich habe eine geschrieben.

Schreib mir recht genau über Deine Reise nach Landsberg, was die Herz macht, und was irgend interessant ist. –
Der Wilhelm hat so eine unruhige hastige Art, die ich ihm noch abgewöhnen muß. {Sein Arbeiten ist zugleich das Arbeiten des Arbeitens.} Aber einige sind doch hier gelassen, mit denen ich symfaullenzen d.h. synexistiren kann: meine Schwester und ihr drolliges Kind. –
Körner[130], bey dem ich gestern den Abend verdorben, weil er doch so freundschaftlich war, ist etwas zurück gekommen, und die Kinder schrecklich gemein geworden.
Hast Du Dir den dritten Theil vom Shakesp.[ear] bey Ungers geben lassen?
Dies sind nun also die Fakta, die Mysterien kommen nach. Lebe wohl. Friedrich S.[chlegel]
Karolinens Empfehlungen an den Herrn Prediger Schleiermacher.

Friedrich Schlegel an Friedrich Schleiermacher, 3. Juli 1798, in: KFSA 24, Nr. 75, S. 140-141.

22. Friedrich Schlegel, Caroline Michaelis-Böhmer-Schlegel-Schelling und August Wilhelm Schlegel an Friedrich Immanuel Niethammer, 6. Juli 1798

Dresden. Den 6ten Jul. 98
Für heute, werther Freund, nutze ich nur die *Gelegenheit*, um Ihnen mit kurzen Worten zu melden, daß ich meinen Bruder hieher begleitet habe, um einen Theil des Sommers hier zuzubringen, und daß ich Sie also bitten muß, die neuen Stücke des philosophischen Journals, denen ich mit großer Sehnsucht entgegensehe, hieher zu adreßieren. Ich habe das Journ.[al] bis zum XIIten Stück 97. inclus.[iv]. Nun muß doch wohl schon mehr erschienen seyn? –

Wir bitten Sie um die Gefälligkeit, die Exempl.[are] unsers Athenaeums, welche für Jena bestimmt sind, gütigst zu besorgen. In wenigen Tagen werden Sie ein Packet mit den Exemplaren des zweyten Stückes erhalten. Die Note, wie sie zu vertheilen sind, werde ich einlegen.

Ich freue mich sehr, daß Schelling zu Ihnen kommt, da Jena doch einer der Pole meiner Existenz ist, und jeder interessante Mann mehr ist also eine angenehme Aussicht wenigstens für die Zukunft. Aber auch um meines Bruders willen freue ich mich darüber, der ihn in Leipzig persönlich kennen lernen, und {ihm} sehr geneigt ist.

Ich fürchte nur Ihr werdet mich immer mehr vergessen, je weniger ich in einer so ausgesuchten Gesellschaft vermißt werden kann. Doch hoffe ich meinen alten Platz wenigstens dann wieder zu finden, wenn ich zurückkomme. Dieß bitte ich auch Fichte'n nebst den herzlichsten und wärmsten Grüßen zu sagen.

Noch eine kleine Bitte. Mein Bruder hat für mich auf die Moral von Fichte praenumerirt und mir auch das Exemp[lar] vollständig geschickt und mitgebracht, bis auf die *Vorrede*, welche bey seiner Abreise noch nicht fertig war. Wollten Sie diese wohl für mich bei der Behörde in meines Bruders Namen fodern und mit der nächsten Sendung des philosophischen Journals an mich befördern?

Meine besten Empfehlungen an Ihre Frau Gemahlin:
    Ganz der Ihrige / Friedrich Schlegel.

Heute kann ich Sie ebenfalls nur in wenigen Zeilen begrüßen – ich behalte es mir vor Ihnen nächstens umständlicher zu schreiben.

Die 6 Ex[emplare] vom 2ten St. Athenäum, die wir dem Buchhändler aufgetragen haben, Ihnen zu schicken, sind bestimmt 1) für Sie, 2) für Ihre Journalgesellschaft, 3) für Schiller, 4) für Fichte, 5) für Schütz[131] und 6) für Hufeland[132]. Sie werden uns sehr durch die Besorgung verbinden.

Zu meiner großen Freude höre ich, daß Schelling nach Jena kommt. Könnte er nicht in unsrer Wohnung das Zimmer unten bewohnen, wo Dr. Meyer gewohnt hat. Es würde uns sehr angenehm seyn, ihn zum Hausgenossen zu haben. Schlagen Sie es ihm doch vor, wenn das Zimmer auf den Winter noch nicht versagt ist. Empfehlen Sie mich Ihrer lieben Gattin und den Bekannten, die sich meiner erinnern.

Ganz der Ihrige / A. W. Schlegel.

Auch tausend Grüße von mir. Ihr seyd wohl in baldiger Erwartung des Söhnleins.

Friedrich Schlegel, Caroline Michaelis-Böhmer-Schlegel-Schelling und August Wilhelm Schlegel an Friedrich Immanuel Niethammer, 6. Juli 1798, in: KFSA 24, Nr. 76, S. 141-142.

23. Friedrich Schlegel an Friedrich Schleiermacher, Juli 1798

Hardenberg ist einige Tage bei uns gewesen, und dieß ist die Ursache, warum ich Dir erst da es Zeit ist, schreibe. Er hat sich merklich geändert, sein Gesicht selbst ist länger geworden und windet sich gleichsam von dem Lager des Irdischen empor wie die Braut zu Korinth. Dabey hat er ganz die Augen eines Geistersehers, die farblos geradeaus leuchten. Er sucht auch auf dem chemischen Wege ein Medicamenst gegen die Körperlichkeit (mittelst der Ekstase), die er denn doch für eine Sommersproße in dem schönen Geheimniß der geistigen Berührung hält. Ich werde mich aus maieutischer[133] Machtvollkommenheit mit ihm in eine absolute Correspondenz setzen über den Galvanismus des Geistes, eine seiner Lieblingsideen. Ich werde ganz bescheiden auftreten, nur als Prophet; er selbst wird den Zauberer vorzustellen die Ehre haben. Wie nun seine Theorie der Zauberey,[134] jener Galvanismus des Geistes und das Geheimniß der Berührung sich in seinem Geiste berühren, galvanisiren und bezaubern, das ist mir selbst noch ziemlich geheim. Unterdessen ist der Galvanismus des innern Menschen für mich, wie Kant sagen würde, ein *artiger* Gedanke, und das übrige hoffe ich – um doch auch wie Lafontaine zu Jeanpaulrichterisiren – durch die sokratische Tortur zu erfahren. Ueberhaupt habe ich eine starke Tendenz in die Chemie zu pfuschen, beyläufig auch in die Theorie der Mahlerey, befürchte indessen nicht daß meine Selbständigkeit sich zwischen diesen zwey Stühlen niedersetzen möchte. Da ich in der Philosophie des Essay so weit gekommen bin, daß ich das Universum selbst für einen Essay nicht so wohl im Styl des Hemsterhuys als Garvens halte, so werde ich mich unstreitig sogleich oxydiren und mich aus dem Azote[135] der Construction in den lieblichen Strom der Praxis stürzen. Mit der Mahlerey das hat auch gute Zwecke. Wilhelm und Caroline wollen Kunstbeschreibungen und Kunstdialoge ins Athen.[äum] geben, die dasselbe sehr zieren werden, und da die Luft, wie Novalis meynt, und ich voll von den Keimen aller Dinge stecken, so kann ich mich doch der Dienstpflicht der nährenden Befruchtung nicht entziehen, und muß auch die Honneurs der Synconstruction machen. –

Dem Herrn Christus denkt Hard.[enberg] auch mit nächstem eben so zu thun, wie er dem König gethan hat. Da Jesus aber gar nicht so klassisch in dem primitiven Sinne und keine Doublette ist, so wird er hier wohl unter sich bleiben.

Schellings Weltseele und Uebersichten habe ich gelesen. Er wird Leibnitz im Vortrage immer ähnlicher. In der Weltseele ist schon eine göttliche Nachläßigkeit, und die gelegenheitlichen Ursachen herrschen immer mehr in seiner praktischen Litteratur. Uebrigens scheint mir seine Philosophie ganz süroxydirt[136] und ich fürchte die Schwindsucht nicht bloß, ich sehe sie schon kommen. Seine sogenannte Energie ist ganz wie die blühende Farbe solcher Patienten. Schon ist nichts lebendiges für ihn als Plus und Minus.

Er ist auch Professor in Jena. Wilhelm desgleichen. Nun wird also mit einemmahl die Aesthetik und die Physik in Gesang verwandelt. Mit mir hat es noch Zeit. Vielleicht kommt in zehn Jahren oder so die Reihe an die Mathematik. Dann mögen sie mich nehmen. Ich habe große Lust den Euklides[137] singbar zu machen. Goethe ist wirklicher Minister, und da er bisher nur die Excellenz war, so hat er sie nun auch.

Friedrich Schlegel an Friedrich Schleiermacher, Juli 1798, in: KFSA 24, Nr. 78, S. 144-145.

24. Novalis an Friedrich Schlegel, 20. Juli 1798

Töplitz: den 20sten Julius. 1798. [Freitag] Ich habe die ganze Zeit über auf Nachricht von euch gewartet. Ich dachte, Du würdest mir die Jahrbücher schicken und etwas über meine Papiere schreiben. Mit dem versprochnen Briefe dürfte wol hier nichts werden. Es fehlt an Muße, Büchern und Erlaubniß den Kopf anzustrengen. Indeß bin ich doch nicht ganz müßig und ich hoffe euch manches mitbringen zu können, was euch vielleicht freut. Es sind freylich nur Früchte einzelner Augenblicke – unter andern Titel eurer Fragmente. Es könnten auch noch zu einigen Vorreden hinzukommen – denn man muß sie, als Bücher behandeln und das Fehlende ergänzen. An einer Kritik derselben sammle ich. Sonst sind die Frauen, die xstliche Religion und das gewöhnliche Leben die Centralmonaden meiner Meditationen. Für das lezte versprech ich mir insbesondre Deinen Beyfall – weil ich hier einen ganz neuen Standpunct gewonnen zu haben glaube. An [Wilhelm] Meister fehlt mir viel. In meiner Philosophie des täglichen Lebens bin ich auf die Idee einer *moralischen* / im Hemsterhuisischen[138] Sinn / Astronomie gekommen und habe die interessante Entdeckung der Religion des sichtbaren Weltalls gemacht. Du glaubst nicht,

wie weit das greift. Ich denke hier, Schelling weit zu überfliegen. Was denkst Du, ob das nicht der rechte Weg ist, die Physik im allgemeinsten Sinn, schlechterdings *Symbolisch* zu behandeln? Auf diesem Wege denk ich tiefer, als je, einzudringen und aller Campanen und Oefen entübrigt zu seyn. Wenn man hier nach Gefallen lesen und schreiben könnte, so ließe sich hier viel machen. Der Ort ist sehr angenehm. Die Gegend ist die Schönste, die ich sah. Einige angenehme englische Gärten sind dicht an der Stadt. Man sieht viele Menschen, ohne von Ihnen gedrückt zu werden. Eine interressante Bekanntschaft hab ich noch nicht gemacht. Meißner ist hier, aber höchst gewöhnlich, soviel mir aus den wenigen Worten, die ich mit ihm wechselte, hervorgieng. Die Levi hab ich noch nicht kennen gelernt.
Schreib mir bald von den Deinigen – Grüße Sie alle herzlich – errinnre an den Roman in meinem Namen. Inliegende Briefe bitt ich Dich so schnell, als möglich zu besorgen – ich habe Sie eingelegt, weil jeder einzelne Brief von hier an die sächsische Grenze allein schon 10-12 Kreutzer kostet. Was Du auslegst, werde ich Dir wieder zustellen.
     Lebe wohl – / Dein / Freund v Hardenberg.

Novalis an Friedrich Schlegel, 20. Juli 1798, in: NS 4, Nr. 119, S. 255-256.

25. Friedrich Schlegel an Novalis, 9. August 1798

     Dresden. Den 9ten Aug. 98.
Deinen Auftrag,[139] lieber Freund, habe ich sogleich besorgt; der Lohnlakay sagt mir, die Bücher würden am Montage mit einer Gelegenheit abgehn. – Wir schließen daraus daß Du einen Frischling erjagt hast für die Philosophie, der sie noch nicht hat aber haben soll, oder will.

Abb. 9: Dresden und Umgebung (1776)

Wir freuen uns alle sehr, Dich bald zu sehn. Ich ganz besonders, bitte aber daß Du Dich einrichtest, noch im August recht viel hier zu seyn, da ich den 4ten September wohl schon wegreisen könnte. Gestern erhielt ich einen Brief von Schelling, worin er mir meldet, daß er auch hieher kommen will, und zwey bis drey Wochen verweilen. Er fragt, ob ich zwischen dem 14ten und 20ten noch hier sey. Du kannst hieraus die Zeit seiner Ankunft ungefähr abnehmen.
Vielleicht findest Du meinen Brief an Dich geschrieben; wenigstens gedacht gewiß.
Unger schreibt mir noch von Berlin: „Der kleine Unwille des Königs, den er über Glauben und Liebe geäußert hat, erregte solche Furcht bey der Censur, daß die politischen Aphorismen nicht erlaubt wurden zu drucken. – Woher das allgemeine Gerücht sich verbreitet hat, ein Neveu[140] des Ministers v. Hardenberg sey der Verfasser dieser Aufsätze, weiß ich nicht." – U[nger] widerspricht diesem Gerücht tapfer und behauptet der Verfasser sey in Rußland. – Indessen gilt es allgemein für Wahrheit in Berlin. – Du kannst schon aus Obigem einige

Schlüsse auf die Umgebung des Königs machen, und Dir leicht hinzu denken, daß die Berliner Klicke[141], die auch sehr gegen das Athen.[aeum] schreyt, es ganz besonders gegen Dich hat. Ich vermuthe fest daß Niemeyer mit Hülfe von Reich.[ardt] und Wolf die Conjektur gemacht haben. {Was sie schon leicht können, da Reich[ardt] und Wolf durch mich von Dir wissen, und nachdem sie den Blüth[enstaub] *mir* nicht wohl zuschreiben konnten, fast nur [auf] Dich fallen mußten.} Sonst würde ich auf Erbrechung der Briefe rathen. Denn die beyden Freunde denen ichs in Berl[in] beym Blüthenstaub vertraute, haben gewiß geschwiegen.

Mit dem imprimablen Brief gehts also nicht, wenigstens nicht im Preußischen. Auch wäre es wohl gut, wenn Du den fingirten Namen wechseltest, oder einen Buchstaben wähltest. Ich setze Dir noch eine Stelle aus U[nger]s Brief her: „Ich glaube aber doch, die Herren bey der Censur verkennen den König, wenn sie nun strenger censiren. Es ist gewiß seine Absicht nicht, Preßeinschränkungen zu machen; bloß die sclavische Furcht bringt sie hervor. Nun darf gewiß nichts gedruckt werden, worunter der Name Novalis steht, und Ihr Freund muß sich lieber jetzt einer andern Unterschrift bedienen, damit man keine Vorurtheile gegen ihn fasse."

Die Reise nach Töplitz ist natürlich nach Deinem letzten Brief aufgegeben worden. Es geht heute etwas confus hier zu, sonst würde Caroline Dir antworten. Die herzlichsten Grüße von allen.

Dein Friedrich Schlegel

Kannst Du das Buch von Ritter[142] mitbringen, so thu es doch. Ich möchte es gern lesen. –

Friedrich Schlegel an Novalis, 9. August 1798, in: KFSA 24, Nr. 90, S. 158-160.

26. Friedrich Schlegel an Friedrich Schleiermacher, vor dem 17. August 1798

Es ist endlich Zeit, daß ich Dir einmal wieder einige vernünftige Zeilen schreibe. Und heute kann ich mir schon ein außerordentliches Vergnügen verstatten da ich mit dem Briefe über die Philosophie fertig bin. Etwas so Populäres habe ich noch nie geschrieben, und Caroline meynt, Wilhelm könne in seinem ganzen Vermögen nicht so viel Heiligkeit und Innigkeit auftreiben. Er hat aber darauf gedroht wenn wir ihn lange schören, so würde er sich noch auf die Religion legen! – Wenn Du ihn siehst, diesen Brief, so wirst Du wissen, wie ich ihn geschrieben habe. Ohne Materialien u[nd] Geräth, außer ein Oktavblättchen Chiffern, und bis auf wenige Worte gleich so wie er bleibt. Du wirst dann errathen, warum ich so viel neue Zuversicht habe, Du wirst selbst die besten Hoffnungen von meinen Essays oder Moral bekommen. In der That ist damit eine neue Epoche in meiner Schriftstellerey angefangen, und mir ist ein Felsen von der Brust genommen. Mir ist es darum so froh, weil ich weiß wie auch Du Dich mit mir u[nd] an mir freuen wirst. Ich weiß sehr gut, wenn ich mich täusche, und es schmerzt mich tief, wenn irdische Sorge die reine Göttlichkeit unsrer Freundschaft trübt. In der That bin ich entschloßen mich für diesen Winter durch nichts im Genuß derselben stören zu lassen, und bin gesonnen aus dem schönen Uebermuth des vorigen Herbstes, der Tiefe des Winters, und dem milden Witz u[nd] Colorit des Frühjahrs eine Musik zu componiren, zu der Du aber die andre Hälfte geben mußt.

Schön ists, daß Du einige Fragmente gelegt hast, und eben so schön, daß Du endlich zu Deinen vielen Gedanken auch eine *Schachtel* hast. Ich glaube daß diese Begebenheit für Deine Schriftstellerey und für Deine ganze äußre Existenz Epoche machen wird. Denn zu allen Analogis von Gedanken fehlt es Dir doch eigentlich an nichts als an einer Schachtel, wo Dir etwas fehlte. Wir wollen unsre Eyer in guter Ruhe wie gute Hennen mit einander verzehren. Ich habe freylich nicht viel gelegt, wenigstens nicht viel Fragmente. Doch kannst Du leicht denken, daß ich das Ideal der nächsten Masse schon ganz fertig im Kopfe trage. Sie rücken *Dir* immer näher, und unter andern müssen recht viele von der Art des Katechismus gemacht werden, der dann doch wohl der Matador in der großen Masse bleibt.

Was Engel[143] betrifft so freut michs, daß Du endlich sein Verdienst anerkennst. Ich habe es nie in etwas anderm gesucht als in dem Anstande mit dem er die Nullität zu behandeln u[nd] zu verzieren weiß.

An dem Geschwätz über das Athen[äum] wäre mir eigentlich nur das wichtig, wenn Vieweg etwas dergleichen geäußert hätte. Dieß wäre aber gar zu sehr gegen seinen merkantilischen u[nd] sonstigen Character als daß ichs recht glauben kann. Uebrigens ist nichts gewöhnlicher, als von einem Journal, dem man nicht wohl will, zu sagen es werde eingehn. Wie oft habe ich das nicht grade in dem ersten Jahre von den Horen [gehört], wo sie so stark gingen. Nachher wie der Absatz wirklich sehr abnahm, sprach niemand mehr davon.

Uebrigens ist alles das, was Du zu wünschen u[nd] zu wollen scheinst, schon gethan und beschlossen. Wilhelm hat dem Vieweg, da er sich unterwand zu schreiben von Mannichfaltigkeit und in den Fr[agmenten] sey sie nun zwar, aber *es sey nicht die rechte*, mit Würde geantwortet wie sichs gebührt und Dus wünschen würdest. Laß den Schlingel bald die Geduld verlieren, was doch noch sehr zweifelhaft ist, so thun wir alles, einen andern Verleger zu finden versteht sich mit derselben *Form* u[nd] *Namen*, nur etwa in andern Lettern. Geht auch das nicht, hört es wirklich auf, so können wir uns in dem Bewußtseyn befriedigen, was das Athen[äum] ist, und was ich darüber denke, hat Dir wohl die Veit[144] mitgetheilt. Gern möchte ichs, daß Du dann auch in das große Bewußtseyn, zu gut gewesen zu seyn, verflochten würdest, und auch um der milden Vollendung willen, die der Character des dritten Stücks seyn wird wünschte ichs, daß Dein Aufsatz noch in das kommen könnte.

Auf das was Du vom Ridicule[145] schreibst, kann ich nichts sagen als, O! Cynisme, Cynisme O! – Wenn man sich einmal über die große Lächerlichkeit, ein Schriftsteller zu seyn, aus heiligem Beruf weggelächelt hat, so giebts weiter kein Ridiculers en detail. Das ist meine geringste Sorge. Aber auch für meine äußre Existenz wäre der Verlust nicht groß, da ich was ich wirklich fertig hätte, überall so gut bezahlt kriegte, tausend Projekte für Eins habe, u[nd] unter andern recht gern gleich auf der Stelle einen Roman schriebe.

Aber um der Sache, um der Litteratur um meiner litterarischen Ehe mit W[ilhelm] will[en] liegt mir unendlich viel daran, daß die Sache besteht und fortgeht. Ich werde alles thun, und Ihr sollt nur sehn! – Das Geld ist nicht Motiv genug für mich, und der Zank im Winter hatte mir eigentlich *alle* Lust verdorben. Nun wir in der schönsten Harmonie sind, die gewiß nie wieder unterbrochen wird, nun fühl' ich unsägliche Kraft u[nd] Liebe u[nd] Muth zu dem Werke. –

Meine Sataniken über die Herz u[nd] Dich hast Du sehr schön erwiedert. Es lag nichts dabey zum Grunde als folgendes. Dein eigentlicher Beruf ist die Freundschaft, und was für uns andre Beruf ist, Amt oder litterar[ischer] Cynism ist für Dich nur Element, in dem Du Dich leicht bewegst. Wenn *ich* Dir noch durch etwas andres wohl gethan habe, als durch meine Existenz und mein unersättliches Bedürfniß Deiner Freundschaft, so war es vielleicht durch den Sinn für die Freundschaft u[nd] ihre Mysterien überhaupt, durch meine Philosophie der Freundschaft, die mich Deinen Werth nicht bloß fühlen sondern auch *verstehen* lehrte. Aber ich halte Freundschaft und Liebe nicht bloß *so* für Schwesterkünste, daß zwey sie jeder eine für sich, neben einander treiben sollten, wo dann etwa erst vier Stück Personen einen ganzen Menschen ausmachen würden. Sondern jeder sollte sie selbst beyde treiben, und gleich ganz seyn. – Ich habe oft mit Sorge daran gedacht, welch ein Phönix eine Frau seyn müßte, die für Deine Liebe eben recht wäre, und ich bin von der Nothwendigkeit Musik u[nd] Poesie zu verbinden so überzeugt, daß ich nicht umhin kann zu *wünschen*, obgleich es eigentlich wenn Du willst ein Frevel ist, nicht mit Deiner bloßen Existenz zufrieden zu seyn, und auch noch um Deine Wohlexistenz sorgen zu wollen. – Vielleicht wird die Liebe Dir nur Element u[nd] Supplement seyn aber auch so ist ein Phönix nöthig. Eine die in dem was vom äußern Glanz u[nd] Zier schön ist, Deine Ergänzung seyn kann, findest Du leicht. Du hast eine *Freundin* gefunden, die durch ihren Sinn für Deine Tiefe Dich ans Licht lockt oder wie Dus nennst herausarbeitet, denn dazu hat die Herz wohl so viel gewirkt als Ich. – Aber es müßte doch Liebe seyn, und diese *sie* müßte noch eine Eigenschaft haben, die ich nicht zu nennen {weiß} obwohl ich sie als *eine* fühle u[nd] bestimmt weiß. Sonst wäre sie Deiner nicht werth.

Friedrich Schlegel an Friedrich Schleiermacher, vor dem 17. August 1798, in: KGA V.2, Nr. 512, S. 394-397.

27. Friedrich Schlegel an Novalis, 20. August 1798

Dresden. Den 20ten August.
Deinen Brief habe ich erst Sonnabends erhalten, an demselben Tage kam auch Schelling[146], es war also viel zu spät, Dir Nachricht zu geben. Indessen triffst Du ihn nächsten Sonnabend gewiß, er bleibt noch ziemlich lange hier und geht auch nach Freyberg. Die Levi[147] ist noch nicht dagewesen; wenn sie aber auch gekommen wäre, um mich gleich nach Berlin zu vokken[148], so würde ich es doch nicht gethan haben. Indessen habe ich freylich den 4ten September als lezten Termin meiner Abreise angesetzt, und ich weiß nicht ob ich ihn ändern kann. Doch reizt mich Deine Einladung sehr. Ich genieße Dich allein ganz anders und eigentlicher, als in dem gemeinschaftlichen Kreise. Es ist künftigen Sonnabend Zeit genung alles das zu verabreden.

Richte Dich ein, *so lange* zu bleiben als irgend möglich ist; da nun auch Schelling da ist, und eine Quote Deines Umgangs verlangt. Er hat Gl.[auben] und L.[iebe][149] mit großem Interesse gelesen, und freut sich mit Dir darüber reden zu können. Auch bittet er die *Zoologischen Fragmente* mitzubringen. Was diese betrifft, so bewahre sie ja für unsern Briefwechsel, denn Du mußt unterm andern darin auch mein Sokrates in der Physik seyn. Ich habe viele Ideen und Hefte dazu, die Du noch vorher lesen mußt, ehe der Brief geschrieben wird, der außer der Einleitung einen Bericht über Deine innre Symphilosophie, und die Acten der meinigen so weit sie die Physik betrifft enthalten soll, um über die lezten ein Gutachten von Dir zu erhalten.

Ich möchte Dich auch bitten, mir den *Ritter*[150] mitzubringen; auch was Du für das beste Handbuch der Mineralogie hältst, und wenn Du meynst, daß es mir nützlich und verständlich sey, auch Darwins Zoonomie[151].

Du schreibst seit einiger Zeit etwas kurz lieber Freund, fast etwas zu kurz für unsre Theilnahme und Besorgnisse. Bist Du mit Töplitz zufrieden? – Den Plan uns Ostern in Berlin zu sehn hast Du wie es scheint aufgegeben. Wir würden einen schönen Kreis um Dich bilden!

Von Schelling kann ich Dir noch nicht viel sagen. Indessen glaube ich nicht, daß das Gespräch mit ihm mir je vorzüglich interessant werden wird. Aber daß ich ihn gesehn habe, ist mir lieb.

Richte Dich ja ein, daß ich Dich sehe so viel als noch möglich ist. Ueber mein Kommen müssen wir erst mündlich Berathschlagung halten.

Ich umarme Dich herzlich Dein   Friedrich Schl.

Wenn Du den alten Carlowiz siehst, so grüße ihn von mir. Ich würde mich freuen ihn bey {der} Gelegenheit wieder zu sehn. Caroline wundert sich, daß Du über Wilhelms symbolische Musik nichts schreibst. Alle grüßen herzlich, auch Charlotte.

Friedrich Schlegel an Novalis, 20. August 1798, in: KFSA 24, Nr. 96, S. 167-168.

Abb. 10: Dame schreibend am Sekretär

28. Caroline Michaelis-Böhmer-Schlegel-Schelling an Friedrich Schlegel, 14. bis 15. Oktober 1798

Jena d. 14. Oct. 98

Ich kann Ihnen heut allerley sagen, was Sie gern wissen wollen. Wilhelm blieb in Weimar zurück um Göthen zu sprechen, und der ist sehr wohl zu sprechen gewesen, in der besten Laune über das Athenäum, und ganz in der gehörigen über Ihren Wilhelm Meister[152], denn er hat nicht blos den Ernst, er hat auch die belobte Ironie darin gefaßt und ist doch sehr damit zufrieden und sieht der Fortsetzung freundlichst entgegen. Erst hat er gesagt, es wäre recht gut, recht charmant, und nach dieser bei ihm gebräuchlichen Art vom Wetter zu reden, hat er auch warm die Weise gebilligt, wie Sie es behandelt, daß Sie immer auf den Bau des Ganzen gegangen und sich nicht bey pathologischer Zergliederung der einzelnen Charaktere aufgehalten, dann hat er gezeigt, daß er es tüchtig gelesen, indem er viele Ausdrücke wiederholt und besonders eben die ironischen. Sie haben alle Ursache Ihr Werk zu vollenden von dieser Seite, und so thun Sie es denn doch recht bald. Er hat Wilhelm mit Grüßen für Sie beladen, und läßt vielmals um Entschuldigung bitten, wegen des Nichtschreibens, eine Sache, die wirklich aus der Geschäftigkeit des lezten Vierteljahrs, wovon nachher ein Mehreres, zu erklären ist. An W. hat er den ganzen Brief schon fertig diktirt und doch nicht abgeschickt. Auch von der griechischen Poesie[153] hat er gesprochen; bey manchen Stellen hätte er eine mündliche Unterredung und Erläuterung dazu gewünscht, um etwa ein längeres und breiteres Licht zu erhalten. Gelesen hat er auch redlich; das kann man ihm nicht anders nachrühmen. Die Fragmente haben ihn ungemein interressirt; ihr hättet euch in Kriegsstand gesetzt, aber er hat keine einzige Einwendung dagegen gemacht; nur gemeint, es wäre eine allzu starke Ausgabe [Zusatz W. Schlegels: die Verschwendung wäre doch zu groß, war der pivot[154] seines allgemeinen Urtheils], und es hätte sollen getheilt werden. Wilhelm hat ihm geantwortet, in Einem Strich ließe sichs freylich nicht lesen; da hat er so etwas gemurmelt, als das hätte er denn doch nicht lassen können, es wäre denn doch so anziehend –

In Weimar ist das Athenäum sehr viel gelesen. Ein gewisser Friedrich von Oertel hat sich Jean Pauls gegen Sie angenommen, es steht im Merkur [W. Schl.: im Octoberstück], noch sahn wir es nicht. Böttiger hat Wilhelm davon gesagt, er hätte es nicht wollen einrücken, aber Wieland hätte gesagt, weil es bescheiden geschrieben wäre, hätten sie keine Ursach es zu versagen. Von Carl Nicolais Unfug[155] wusten wir noch nichts, können aber das, und auch was *Hirt*[156] schreibt, hier bekommen, und Wilhelm hofft, der Haufen soll bald recht hoch werden. Tieks Zettel wird besorgt; hat er sich nicht zu weitläuftig heraus gelassen?

In Dessau sprachen wir einen jungen Mann, der eben aus Wien kam und da einen Brief von Böttiger an Hammer (der sich im Merkur zuweilen vernehmen läßt) gesehn, woraus er sich der Worte errinnerte: „die beiden Götterbuben, wie Wieland sie nennt" – das Übrige war irgend eine Notiz gewesen, was ihr gethan oder wo ihr euch aufhieltet, die er vergessen hatte. Es kommt nur darauf an, ob er mehr Akzent auf das Göttliche oder Bübische gelegt.

Nun von Göthens Geschäftigkeit. Er hat das weimarische Comödienhaus inwendig durchaus umgeschaffen, und in ein freundliches glänzendes Feenschlößchen verwandelt. Es hat mir erstaunlich wohl gefallen. Ein Architekt und Dekorateur aus Studtgart ist dazu her berufen und innerhalb 13 Wochen sind Säulen, Gallerien, Balcone, Vorhang verfertigt und was nicht alles geschmückt, gemahlt, verguldet, aber in der That mit Geschmack. Die Beleuchtung ist äußerst hübsch, vermittelst eines weiten Kranzes von englischen Lampen, der in einer kleinen Kuppel schwebt, durch welche zugleich der Dunst des Hauses hinaus zieht. Göthe ist wie ein Kind so eifrig dabey gewesen, den Tag vor der Eröfnung des Theaters war er von früh bis spät Abends da, hat da gegessen und getrunken und eigenhändig mit gearbeitet. Er hat sich die gröbsten Billets und Belangungen über einige veränderte Einrichtungen und Erhöhung der Preise gefallen lassen und es eben alles mit freudigem Gemüth hingenommen, um die Sache, welche von der Theatercasse bestritten ward, zu stand zu bringen. Nun kam die Anlernung der Schauspieler dazu, um das Vorspiel ordentlich zu geben, worinn ihnen alles fremd und unerhört war. Es stellt Wallensteins Lager dar, wie Sie wissen, und ist in Reimen in Hans Sachsens Manier, voller Leben, Wirkung, Geist der Zeit und guter Einfälle. Schiller hat doch in Jahren zu Stande gebracht, was Göthe vielleicht (die Studien abgerechnet) in einem Nachmittag hätte geschrieben, und das will immer viel sagen. Er hat sich (dies komt von Wilhelm) dem Teufel ergeben, um den Realisten zu machen und sich die Sentimentalität vom

Leibe zu halten. Aber genug, es ist gut, er hat alle Ehre und die andern viel Plaisir davon. Göthens Mühe war auch nicht verloren; die Gesellschaft hat exzellent gespielt, es war das vollkommenste Ensemble und keine Unordnung in dem Getümmel. Für das Auge nahm es sich ebenfals treflich aus. Die Kostume, können Sie denken, waren sorgfältig zusammen getragen, und contrastirten wieder unter einander sehr artig. Zum Prolog war eine neue, sehr schöne Dekoration. – Bey der Umwandlung des Hauses war Schillers Käfig weggefallen, so daß er sich auf dem offnen Balkon präsentiren muste, anfangs neben Göthe, dann neben der herzoglichen Loge. Wir waren im Parket, das denselben Preis mit dem Balkon hat, wo wir auch hätten hingehn können, aber lieber die bekannten Stellen wählten. – Die Korsen von Kotzebue[157] gingen vorher. Bey dem Vorspiel hat man mehr gelacht und applaudirt. Der Schauspieler bringt überhaupt eine ganz andre, lebhaftere, materiellere Begeisterung hervor als der Dichter, aber hier konnte doch auch die im Allgemeinen geringe Liebe für diesen und selbst seine Gegenwart mitwürken, abgerechnet, daß man das Ding fremd finden muste, und obendrein auch soll zu lang gefunden haben.

Piccolomini[158] wird wohl im Dezember, ebenso, gleichsam auf die Probe gespielt werden, wo man sich mit unsern Schauspielern behilft. Göthe meint, der alte Piccolomini (denn Vater und Sohn sind darin), das würde eine Rolle für Iffland seyn. Auf Schröder rechnet man schon. – Göthe ist heute wiederum hier angelangt, um nun weiter den vergangnen Effekt des Vorspieles und den zukünftigen des Piccolomini zu überlegen. Desto besser für uns. – Schelling fuhr an Schlegels Stelle in der Nacht mit mir zurück. Gustel war nicht mit, wir hatten Parthie mit Gries und Mayer[159] gemacht. Es kam gar zu hoch, das Billet 1 Thlr. Doch wird sies schon noch sehn, ich habe ihr alles erzählt. Fichte hatte mir nach der Comödie 4 Gläser Champagner aufgenöthigt, das muß ich nicht vergessen zu melden. Schelling wird sich von nun an einmauren, wie er sagt, aber gewiß nicht aushält. Er ist eher ein Mensch um Mauern zu durchbrechen. Glauben Sie, Freund, er ist als Mensch interressanter, als Sie zugeben, eine recht Urnatur, als Mineralie betrachtet, ächter Granit. Tiek muß sich nun eben so wenig über Göthens Schweigen skandalisiren als Sie, denn er bittet auch ihn um Nachsicht. Und ich will Ihnen auch sein Urtheil über den Isten Theil von Sternbald[160] wiedergeben; Sie überantworten es Tiek. Man könnte es so eigentlich eher musikalische Wanderungen nennen, wegen der vielen musikalischen Empfindungen und Anregungen (die Worte sind übrigens von mir), es wäre alles darinn, außer der Mahler. Sollte es ein Künstlerroman sein, so müßte doch noch ganz viel anders von der Kunst darin stehn, er vermißte da den rechten Gehalt, und das Künstlerische käme als eine falsche Tendenz heraus. Gelesen hat er es aber, und zweymal, und lobt es dann auch wieder sehr. Es wären viel hübsche Sonnenaufgänge darinn, hat er gesagt [W. Schlegel: an denen man sähe, daß sich das Auge des Dichters wirklich recht eigentlich an den Farben gelabt, nur kämen sie zu oft wieder]. Wollen Sie nun *mein* Urtheil über den zweyten? Vom ersten nur so viel, ich bin immer noch zweifelhaft, ob die Kunstliebe nicht absichtlich als eine falsche Tendenz im Sternbald hat sollen dargestellt werden und schlecht ablaufen wie bei Wilhelm Meister, aber dann möchte offenbar ein andrer Mangel eintreten – es möchte dann vom Menschlichen zu wenig darinn seyn. Der zweyte Theil hat mir noch kein Licht gegeben. Wie ist es möglich, daß Sie ihn dem ersten vorziehn und überhaupt so vorzüglich behandeln? Es ist die nemliche Unbestimmtheit, es fehlt an durchgreifender Kraft – man hoft immer auf etwas entscheidendes, irgendwo den Franz beträchtlich vorrücken zu sehn. Thut er das? Viele liebliche Sonnenaufgänge und Frühlinge sind wieder da; Tag und Nacht wechseln fleißig, Sonne, Mond und Sterne ziehn auf, die Vöglein singen; es ist das alles sehr artig, aber doch leer, und ein kleinlicher Wechsel von Stimmungen und Gefühlen im Sternbald, *kleinlich* dargestellt. Der Verse sind nun fast zu viel, und fahren so lose in und aus einander, wie die angeknüpften Geschichten und Begebenheiten, in denen gar viel leise Spuren von mancherley Nachbildungen sind. Solt ich zu streng seyn, oder vielmehr Unrecht haben? Wilhelm will es mir jetzt vorlesen, ich will sehn, wie wir gemeinschaftlich urtheilen.

d. 15. Oct.

Fast habe ich so wenig Kunstsinn wie Tieks liebe Amalie[161], denn ich bin gestern bey der Lektür eingeschlafen. Doch das will nichts sagen. Aber freylich wir kommen wachend in Obigen überein. Es reißt nicht fort, es hält nicht fest, so wohl manches Einzelne gefällt, wie die Art des Florestan bei dem Wettgesang dem Wilhelm gefallen hat. Bey den muntern Szenen hält man sich am liebsten auf, aber wer kann sich eben dabey enthalten zu denken, da ist der Wilhelm Meister und zu viel W. M. Sonst guckt der alte Trübsinn hervor. Eine Fantasie, die immer mit den Flügeln schlägt und flattert und keinen rechten Schwung nimt. Mir thut es recht leid, daß es mir nicht anders erscheinen will. Was Göthe geurtheilt hat, theilen Sie ihm doch unverholen mit.

Meyer[162] war diesen Morgen hier. Er tritt auch mit Entschuldigungen auf, habe Ihre Adresse nicht gewußt, aber sehr dankbar ist er und hat Sie studirt. Ganz von selbst fing er von Wilhelms Kunstfragmenten an, die ihm eine sehr große Freude gemacht hätten, in denen gar sehr viel läge, und kurz, er war von ganzer Seele damit zufrieden. Was wird er nun zu den Gemälden sagen?

Fernow[163] in Rom hat eine starke Abhandlung gegen Hirts Laokoon[164] geschrieben. Sie ist noch nicht gedruckt.

Im Allg. Liter. Anzeiger soll ein grober Ausfall gegen Sie, auch in Sachen Jean Pauls, seyn. Närrisch, daß man dabey doch gleich auf Sie gerathen. Auch Oertel nennt Sie, der ein paar fade Seiten voll geschrieben, die sich auf das nemliche Misverständniß Ihrer ironischen Behandlung der Göthischen Leerheit gründen, das Jean Paul irre geführt, der künftig in Weimar wohnen wird. Mich soll wundern, wie er sich gegen uns nimmt.

Hardenberg ist nicht hergekommen. – Charlottens Kind bessert sich. – Schleusner[165] ist todt.

... Zum Schluße dieses frage ich Sie auf Ehre und Gewissen, ob das Projekt mit Henrietten die ganze Bescherung gewesen, um welche Sie die Schatten – den bewußten Geist und Liebe – beschworen haben. Dazu brauchte nichts aus den Tiefen heraufgeholt zu werden. Ganz von der Oberfläche habe ich es weggenommen, daß ich von keiner Seite das mindeste gegen diesen Plan habe, und ihn vollkommen ausführbar finde, wenn Sie sonst glauben, daß sich unsre sämmtlichen Wesenheiten in einander fügen, wie Sie denn davon überzeugt scheinen. Irdische Rücksichten werden mich nicht zurückhalten. Henriette kann mit uns leben, ohne daß es uns so viel mehr kostet, daß davon die Rede seyn könnte. Sie steht ihre besondern Ausgaben selbst, wie sie wahrscheinlich jezt auch thut, und ist übrigens, als wenn ich eine Schwester bey mir hätte. – Eine geistigere irdische Rücksicht, die unschuldige Neigung betreffend, die zwischen Wilhelm und ihr statt findet, lastet mir auch nicht auf der Seele. Und so macht mir die Idee recht viel Freude, und könnte, dächte ich, wenn Henrietten nichts genirt, recht leicht auf den Sommer, wo wir nach Berlin kommen und Henrietten mitnähmen, ins Werk gerichtet werden. Ich spreche blos von mir, denn Wilhelm hat mir es ganz überlassen.
Vertrauen Sie mir aber nun auch die übrigen Projekte für Ihre Angehörigen. Ist nichts für mich mit dabey? Es muß aber allen so leicht seyn.
Adieu, Friedrich. [...]

Caroline Michaelis-Böhmer-Schlegel-Schelling an Friedrich Schlegel, 14. bis 15. Oktober 1798, in: KFSA 24, Nr. 104, S. 176-181.

29. Friedrich Schlegel an Novalis, 20. Oktober 1798

Berlin. Den 20ten Oct. 98.
Ich habe schon lange auf einen Brief von Dir gehofft, und nun höre ich, Du seyst in Weißenfels! – Gewiß bekomme ich bald etwas *von* Dir. Doch lieber hätte ich *Dich selbst*. In der That ist das fast das einzige oder doch das wichtigste was ich Dir zu schreiben habe, daß ich über alles wünsche, Dich zu sehen und zu sprechen. – Ich fange eigentlich erst an Dich zu verstehn. Ich habe in der lezten Zeit manche Offenbarung gehabt, und ich würde Dich nun besser verstehn da ich die Religion verstehe. –
Ist es irgend möglich, hältst Du es nicht für nicht gut, so komme zu mir nach Berlin.
Von Dir bin ich nächst den Briefen über Physik auf nichts so begierig als auf die *romantischen Fragmente* und auf die *christliche Monarchie*.[166] – Was mich betrifft, so ist das Ziel meiner litterarischen Projekte eine neue Bibel zu schreiben, und auf Muhameds und Luthers Fußstapfen zu wandeln. Diesen Winter denke ich wohl einen leichtfertigen Roman *Lucinde* leicht zu fertigen.[167]
Ich sage nicht mehr, weil ich weiß, daß Du alles übrige denkst, und weil ich hoffe und glaube, Du kommst gewiß, wenn es möglich ist und gut.
Uebrigens werde ich wohl auch hier meine Verhältnisse früher oder später zerreißen müssen, und früher oder später daran gehn. Dann könnten mir Sorgen drohn, wenn nicht Ich und die Meinigen auf dieser Erde immer nur auf dem Sprunge stünden.
Du bist mir doch unglaublich werth, und unauslöschlich ins Innerste gewurzelt.
Lebe wohl / Dein / Friedrich Schl.

Wohl bist Du nun Mitglied im Comité de salut public universell[168] und hat als Bürger des neuen Jahrhunderts nach meinem

Sinn einen vollen Bürgerkranz verdient. Ich habe diese Zeit her unglaublich oft oder vielmehr fast immer an Dich gedacht, und mit der zärtlichsten Freundschaft.

Friedrich Schlegel an Novalis, 20. Oktober 1798, in: KFSA 24, Nr. 106, S. 183-184.

30. Novalis an Friedrich Schlegel, 7. November 1798

Freyberg: den 7ten November. 1798. [Mittwoch] Du erhältst diese Antwort über Jena, weil ich mich auf meinen Brief an die Schwägerinn beziehn will, den ich Sie gebeten habe, Dir mitzutheilen. Nun wünscht ich nicht, daß Du die Citation, ohne das Citat, erhieltest und sende diesen Brief also nach Jena, um von dort mit der nöthigen Beylage an Dich abzugehn. Dein Brief hat mich in der Überzeugung von der Nothwendigkeit unsers Zusammendaseyns bestärckt. Wenn Du Dich immer mehr in mich findest, so erkenne ich Dich auch meinerseits immer mehr. Eins von den auffallenden Beyspielen unserer innern Symorganisation und Symevolution ist in Deinem Briefe. Du schreibst von Deinem Bibelproject und ich bin auf meinem Studium der Wissenschaft überhaupt – und ihres Körpers, des *Buchs* – ebenfalls auf die Idee *der Bibel* gerathen – der Bibel – als des *Ideals jedweden* Buchs. Die Theorie der Bibel, entwickelt, giebt die Theorie der Schriftstellerey oder der Wortbildnerey überhaupt – die zugleich die symbolische, indirecte, Constructionslehre des schaffenden Geistes abgiebt. Du wirst aus dem Brief an die Schwägerinn sehn, daß mich eine vielumfassende Arbeit beschäftigt – die für diesen Winter meine ganze Thätigkeit absorbirt.
Dies soll nichts anders, als eine Kritik des Bibelprojects – ein Versuch einer Universalmethode des Biblisirens – die Einleitung zu einer ächten Encyclopaedistik werden.

Ich denke hier Wahrheiten und *Ideen im Großen* – *genialische* Gedanken zu erzeugen – ein lebendiges, wissenschaftliches Organon hervorzubringen – und durch diese synkritische Politik der Intelligenz mir den Weg zur *ächten Praxis* – dem wahrhaften Reunionsprozess – zu bahnen.

Ich habe Dir mit Fleiß die Aufgabe mit mehreren Ausdrücken hingesezt um eine vollständigere Antwort in Betreff Deiner Bibel Idee, zu erhalten.

Je länger wir mit einander umgehn, desto mehr werden wir uns auf einander besinnen und des Geheimnisses unsrer *Entzweyung* immer theilhaftiger werden.

Deine Fragmente und das Bruchstück von [Wilhelm] Meister versteh' und genieß' ich immer mehr.

Einen wünscht ich noch in unsre Gemeinschaft – Einen, den ich Dir allein vergleiche – *Baadern*[169].

> Seine Zauber binden wieder,
> Was des Blödsinns Schwerdt getheilt.

Ich habe jezt seine ältere Abh[andlung] vom Wärmestoff gelesen – A[nn]o [17]86 welcher Geist? Ich denke an ihn zu schreiben – Könnte er nicht zum Athenaeum eingeladen werden? Vereinige Dich mit Baadern, Freund – Ihr könnt ungeheure Dinge leisten.

Schelling ist jezt auch mit der Mathematik handgemein geworden – Schreibt er auch hier zu schnell, so muß er Lehrgeld, wie mit den Ideen bezahlen. Es ist ein sonderbares, modernes Phaenomén, das nicht zu Schellings Nachtheil ist, daß seine Ideen *schon* so *welk*, so unbrauchbar sind – Erst in neuesten Zeiten sind solche *kurzlebige* Bücher erschienen. Auch Deine Griechen und Römer sind zum Theil eine solche interressante Indication der zunehmenden Geschwindigkeit und Progression des menschl[ichen] Geistes.

Mit der Kürze der Lebensdauer wächst der Gehalt, die Bildung und Geistigkeit. Die Bücher nähern sich jezt den Einfällen – Einmal vorübergehend – aber schöpferische Funken. Wenn es mir gelänge einen solchen Funken – als Lebensthätigkeit zu fixiren? Von den Propylaeen[170] im Briefe an die Schwägerinn. Den Almanach hab ich noch nicht. Deine Lucinde reizt mich im voraus, wie die Venus Callipygis[171] – von der sie gewiß eine Schwester seyn wird. Kants Streit der Facultaeten ist ein schönes Advocatenspecimen – ein Gewebe feiner Chikanen. Kant wird jezt, wie ihr Leibnitz[172] beschuldigt, *juristisch* – und ist es von Anfang an, etwas gewesen. Die phil[osophische] Facultaet ist, wie der ärgste Sünder, am besten zu vertheidigen. Die phil[osophische] Darstellung dieses Streits wäre die schönste Defension der phil[osophischen] Facultaet gewesen. Kant ist, in Beziehung auf die Bibel, nicht a la Hauteur.[173] Leibnitzen scheint mir Schleyermacher sehr unrecht zu behandeln – die einzige Stelle von der Comb[inatio] Anal[ytica] ist alle Lobeserhebungen werth, die man ihm gegeben hat.

Lebe wohl – lieber Schlegel, und behalte lieb

Deinen Freund Hardenberg.

Novalis an Friedrich Schlegel, 7. November 1798, in: NS 4, Nr. 125, S. 262-264.

31. Friedrich Schlegel an Novalis, 2. Dezember 1798

Berlin, den 2. Dezember [1798]. [Sonntag] Allerdings ist das absichtslose Zusammentreffen unsrer biblischen Projekte eines der auffallendsten Zeichen und Wunder unsres Einverständnisses und unsrer Mißverständnisse.

Ich bin eins darin mit Dir, daß Bibel die litterairische Centralform und also das Ideal jedes Buchs sei. Aber mit mannichfachen ganz bestimmten Bedingungen und Unterschied. Auch das Journal, der Roman, das Compendium, der Brief, das Drama etc. sollen *in einem gewissen Sinne* Bibel sein, und doch das bleiben, was ihr Name und sein Geist bezeichnet und umfaßt. Nun habe ich aber eine Bibel im Sinne, die nicht in gewissem Sinne, nicht gleichsam, sondern ganz buchstäblich und in jedem Geist und Sinne Bibel wäre, das erste Kunstwerk dieser Art, da die bisherigen nur Produkte der Natur sind. Die, welche es verdienen unter ihnen, müssen, um jenes Projekt zu realisiren, als klassische Urbilder gesetzt, wie die griechischen Gedichte von Göthe praktisch und von mir theoretisch als solche für die Kunst der Poesie gesetzt sind.

Soviel ich ahnde, hat Dein Werk mehr Analogie mit einem idealen Buch von mir über die *Principien der Schriftstellerei*, wodurch ich den fehlenden Mittelpunkt der Lektüre und der Universitäten zu constituiren denke. Die Fragmente von mir und die Charakteristiken betrachte als Seitenflügel oder Pole jenes Werkes, durch das sie erst ihr volles Licht erhalten werden. Es sind klassische Materialien und klassische Studien oder Experimente eines Schriftstellers, der die Schriftstellerei als *Kunst* und als *Wissenschaft* treibt oder zu treiben strebt: denn erreicht und gethan hat dies bis jetzt so wenig ein Autor, daß ich vielleicht der erste bin, der es so ernstlich will. – Meine Encyclopädie wird nichts sein als eine Anwendung jener Principien auf die Universität, das Gegenstück zu dem ächten Journal. –

Mein biblisches Projekt aber ist kein litterairisches, sondern – ein biblisches, ein durchaus religiöses. Ich denke eine neue Religion zu stiften oder vielmehr sie verkündigen zu helfen: denn kommen und siegen wird sie auch ohne mich. Meine Religion ist nicht von der Art, daß sie die Philosophie und Poesie verschlucken wollte. Vielmehr lasse ich die Selbständigkeit und Freundschaft, den Egoism und die Harmonie dieser beiden Urkünste und Wissenschaften bestehn, obwohl ich glaube, *es ist an der Zeit*, daß sie manche ihrer Eigenschaften wechseln. Aber ganz ohne Eingebung betrachtet, finde ich, daß Gegenstände übrigbleiben, die weder Philosophie noch Poesie behandeln kann. Ein solcher Gegenstand scheint mir *Gott*, von dem ich eine durchaus neue Ansicht habe. Die beste Philosophie wird am geistlosesten und trockensten von ihm reden oder ihn sacht aus ihren Grenzen schieben. Das scheint mir ein Hauptverdienst von Kant und Fichte, daß sie die Philosophie gleichsam bis an die Schwelle der Religion führen und dann abbrechen. So lustwandelt von der andern Seite auch Göthes *Bildung* in den Propyläen des Tempels. Du wirst die Mittelglieder leicht hinzudenken und Dir einen Ueberblick der Sachen, der Gedanken und Gedichte verschaffen, die nur in Evangelien, Episteln, Apokalypsen u. dergl. dem Zeitalter enthüllt werden können. –

Noch von einer andern Seite. Man spricht und erzählt seit etwa hundert Jahren von der *Allmacht* des Wortes der Schrift und was weiß ich sonst noch. Im Vergleich mit dem, was da ist und was geschieht, scheint mir das nur ein mißlungner Scherz zu seyn. Ich bin aber gesonnen, Ernst daraus zu machen und die Leute mit ihrer Allmacht beim Wort zu nehmen. Daß dies durch ein Buch geschehen soll, darf um so weniger befremden, da die großen *Autoren* der Religion – Moses, Christus, Mohammed, Luther – stufenweise immer weniger Politiker und mehr Lehrer und Schriftsteller werden. Uebrigens weißt Du, wie ich auch kleinere Ideen adle und umfasse, und für diese, die das Herz und die Seele meines zeitigen und irdischen Lebens ist, fühle ich Muth und Kraft genung, nicht bloß wie Luther zu predigen und zu eifern, sondern auch wie Mohammed mit dem feurigen Schwerdt des Wortes das Reich der Geister welterobernd zu überziehn, oder wie Christus mich und mein Leben hinzugeben. – Doch vielleicht hast *Du* mehr Talent zu einem neuen Christus, der in mir seinen wackern Paulus findet. Wenigstens ist die eine Aehnlichkeit da, daß eine gewisse Energie und Furie der Wahrheit nur da entstehen kann, wo redlicher Unglaube nicht aus Unfähigkeit, sondern aus Schwerfälligkeit voranging. Lebte Lessing noch, so brauchte ich das Werk nicht zu beginnen. Der Anfang wäre dann wohl schon vollendet. Keiner hat von der wahren neuen Religion mehr geahndet als er. Nicht blos Kant ist hier weit zurück, sondern auch Fichte und Jacobi und Lavater. Einige Millionen der letzten Sorte in den Schmelztiegel geschüttet, geben noch [nicht] soviel solide Materie und reinen Aether der Religion, wie Lessing hatte.

Doch laß das kein Kriterium sein, ob Du mit mir einstimmen kannst. Die eigentliche Sache ist die, ob Du Dich entschließen kannst, wenigstens in einem gewissen Sinne das Christenthum absolut negativ zu setzen. –

Ich konnte Dir wohl beistimmen, da Du es positiv setztest, weil ich Deine Lehre von der Willkür und die Anwendung derselben aufs Christenthum nicht blos verstand, sondern anticipirt habe. Aber freilich war, was für Dich Praxis, für mich nur reine Historie. Daher der Dualismus unsrer Symphilosophie auch über diesen Punkt. Ein halbes Verstehen und ein halbes Einverstehen war hier möglich, da Praxis und Historie in Deiner Religion bisher in unaufgelöster Gährung sind. Gelingt es mir, beide gegenseitig zu saturiren und zur völligsten Harmonie zu vermischen, so kannst Du dann freilich nur ganz einstimmen oder ganz nicht. Vielleicht hast Du noch die Wahl, mein Freund, entweder der letzte Christ, der Brutus der alten Religion, oder der Christus des neuen Evangeliums zu seyn.

Mich däucht, dieses neue Evangelium fängt schon an sich zu regen. Außer jenen Indikationen der Philosophie und Praxis überhaupt regt auch sich die Religion bei den Individuen, die ganz eigens unsre Zeitgenossen sind und zu den wenigen Mitbürgern der anbrechenden Periode gehören. Nur einige Beispiele. Schleiermacher, der zwar wohl kein Apostel, aber ein geborner Recensent aller biblischen Kunstreden ist, und wenn ihm nur ein Wort Gottes gegeben würde, gewaltig dafür predigen würde, arbeitet auch an einem Werk über die Religion.

Tieck studirt den Jakob Böhme mit großer Liebe. Er ist da gewiß auf dem rechten Wege. Nun noch eine Bemerkung: giebt die Synthesis von Göthe und Fichte wohl etwas anders als Religion? Wie bald aber muß diese Synthesis nicht blos an der Tagesordnung, sondern auch allgemein seyn, da das Mißverhältnis beider zum Zeitalter, welches allein aus ihrer persönlich betrachtet unabänderlichen Trennung entspringt, schon so ungeheuer auffällt, und da die Keime zu den Mitteln und Werkzeugen dieser Synthesis schon im Lessing liegen, und nun im Wolf wieder andere rege werden, Schelling und Hülsen nicht zu erwähnen, die ich als Fühlhörner betrachte, so die Schnecke der isolirten Philosophie gegen das Licht und die Wärme des neuen Tages ausstreckt.

* * *

Ist es nicht möglich, daß Du unser letztes Gespräch auf irgendeine Art fortsetzest?
Das Athenaeum bricht wieder los mit neuem Titel und Verleger. Schick also ja, was Du hast und geben willst, sobald Du kannst. – Wie stehts mit den christlichen Fragmenten? Darauf wäre ich sehr begierig.
Wenn Du unsre romant[isch]-philos[ophischen] Briefe über Natur und Physik für nicht ausführbar hältst, so vergönne wenigstens, daß ich meine Ideen darüber, so es mir zweckmäßig scheint, in einem epistolischen Monolog an Dich richte; und versäume nur nicht die Form der Briefe, die Dir gewiß sehr angemessen ist. Du kannst ja Fragmente, Gedichte, kleine Romane darin mischen, wie sichs fügt.
Von mir kann ich Dir noch nichts Gewisses sagen. Nur ist es wahrscheinlicher, daß ich Ostern von hier gehe, als daß ich hier bleibe. Uebrigens hat sich auch nichts verändert, und ich habe also eher Ursache, die Bitte in meinem letzten Briefe, von dem ich hoffe, daß Du ihn richtig erhalten (er war an Dich unmittelbar nach Freiberg addressirt) hast, zu wiederholen und zu bestätigen. Ich wünsche bald von Dir und Deinen Projekten zu hören.

Ich habe Dir geschrieben, wie sich schreiben läßt. Wieviel besser wäre es, wir könnten uns über unsre neuen Projekte sprechen. Ist es denn nicht möglich? – Sch[eiermacher] sagt mir eben, es gebe noch ein Freiberg in Schlesien, und es ist also sehr zweifelhaft, ob mein letzter Brief an Dich gekommen. – Er enthielt bloß ein species facti[174] meiner häuslichen Lage und eine Frage und Bitte, und läßt sich mit wenigen Worten wiederholen. – Es ist sehr wahrscheinlich, daß die Freundin[175], von der ich Dir im Anfang meines Hierseins vor etwa 15 Monaten schrieb, und die allmälig meine Frau geworden ist, sich gegen Ostern von ihrem bürgerlichen Manne auch öffentlich scheiden läßt, wie sie seit Jahren im stillen von ihm geschieden war. Nun wird zwar wohl die Rückgabe ihres kleinen Vermögens, wenn wir gütlich scheiden, am wenigsten Schwierigkeiten machen. Aber eben das ist sehr zu bezweifeln, und dann könnte ihre Freiheit und meine Ruhe an dem Besitz einer baaren Summe hängen. Durch die häuslichen und litter[airischen] Verdrießlichkeiten bin ich aber gerade jetzt nicht nur an Geld, sondern auch an Credit sehr arm geworden. Nun frug und frage ich Dich, ob Du mir, ohne Dich oder Deinen Bruder zu compromittiren, wohl eine Summe von etwa 200 Thalern verschaffen könntest?

* * *

Kannst Du [Dich] nicht, wenn Du einmal in Dresden bist, von Gareis[176] für mich malen lassen?
Noch einiges. – Die vollsten Keime der neuen Religion liegen im Christenthum; aber sie liegen auch da ziemlich vernachlässigt. – Der Buchstab ist der ächte Zauberstab. –

* * *

Alle Wünsche der Liebenden und alle Bilder der Dichter sind buchstäblich wahr: nämlich der classischen Dichter, der ächten Liebenden.

* * *

Eine Frage über Baader, den ich noch so gut wie gar nicht kenne. Schließt er sich an Fichte an wie Schelling und Hülsen[177] und ist etwa ein chaotischer Mittelpunkt für diese beide? oder ist er ein Sohn der neuen Zeit, und hat etwa in der Mitte der Physik so originell begonnen, wie ich aus den Tiefen der Kritik? – Dann könnte ich die Polarität unsrer Geister für den Deinigen begreifen und dann wäre sie nicht blos subjektiv. Aber dann habe ich nicht nöthig, mich noch mit ihm zu verbinden. Ich bin es schon, nämlich in Dir, und was durch diese Vereinigung geschehn könnte, muß also allein durch Dich zu Stande kommen. –
Die neue Religion soll ganz *Magie* sein. Das Christenthum ist zu politisch und seine Politik ist viel zu materiell. Eine symb[olisch]-mystische Politik ist ja anderseits erlaubt und wesentlich.

Friedrich Schlegel an Novalis, 2. Dezember 1798, in: NS 4, Nr. 155, S. 506-510.

32. Novalis an Friedrich Schlegel, 10. Dezember 1798

Freiberg: den 18. [sic!] Dezember 1798. Soeben erhalte ich Deinen langen, reichen Brief – der mich von neuen lebhaft in Deine jezige, sorgenvolle Lage versetzt – Vielleicht könnte ich Dir thätigen Beystand leisten, wenn ich erst von hier weg wäre – Du weißt selbst, wie es um mich steht – ich lebe ein unsichres Leben – seit 2 Jahren hab ich nicht mehr für die Zukunft gesorgt – vieles vernachlässigt, was ich nicht mehr zu brauchen glaubte – mich so frey, als möglich, zu machen versucht. Zufälle haben mich bisher erhalten – mit der größesten Fassung und in der heitersten Ruhe hab ich scheiden wollen. Jetzt scheint sich manches gegen meinen Plan zu verbinden – anstatt mich entbehrlich zu sehn – und werden zu sehn – fühl ich mich durch ein Gefühl von Pflicht an alte und neue Bekannte gebunden – ich fühle, wie nüzlich ich noch vielen sein kann, wie Kameradschaft mich zwingt, meine Lieben in diesem verwirrenden Zustande nicht zu verlassen, und jede Not dieses Lebens mit ihnen zu theilen. Wenn ihr alle glücklich wärt, so könnt ich getrost von dannen gehn; so aber darf ich mir ein so glückliches Schicksal nicht allein anmaßen. Dringt dies durch, so muß ich bald ein neues Leben anfangen – wo nicht – ein *höheres*. Der frühe Tod ist jetzt mein großes Loos – das Fortleben der zweyte Gewinn. Die Zeit meines Abgangs von hier ist entscheidend. Scheid ich, so hab ich es in der Gewalt – Dir einen kleinen Dienst zu thun – bleib ich – so sezt mich meine dann mit Macht erwachende Industrie[178] gewiß bald in den Stand, Dir hülfreich zu seyn.

Deine Bitte hat mich von neuen in dem Vorsatz bestärkt, wo möglich, wenn ich fortlebe, ein reicher Mann zu werden, hoffentlich nach einem großen Plane – ich habe mich geärgert, so wenig *nüzliche* Bekanntschaften zu haben –

Wärst Du in Jena, so hätt ich noch eher Hoffnung, Dir gleich helfen zu können – wenigstens per tertium[179]. Wenn Dir meine ganze Lage bekannt wäre – Du würdest Dich bald selbst von der temporellen Unmöglichkeit überzeugen, Dir jezt meinerseits zu helfen.

Die Ungewißheit der Zukunft nöthigt mich jezt zu einem Fleiße im Detail, der meine schriftstellerischen Projecte verzögert – besonders da jezt Kranckheit und andre Unannehmlichkeiten mich so sehr gestört haben und noch stören.

Seit 3 Wochen hab ich keinen ordentlichen *Gedanken gehabt*. Bis dahin bin ich sehr glücklich gewesen – Die Zeit kommt bald wieder – Schreibe mir nur je eher, je lieber, wie Du oder ein glücklicher Zufall – Dir geholfen hat – wer Deinen Proceß besorgt – kurz Deine Domestika.

Etwas Gutes hast Du mir geschrieben – daß das Athenaeum fortgeht – ich habe der Schwägerinn – deshalb geschrieben – sein Aufhören hat mich entsetzlich verdrossen – Mein *neuer Plan*

geht sehr ins Weite – auf Ostern theil ich ihn Wilhelm in extenso mit. Bleib ich bey euch, so soll dieser Plan ein Hauptgeschäft meines Lebens werden – Er betrift
Die Errichtung eines litterairischen, republicanischen Ordens – der durchaus *mercantilisch* politisch ist – einer ächten Cosmopoliten Loge.
Eine *Buchdruckerey* – ein *Buchhandel* muß das erste Stamen[180] seyn. Jena – Hamburg, oder die Schweitz, wenn Frieden wird – müssen der Sitz des Bureaus werden. Jeder schaffte einige tüchtige Candidaten – Gemeinschaftlicher Fleis, gemeinschaftlicher Kopf – gemeinschaftlicher Kredit kann den kleinen Zündfunken bald vergrößern. Ihr sollt nicht mehr von Buchhändlern litterairisch und politisch gewissermaaßen dependiren.
Wer weiß, ob Dein Project nicht in das Meinige eingreift – und eben so den Himmel in Bewegung sezt, wie meines den irrdischen Sphäroid.[181]
Man hat lange genug von solchen Projecten *gesprochen.* Warum sollen wir nicht etwas ähnliches auszuführen suchen. Man muß in der Welt seyn, was man auf dem Papier ist – Ideenschöpfer.
Auf Deine Gedancken von Religion und Bibel geh ich jezt nicht ein – kann auch nicht eingehn, weil mir das Meiste davon cimmerisch dunkel ist – einige treffliche Einfälle – besonders die Fühlhörner – ausgenommen.
Mündlich einmal mehr davon – oder *schriftlich*, wenn *lesbare Bruchstücke* fertig und gedruckt sind.
Ich weis nicht, ob ich Dir schon von meinem lieben *Plotin*[182] schrieb. Aus Tiedemann lernt ich diesen für mich gebornen Philosophen kennen – und erschrack beynah über seine Aehnlichkeit mit Fichte und Kant – und seine *idealische* Aehnlichkeit mit ihnen. Er ist mehr nach meinem Herzen als beyde. Jemand hat mir gesagt, daß meine Entdeckung nicht neu, und schon in Maimons Leben[183] diese wunderbare Uebereinkunft bemerckt worden sey. Warum ist aber alles still davon? In Plotin liegt noch vieles ungenuzt – und er wäre wohl vor allen einer neuen Verkündigung werth.

Zu dem Athenaeum im neuen Styl werd ich vielleicht *litterairische Correspondenznachrichten* im flüchtigsten, leichtesten Styl einschicken, wenn es wircklich noch so weit kommt – vielleicht kommt da gleich etwas von Plotin etc. mit hinein. Schade, daß ich jezt noch so viel zu thun habe – Stoff zu interessanten Briefen hätt ich im Uebermaaß. Mit den romantischen Projecten muß ich auch noch eine Zeitlang zurückhalten – Der *Kaufmann* ist jezt an der Tagesordnung. Chymie – und Mechanik oder Technologie im allg.[emeinen] Sinn müssen jetzt vorzüglich dran. Das Andre muß warten.
    Lebe wohl – / Dein / *treuer Freund* Hardenberg.

Novalis an Friedrich Schlegel, 10. Dezember 1798, in: KFSA 24, Nr. 123, S. 208-210.

33. Novalis an Caroline Michaelis-Böhmer-Schlegel-Schelling, 20. Januar 1799

    Freyberg: den 20sten Jänner. 1799. [Sonntag]
Ich bin seit ich Ihnen nicht schrieb glücklich genug gewesen. Julien[184] ist wie durch ein Wunder, seit dem heilgen Abend, wo das fürchterliche Übel plötzlich abriß, wieder gesund und heiter. Meine Gesundheit ist recht leidlich und ich habe die *gute Ernsten* gesehn. Freylich nur auf sehr kurze Zeit – indeß denk ich Sie bald wieder zu sehn und länger. Mich dauert es unendlich, daß meine künftige Wohnstätte so entfernt von Dresden ist – die Nähe der Ernsten würde mir sehr viel werth seyn. Ich sage unendlich viel von meinem Herzen, wenn ich sage, Sie ist eine Frau nach meinem Herzen. Auch über Fridrichs glückliche Verbindung hab ich mich innig gefreut. Auch ich hab eine neue vortreffliche Schwägerinn erhalten. Freylich säh ich auch die bürgerliche Verbindung sehr gern, wenn es möglich wäre. *Wilhelms* lieber Brief war mir neulich recht willkommen. Er

wird wohl verzeihn, wenn ich Ihnen darauf antworte – Ihnen, die mir wircklich werther und lieber durch Ihre neuliche herzliche Theilnahme und Eilfertigkeit geworden ist. Seit 2 Monaten ist alles bey mir ins Stocken gerathen, was zum liberalen Wesen gehört. Nicht 3 gute Ideen hab ich in dieser geraumen Zeit gehabt. Jezt leb ich ganz in der *Technik*, weil meine Lehrjahre zu Ende gehn, und mir das bürgerliche Leben mit manchen Anforderungen immer näher tritt. Für künftige Pläne sammle ich nur jezt und gedenke vielleicht diesen Sommer manches Angefangne oder Entworfne zu vollenden. Die Poësie mit lebendigen Kräften, mit Menschen, und sonst gefällt mir immer mehr. Man muß eine poëtische Welt um sich her bilden und in der *Poësie* leben. Hieher gehört mein mercantilischer Plan. Diesem ordne ich die Schriftstellerey unter. Ich lobe W[ilhelm] wegen seines lebhaften Treibens der Professorey. Auch dies gehört zur *schönen*, liberalen Oeconomie, dem eigentlichen Element der gebildeten Menschen.

Auf *seine Elegie* bin ich sehr begierig – die wird unstreitig ein schöngebildeter Niederschlag von Lebensstoff aus dem Duft der Vergangenheit seyn. Wenn er doch auch ein wenig Zukunft zuvor darinn auflößte, so würde der Anschuß noch schöner.

Das Wiederaufleben des Athenaeums ist mir unschätzbar. Auf Fridrichs Roman wag ich keine Vermuthung – Es ist gewiß etwas durchaus neues. Tieks Fantasieen hab ich gelesen – So viel Schönes darinn ist, so könnte doch weniger darinn seyn. Der Sinn ist oft auf Unkosten der Worte menagirt. Ich fange an das Nüchterne, aber ächt fortschreitende, Weiterbringende zu lieben – indeß sind die Fantasieen immer fantastisch genug und vielleicht wollen Sie auch dies nur seyn. Tiecks Don Quixote ist ja auch schon unterweges. Schreiben Sie mir nur bald von *Ritter* und Schelling. Ritter ist Ritter und wir sind nur Knappen. Selbst Baader ist nur sein Dichter.

Das Beste in der Natur sehn indeß diese Herrn doch wohl nicht klar. Fichte wird hier noch seine Freunde beschämen – und *Hemsterhuis* ahndete diesen *heiligen* Weg zur Physik deutlich genug. Auch in Spinotza lebt schon dieser göttliche Funken des Naturverstandes. *Plotin* betrat, vielleicht durch Plato erregt, zuerst mit ächtem Geiste das Heiligthum – und noch ist nach ihm keiner wieder so weit in demselben vorgedrungen. In manchen ältern Schriften klopft ein geheimnißvoller Pulsschlag und bezeichnet eine Berührungsstelle mit der unsichtbaren Welt – ein Lebendigwerden. Göthe soll der *Liturg* dieser Physik werden – er versteht vollkommen den Dienst im Tempel. Leibnitzens Theodicee ist immer ein herrlicher Versuch in diesem Felde gewesen. *Etwas ähnliches* wird die künftige Physik – aber freylich in einem höhern Style. Wenn man bisher in der sogenannten Physikotheologie nur statt *Bewunderung* ein ander Wort gesezt hätte!

Aber genug – behalten Sie mich nur ein bischen lieb, und bleiben Sie in der magischen Atmosphäre, die sie umgiebt, und mitten in einer stürmischen Witterung, mitten unter kümmerlichen Moosmenschen, wie eine Geisterfamilie isolirt, so daß keine niedern Bedürfnisse und Sorgen sie anziehn und zu Boden drücken können. Schicken Sie doch den Brief an Fridrich, dem ich nur sehr kurz geschrieben habe, weil ich jezt viel unter der Erde bin und über der Erde mit so vielen nüchternen Studien geplagt bin. Ostern geh ich hier weg und denke im April bey Ihnen zu seyn. Mein künftiges Leben kann sehr reitzend und fruchtbar werden.

Schreiben Sie mir bald – wo möglich, in Begleitung des Athenaeums. Mir liegt jezt zu viel untereinander auf dem Halse. Nach Ostern werd ich tief neue Luft schöpfen und das Frühjahr mich wieder aufthauen und erwärmen. Ohne *Liebe* hielt ichs gar nicht aus. Mündlich recht viel Neues und Schönes. W[ilhelm] und Augusten tausend herzliche Grüße.

Ihr / Freund / Hardenberg.

Novalis an Caroline Michaelis-Böhmer-Schlegel-Schelling, 20. Januar 1799, in: NS 4, Nr. 131, S. 274-276.

34. Novalis an Friedrich Schlegel, 20. Januar 1799

Freyberg: den 20sten Jänner. 1799. [Sonntag] Auf Deinen lieben und mir so willkommnen Brief [vom 17. Dezember] hab ich die Antwort lange genug aufgeschoben. Es war zu viel Vorrath da – und so stopfte sich die enge Zeit. Mein Bruder ist 14 Tage bey mir gewesen – wir waren in Dresden und ich brachte einige sehr glückliche Stunden bey Deiner Schwester zu. Du und Deine neuen Verhältnisse waren der Hauptgegenstand unsers Gesprächs. Ein Wunsch bleibt uns übrig – diese Verhältnisse auch bürgerlich sanctionirt zu wissen, wenn es möglich wäre – da die Unannehmlichkeiten nicht zu übersehen sind, die für euch daraus entspringen können. Die Ernsten sagte mir so Viel Gutes von Deiner Lebensfreundinn, und wir beyde wünschten uns je eher, je lieber zu Dir, um Sie persönlich kennen zu lernen. Nach Ostern seh ich Dich gewiß – wenn Du nach Sachsen kommst. Nach Berlin zweifle ich kommen zu können. Am Klügsten wär es, Du kämst nach Jena. Die Ernsten müßte auch hin kommen. Wir würden herrliche Tage verleben. Ich habe Dir viel zu sagen – die Erde scheint mich noch viele Zeiten hindurch festhalten zu wollen. Das Verhältniß, von dem ich Dir sagte, ist inniger und fesselnder geworden. Ich sehe mich auf eine Art geliebt, wie ich noch nicht geliebt worden bin. Das Schicksal eines *sehr liebenswerthen* Mädchens hängt an meinem Entschlusse – und meine Freunde, meine Eltern, meine Geschwister bedürfen meiner mehr, als je. Ein sehr interressantes Leben scheint auf mich zu warten – indeß aufrichtig wär ich doch lieber todt.

Ich belausche den Gang der Umstände – Seh ich eine Möglichkeit mich entbehrlich zu machen – stoß ich auf Hindernisse – so sind es mir Winke den ersten Plan auszuführen – und Karl[185] oder *Karlowitz* hoff ich ersetzen meine Stelle. Wäre meine Gesundheit im Stande, so lebt ich jezt glückliche, wunderbare Tage. *Julien* war ein halb Jahr hindurch mit fürchterlichen Schmerzen gequält – man mußte das Aergste fürchten – Gerade in der schrecklichsten Zeit riß das Übel plötzlich ab und sie ist seit dem heilgen Abend gesund und heiter. Seit 2 Monaten hab ich wenig thun können. Angst, Zerstreuung, Geschäfte, Reisen und nun wieder Freude und Liebe haben mich außer Kranckheitszufällen ganz von der Feder entfernt. Jezt drängen mich technische Studien aller Art in den lezten Monaten meines Hierseyns. Ich sammle viel – *vielleicht* kommt auf den Sommer Zeit zur Ausführung. Die Schwägerinn wird Dir einen Brief von mir schicken, der Dir meine Hauptidee in der Physik zeigen wird. Baader hat neuerlich ein paar Bogen herausgegeben – *über das pythagoraeische Quadrat in der Natur.* nichts, wie derbe, gediegene Poesie, aber freylich in grobe Bergarten eingesprengt und schwer zu säubern und auszuhauen. Deine Verbrüderung mit Hülsen ist ein erfreuliches Zeichen. Solche Conjunctionen bedeuten glückliche, fruchtbare Zeiten.

Auf Deinen Roman bin ich sehr gespannt. Mir fehlts an allen Analogieen zur Voreinbildung desselben. Über Deine Ansicht der Religion möcht ich am liebsten mündlich mit Dir sprechen. [...] Empfiehl mich Deiner Gattin herzlich und bleibe, wie bisher der treue Freund

Deines / Freundes Hardenberg.

Novalis an Friedrich Schlegel, 20. Januar 1799, in: NS 4, Nr. 130, S. 272-274.

35. Friedrich Schlegel an Caroline Michaelis-Böhmer-Schlegel-Schelling, Februar 1799

Hier ist manches zu lesen! – Treue und Scherz[186] sende ich Ihnen mit noch mehr Reue und Schmerz wie das vorige. Denn Dorothea, Henriette und Tieck finden, daß es weder mein Bestes noch ihr Liebstes sey. – Und geändert habe ich doch schon viel und vieles daran. – Das nächste sind nun *Lehrjahre der Männlichkeit*,[187] ganz erzählend, ziemlich lang und eigentlich der Roman selbst. Sie sind beynah fertig. So viel von mir. Und nun wieder Bitte um W[ilhelm]s Elegie und Ihr Urtheil!

Mit den 3 rh., das ist schlimm; wenn der Schuft einen Zettel hat, so werde ich schon zahlen müssen. Ich schicke das Geld etwa mit dem Rest des Honorars von Fröhlich. – Die Alte hat Ihnen ja geschrieben und ich werde bald erfahren wie? – Daß es von einer solchen Kröte abhängen muß, ob Ihr kommen dürft! – Ich habe wirklich nicht anders thun können als ich gethan habe. –

Wir haben jetzt ein gutes Logis gemiethet, was Dor.[othea] in drey oder vier Wochen bezieht, was wir aber wohl auf ein Jahr werden behalten müssen. – Es ist hübsch und geräumig genug, und wenn die Alte sich schlecht aufführt, so solltet Ihr doch kommen. Sie und Auguste wohnten dann bey der Veit, W.[ilhelm] bey uns, damit der Raum nicht zu eng würde. Vom Theater wären Sie freilich *etwas* entfernter, aber doch nicht so weit, daß Sie nicht sehr gut zu Fuß hin und zurück gehn könnten. Ueberlegen Sie Sich das wohl, und wie glücklich es uns machen würde, und daß Sie dann den schlechten Menschen keine freundlichen Gesichter zu machen brauchten. Es ist nur auf den Nothfall!

Die Zeit von Henriettes Abreise von hier ist noch nicht ganz bestimmt, vielleicht so den 7ten April. Ich möchte gerne bald wissen, wann Ihr kommt.

{Den 30ten April denkt die Unz.[elmann][188] wieder hier zu seyn. Iffland spricht wieder stark von Hamlet.}

Den Piccolomini habe ich noch nicht gesehn, denn am Abend der zweyten Vorstellung war ich mit der Levi bey der Unzelmann, welches mir doch unteressanter [sic!] war: aber gehört habe ich schon mehr als billig davon. – Das erstemal hats bis 10 $\frac{1}{2}$ Uhr gedauert, das war zu lang, zumal die Leute verdrießlich waren, daß sie für ihr Geld doch keinen rechten Schluß erhielten. Da hat

denn Iffland gestrichen und es stand beim 2ten mal auf dem Zettel, daß es um *neun* Uhr geendigt seyn würde.
Die Unz.[elmann] hat mir gesagt, W.[ilhelm] hätte viel freundlichere Augen wie ich, und dann etwas was ihr viel Ehre macht, wenn es buchstäblich wahr ist. Sie hat zu ihrem Benefiz durchaus Sh.s *Romeo* nach W.s Uebersetzung haben wollen, und sprach mit großer Leidenschaft von der Rolle. Aber Iffland ist ein schwaches Individuum und hat eben nicht gewollt.
{Da ich den Brief wieder lese, scheint er mir so trocken. Ich bitte heute so vorlieb zu nehmen.}

Friedrich Schlegel an Caroline Michaelis-Böhmer-Schlegel-Schelling, Februar 1799, in: KFSA 24, Nr. 139, S. 232-233.

36. Caroline Michaelis-Böhmer-Schlegel-Schelling an Novalis, 4. Februar 1799

[Jena,] den 4 Febr[uar] 1799. [Montag]
Ob Sie mich gleich mit Ihren Dithyramben über das mercantilische Genie, das uns fehlt und Sie auch nicht haben, einmal recht bös gemacht, so sind Sie doch besser wie ich gewesen – Sie geben wenigstens Nachricht von sich. Ich aber habe mich in Absicht der nöthigen Mittheilungen ganz auf Ihre Weihnachtsunterhaltung mit der Ernst verlassen, und mehr an Sie gedacht, als geschrieben. Endlich kommt beides zusammen.
Was Sie von Ihrer Kränklichkeit erwähnen, darüber will ich mich nicht ängstigen, weil immer viel guter Muth dadurch hervorleuchtet, und Sie bei Ihrer Reizbarkeit immer Zeiten haben *müssen*, wo Sie nichts taugen. Das Wort des Trostes, was Sie nennen, geht mir weit mehr zu Herzen: *Liebe*. Welche? Wo? Im Himmel oder auf Erden? Und was haben Sie mir mündlich Schönes und Neues zu sagen? Thun Sie es immer nur gleich, wenn es nichts sehr Weitläuftiges und etwas Bestimmtes ist. Es

giebt keine Liebe, von der Sie da nicht sprechen könnten, wo, wie Sie wissen, lauter Liebe für Sie wohnt. In der That – darf ich alle Bedeutung in den Schluß Ihres Briefs legen, den er zu haben scheint? Ich will ruhig schweigen, bis Sie mirs sagen. Ihre übrige innerliche Geschäftigkeit aber macht mir den Kopf über alle Maßen warm. Sie glauben nicht, wie wenig ich von eurem Wesen begreife, wie wenig ich eigentlich verstehe, was Sie treiben. Ich weiß im Grunde doch von nichts etwas als von der sittlichen Menschheit und der poetischen Kunst. Lesen thu ich alles gern, was Sie von Zeit zu Zeit melden, und ich verzweifle nicht daran, daß der Augenblick kommt, wo sich das Einzelne auch für mich wird zusammen reihen, und mich Ihre Aeußerungen nicht blos darum, weil es die Ihrigen sind, erfreuen. Was ihr alle zusammen da schaffet, ist mir auch ein rechter Zauberkessel. Vertrauen Sie mir vors Erste nur so viel an, ob es denn eigentlich auf ein gedrucktes Werk bei Ihnen herauskommen wird, oder ob die Natur, die Sie so herrlich und künstlich und einfach auch, construiren, mit Ihrer eignen herrlichen und kunstvollen Natur, für diese Erde, soll zu Grunde gehn. Sehn Sie, man weiß sich das nicht ausdrücklich zu erklären aus Ihren Reden, wenn Sie ein Werk unternehmen, ob es soll ein Buch werden, und wenn Sie lieben, ob es die Harmonie der Welten oder eine Harmonika ist.

Was kann ich Ihnen von Ritter melden? Er wohnt in Belvedere und schickt viel Frösche herüber, von welchen dort Ueberfluß und hier Mangel ist. Zuweilen begleitet er sie selbst, allein ich sah ihn noch nie, und die Andern versichern mir, er würde auch nicht drei Worte mit mir reden können und mögen. Er hat nur *einen* Sinn, so viel ich merke. Der soll eminent sein, aber der höchste, den man für seine Wissenschaft haben kann, ist es doch wohl nicht – der höchste besteht aus vielen. Schelling sagt, Sie sollen Rittern nur schreiben, wenn Sie ihm etwas zu sagen haben. Es thäte nichts, daß Ritter selbst gar nicht schreiben könnte. Aufs Frühjahr werden Sie ihn ja sehn. – Was Schelling betrifft, so hat es nie eine sprödere Hülle gegeben. Aber ungeachtet ich nicht

6 Minuten mit ihm zusammen bin, ohne Zank, ist er doch weit und breit das Interressanteste was ich kenne, und ich wollte, wir sähen ihn öfter und vertraulicher. Dann würde sich auch der Zank geben. Er ist beständig auf der Wache gegen mich und die Ironie in der Schlegelschen Familie; weil es ihm an aller Fröhlichkeit mangelt, gewinnt er ihr auch so leicht die fröhliche Seite nicht ab. Sein angestrengtes Arbeiten verhindert ihn oft auszugehn; dazu wohnt er bei Niethammers und ist von Schwaben besetzt, mit denen er sich wenigstens behaglich fühlt. Kann er nicht nur so unbedeutend schwatzen oder sich wissenschaftlich mittheilen, so ist er in einer Art von Spannung, die ich noch nicht das Geheimnis gefunden habe zu lösen. Neulich haben wir seinen 24. Geburtstag gefeiert. Er hat noch Zeit milder zu werden. Dann wird er auch die ungemeßne Wuth gegen solche, die er für seine Feinde hält, ablegen. Gegen alles, was Hufeland heißt, ist er sehr aufgebracht. Einmal erklärte er mir, daß er in Hufel[ands] Gesellschaft nicht bei uns sein könnte. Da ihn H. selbst bat, ging er aber doch hin. Ich habe ihm mit Willen diese Inconsequenz nicht vorgerückt. Er hat so unbändig viel Charakter, daß man ihn nicht an seinem Charakter zu mahnen braucht. – Der Norwege Steffens[189], den ich Ihnen schon angekündigt habe, hat hier in der Gesellschaft weit mehr Glück gemacht. Das scheint ihn auch so zu fesseln, daß es die Frage ist, ob er noch nach Freiberg kommt. Er würde Ihnen angenehm gewesen sein. Er ist es uns auch, aber ganz kann ich ihn nicht beurtheilen, denn ich weiß nicht, wie weit er da hinausreicht, wo ich nicht hinreiche, und die Philosophie *ist* es doch, die ihn erst ergänzen muß. – In Fichten ist mir alles klar, auch alles, was von ihm kommt. Ich habe Charlotten aufgetragen, Ihnen seine Appellation zu schicken; er läßt Sie daneben grüßen. Schreiben Sie mir etwas darüber, das ich ihm wieder bestellen kann. Was sagen Sie zu diesem Handel? was zu Reinharden? und wie ihn Fichte zwischen Spalding und Jacobi stellt. – Ein wenig zuviel Accent hat Fichte auf das Märtyrerthum gelegt. Das Uebrige ist alles hell und hinreißend – ich bin andächtig gewesen, da ich es las, und überirdisch. In Dr[esden] wird die Schrift noch

nicht zu haben sein – ich beredete F[ichte], sie Ihrem Vater zu schicken, und glaube, daß ers gethan hat. – Nach dem Atheismus ist hier das neueste Evenement[190] die Aufführung des ersten Theils von Wallenstein, *Die Piccolomini*, in Weimar. Wir haben sie gesehn, und es ist alles so vortrefflich und so mangelhaft, wie ich mir vorstellte. Die Wirkung des Ganzen leidet sehr durch die Ausdehnung des Stoffes in zwei Schauspiele. Aber das Dramatische interreßirt Sie nicht – ich will mir die paar Augenblicke, die uns bleiben, hiermit nicht rauben. Göthe bringt den Februar hier zu. Die Elegie ist noch nicht vollendet, das Athenäum erst zur Hälfte gedruckt.

Von Friedrich nichts – bis ich die Veit und Lucinde gesehn. Wir gehen in der Woche vor Ostern nach Berlin, wo jene den Sommer über bleiben werden. Lieber Hardenberg, gehn Sie mit uns – wir können Sie ja in Naumburg treffen. Es wäre gar zu hübsch. Denken Sie mit Ernst daran.

Wir sind fleißig und *sehr* glücklich. Seit Anfang des Jahrs komme ich wenig von Wilhelms Zimmer. Ich übersetze das zweite Stück Shakespear, Jamben, Prosa, mitunter Reime sogar. Adieu, ich muß dies wegschicken.

Caroline S.

Caroline Michaelis-Böhmer-Schlegel-Schelling an Novalis, 4. Februar 1799, in: NS 4, Nr. 162, S. 518-520.

37. Friedrich Schleiermacher an Henriette Herz, 15. Februar 1799

Potsdam den 15ten Febr. 1799. Nichts ist geworden aus den Briefen, die ich gestern noch schreiben wollte. Die B[amberger] hatte noch ein geistliches Paar zum Abendbrodt gebeten, vorher trank ich Thee mit ihr und den Abend war ich herzlich müde, auch war ich noch nicht in Besitz von Feder und Tinte, welches ich wie Sie sehen eigentlich auch noch nicht habe. Nicht einmal auspacken konnte ich gestern weil ich die KofferSchlüssel entweder vergessen oder verloren hatte – kurz ich habe noch nichts gethan. Ich hoffe aber wenn ich mich erst mit den Tischen und Stühlen werde befreundet haben mit denen ich mich jetzt noch herumkomplimentire, wobei es im stummen Spiel viel schiefe Gesichter giebt, so wird die Religion, die doch schon vor mir auf dem Tische liegt an dem Glockenspiel einen treuen Alliirten haben; und Sie liebe Freundinn, Sie wissen daß Sie keinen brauchen. Ich will nur mit keiner Elegie anfangen; aber ob ich gleich noch wüste bin fühle ich doch schon wie jämmerlich mir zu Muthe seyn wird – elegisch kann ich gar nicht sagen denn das poetische wird ganz darin fehlen. Noch habe ich nicht einmal Lust zu einem Menschen zu gehen und ich glaube daß ich in den ersten Tagen weder zu Rönne noch zu Massenbach kommen werde, ohne deßhalb fleißiger zu seyn. [...] Ich habe nicht eher weiterschreiben wollen bis ich alles wenigstens durchprobirt hätte: ich habe einen Dialog im Plato gelesen, ich habe ein kleines Stück Religion gemacht, ich habe Briefe geschrieben kurz ich habe alles versucht außer die gute Lebensart, und was soll ich mit der ohne Gesellschaft? aber es geht alles nur sehr mittelmäßig. Vielleicht geht's morgen besser wenn ich ein Federmesser habe und mir die Feder nach meiner Hand schneiden kann. Ach liebe J[ette] thun Sie Gutes an mir und schreiben Sie mir fleißig, das muß mein Leben erhalten, welches schlechterdings in der Einsamkeit nicht gedeihen kann. Warlich ich bin das allerabhängigste und unselbstständigste Wesen auf der Erde ich zweifle sogar ob ich ein Individuum bin. Ich strecke alle meine Wurzeln und Blätter aus nach Liebe, ich muß sie unmittelbar berühren und wenn ich sie nicht in vollen Zügen in mich schlürfen kann, bin ich gleich trocken und welk: das ist meine innerste Natur es giebt kein Mittel dagegen und ich möchte auch keins. In Landsberg war ich zwar weiter von Ihnen, aber was hilft mir der Raum, ich war doch nicht so verkommen und lebte in einem bes-

*Abb. 11: Porträt
Friedrich Schleiermacher
(1768-1834)*

sern Klima. Mein letzter Gedanke, als Sie mir Lebewol sagten und mir mit wenig Worten ein so inniges Gefühl Ihrer Freundschaft gaben war „daß das Wegreisen doch auch etwas schönes sey"; es war sehr frevelhaft, aber doch auch sehr religiös – ja wenn man nur nicht fortbliebe! – Doch ich will Sie nicht weichmüthig machen, Sie werden meiner doch genug denken. [...] Vergessen Sie nicht mich in jedem Brief um die Religion zu mahnen damit sie mir nicht in's Stocken geräth. Berichten will ich Ihnen treulich wie weit ich bin; aber Handschrift schicke ich wol nicht eher bis ich die zweite Rede zu Ende schicken kann; ich habe bemerkt daß es der Religion nicht bekommt wenn ich gar zu kleine Portionen ins Reine schreibe.

*Friedrich Schleiermacher an Henriette Herz, 15. Februar 1799,
in: KGA V.3, Nr. 559, S. 9-11.*

38. Caroline Michaelis-Böhmer-Schlegel-Schelling und August Wilhelm Schlegel an Novalis, 20. Februar 1799

[Jena] 20 Febr[uar] 1799. [Mittwoch]
So ist es denn wahr, mein liebster Freund? Sie haben uns *recht* glücklich und froh gemacht. Ihren Freunden blieb bisher kein ander Mittel übrig, als nur an Sie allein, nicht an Ihre Zukunft zu denken, und Sie hatten uns auch oft alle Sorge verboten. Ich nahm das selbst so an – gegen die, die uns lieb sind, ist man so leicht gelehrig und gehorsam. Nie habe ich Sie gefragt, wie wird sich der Knoten lösen? kann das so bleiben? Kaum habe ich mich selbst gefragt. Ich war ruhig im Glauben – denn ich habe doch am Ende mehr Glauben als ihr alle – nicht daß es gerade so kommen würde, aber daß sich an irgend einer Brust die Spannung brechen müßte, und das Himmlische mit dem Irdischen vermählen. Was Sie Scheidung zwischen beiden nennen, ist doch Verschmelzung. Warum soll es nicht? Ist das Irdische nicht auch wahrhaft himmlisch? Nennen Sie es aber, wie Sie wollen, genug, Sie sind glücklich. Ihr Brief ist eigentlich voll Wonne, und wie auf Flügeln zu mir gekommen. – Ich freue mich jetzt – wie Sie sich freuen werden – daran zu denken, wie dies so sich machen mußte. Nur in dieser fast öden Einsamkeit, durch das Band der süßen Gewohnheit konnten Sie allmälig gewonnen werden. Wie weise und artig setzten Sie uns einmal auseinander, daß dies alles keine Gefahr habe. Gefahr nicht, aber Folgen doch. Soll das Liebenswürdige umsonst sein? Wie doppelt leid thut es mir, Julien nicht gesehn zu haben. Es war meine Schuld nicht, die Ihrige auch wohl nicht. – Sehn Sie, liebster Hardenberg, das könnte mich doch traurig machen, wenn Sie nicht unser blieben, wenn Ihre Frau nicht unsre Freundin durch sich selber würde, aus eigner Neigung. Kommen Sie nur, wir schwatzen mehr darüber. Es ist fast wahrscheinlich, daß Sie um Ostern uns hier finden und wir erst um Pfingsten reisen.

Charlotten haben Sie gewiß aufs Leben verboten, uns nichts zu sagen, denn ich errathe nun, sie hat es um Weihnachten erfahren, aber geschwiegen über alle Maßen. Sie schreibt mir eben, daß sie Charpentier[191] und Sie zusammen hofft bei sich zu sehn. Ein Glück, daß sie nicht gern schreibt; *gesagt* hätte sie mirs doch. Friedrich verräth auch eine Ahndung – ich habe ihm Gewißheit gegeben.

Sehr möglich, daß *ein* Dach uns alle noch in diesem Jahr versammelt. Friedrich bleibt den Sommer in Berlin, was mir lieb ist. Im Winter wünscht er herzukommen. Sie leben in Weißenfels. Sie könnten wohl auch einmal eine Zeitlang hier leben. – Mit Ihrem Vater ist wohl alles überlegt und es stehn Ihnen keine Schwierigkeiten im Wege? Er wird nur froh sein, Sie froh zu wissen. Muß sich Thielemann[192] nicht unendlich freuen! Ihren andern Schwager abandonniren[193] wir Fichten.

Es ist kein Zweifel, wenn Fichte sich ganz von R[einhard]s Mitwirkung überzeugen könnte, so würd er ihn zum zweiten Göze[194] machen. Er will's noch nicht glauben, oder vielmehr er wünscht Thatsachen, um den Glauben in der Hand zu haben. Mit der letzten Post hat er R. selbst geschrieben, ihm seine Schrift geschickt und ihn zum Wehe über das Pfaffenthum aufgefordert. Er will abwarten, was er darauf erwiedert. Schreiben Sie *mir* nur, ob Sie es gewiß wissen. Ich zweifle nicht einen Augenblick daran, aber schwerlich hat er doch offen genug gehandelt, daß man Thatsachen von ihm anführen könnte. Fichten ist sehr daran gelegen übrigens. Ich habe ihm den größten Theil Ihres Briefes mitgetheilt – ja, weil er Sie so liebt – auch das, was Sie angeht und worüber er sich innig gefreut hat. – Daß man in Preußen honnett verfahren ist, werden Sie nun wissen.

Bald, bald kommt das 3. Stück Athenäum. Hier ist indessen etwas andres. Was werden Sie zu dieser Lucinde sagen? Uns ist das Fragment im Lyceum eingefallen, das sich so anfängt: „Saphische Gedichte müssen wachsen oder gefunden werden." Lesen Sie es nach. – Ich halte noch zur Zeit diesen Roman nicht mehr für einen Roman als Jean Pauls Sachen – mit denen ich es übrigens nicht vergleiche. – Es ist weit phantastischer, als wir uns eingebildet haben. Sagen Sie mir nun, wie es Ihnen zusagt. Rein ist der Eindruck freilich nicht, wenn man einem Verfasser so nahe steht. Ich halte immer seine verschlossene Persönlichkeit mit dieser Unbändigkeit zusammen und sehe, wie die harte Schale aufbricht – mir kann ganz bange dabei werden, und wenn ich seine Geliebte wäre, so hätte es nicht gedruckt werden dürfen. Dies alles ist indeß keine Verdammniß. Es giebt Dinge, die nicht zu verdammen, nicht zu tadeln, nicht wegzuwünschen, nicht zu ändern sind, und was Friedrich thut, gehört gemeiniglich dahin.

Wilhelm hat die Elegie geendigt. Eine Abschrift hat Göthe, der hier ist, die andre Friedrich. Sie müssen also warten. Der eigentliche Körper des Gedichts ist didaktisch zu nennen und sollte es auch sein nach W[ilhelm]s Meinung. Die Ausmalung des Einzelnen ist vortrefflich – das Ganze vielleicht zu umfassend, um als Eins in die Seele aufgenommen zu werden, wenigstens erfordert dies eine gesammelte Stimmung. Sie sollen es hier lesen. Es kommt in das 4. Stück.

Wenn Sie herkommen, so treten Sie doch gleich bei uns ab, wenn Sie keine Ursach weiter haben es nicht zu thun. An Ihrem Verkehr mit Schiller hindert es Sie ganz und gar nicht. In der Mitte des April kommt der vollständige Wallenstein auf das Theater. Wollen Sie ihn nicht sehn?

Göthe ist sehr mit Optik für die Propyläen beschäftigt und an keinem öffentlichen Ort sichtbar.

Leben Sie wohl, Bester, ich muß noch an Charlotten schreiben. Julie ist uns gegrüßt!

Theilen Sie Charlotten die Lucinde mit. [...]

Caroline Michaelis-Böhmer-Schlegel-Schelling und August Wilhelm Schlegel an Novalis, 20. Februar 1799, in: NS 4, Nr. 164, S. 521-523.

39. Novalis an Caroline Michaelis-Böhmer-Schlegel-Schelling, 27. Februar 1799

Freyberg: den 27sten Febr[uar]. 1799. [Mittwoch] Vor 2 Stunden, beym Frühkaffee, an einem stürmischen, schneestöbernden Morgen, erhielt ich Ihren Brief – und sah mich plötzlich im Besitz der sonderbaren Lucinde – auf deren Bekanntschaft ich mich so lange gefreut hatte. Erst las ich Ihren julischen Brief – das *Eine Dach* war allein einen ganzen Roman werth. Denken Sie sich nur unsern prächtigen Kreis – Vor dem Jahre standen 2 noch so verwayst da. Einer schien auf glühenden Boden zu stehn – Er sah sich immer um und wer weiß, was ein hellgeschliffnes Auge oft über ihn bemerckt haben würde – Jezt hebt ihn eine freundliche Gestalt, wie eine Gabe von oben, weihend und dankbar in die Höhe – und ein irrdischer, erquickender Schlaf hat seine Augen für eine andre Sonne, wieder geschlossen. Also zurück im Lande der Träume und nun mit voller Seele bey euch – treffliche Mitschläfer.

Jetzt kann erst rechte Freundschaft unter uns werden, wie denn jede Gesellschaft nicht aus einzelnen Personen, sondern aus *Familien* besteht – nur Familien können Gesellschaften bilden – der Einzelne Mensch interressirt die Gesellschaft nur, als Fragment und in Beziehung auf seine *Anlage* zum Familiengliede. Gewiß wird meine Julie ganz für Sie und alle passen. Aber ich bitte Sie um Verschwiegenheit – Noch weiß meine Familie nichts – auch Ihre Eltern wissen von *mir* nichts. Der Erfolg hängt von Klugheit ab – Er ist mir ziemlich gewiß – nur muß ich der Erste seyn, durch den mein Vater etwas davon erfährt. Ich bitte Sie also und Fichte inständigst, dort alles für sich zu behalten. Die frühe Verbreitung machte mir übleres Spiel.

Julien weiß nicht einmal, daß Sie etwas wissen. Die gute Ernsten[195] hab ich nicht ordentlich unterrichten dürfen – nur so seitwärts hab ich Ihr etwas davon gesagt. Wir haben einen glücklichen Abend dort zugebracht – Tielemanns, die beyden Mädchen und ich.

Tielemanns sind jezt hier. Wir leben sehr vergnügt. Schade nur, daß mir jezt keine Zeit zum ideenreichen Müßiggange bleibt – und ich so selten mich sammeln und auf meinen innren Sprachorganen fantasiren kann. Ich fühle jedoch, daß diese Unterbrechung eine ruhige, *weinichte* Gährung befördert und ich nach geendigten Lernen mit neuer, gebildeter Kraft zur alten Poësie und Philosophie zurückkehren werde. Beyde sind zur glücklichen Ehe unentbehrlich – und ohne Sie muß jeder Umgang in Überdruß und Langeweile ausschlagen.

Rousseau hat die Weiblichkeit ausschließlich verstanden und alle seine Philosophémen sind aus einer nachdenkenden weiblichen Seele entstanden – Seine Apologie des Naturstandes gehört in die Frauenphilosophie – die Frau ist der eigentliche Naturmensch – die wahre Frau das Ideal des Naturmenschen – sowie der wahre Mann das Ideal des Kunstmenschen – Naturmensch und Kunstmensch sind die eigentlichen *ursprünglichen Stände*. Stände sind die Bestandteile der *Gesellschaft*. Die Ehe ist die einfache Gesellschaft – wie der Hebel die einfache Maschiene. In der Ehe trift man die beyden Stände. Das Kind ist in der Ehe, was der Künstler in der Gesellschaft ist – ein Nichtstand – der die innige Vereinigung – den wahren Genuß beyder Stände befördert.

Die große Ehe, der Staat, besteht aus einem weiblichen und männlichen Stand – die man halb richtig, halb unrichtig – den ungebildeten und gebildeten Stand nennt. Die Frau des gebildeten Standes, ist der Ungebildete.

Leider ist eben bey uns der Ungebildete weit hinter den *Gebildeten* zurückgeblieben – Er ist zur *Sklavin* geworden – O! daß er wieder Frau würde!

Doch wieder zur Lucinde. Die erste Bekanntschaft ist gemacht. Ich theile Ihnen Spuren des ersten Eindrucks mit.

Fridrich lebt und webt drinn. Vielleicht gibt es nur wenig individuellere Bücher. Man sieht das Treiben seines Innern, wie das Spiel der chymischen Kräfte in einer Auflösung im Zuckerglase, deutlich, und wunderbar vor sich. Tausend mannichfaltige, helldunkle Vorstellungen strömen herzu und man verliert sich in einem Schwindel, der aus dem denkenden Menschen einen bloßen Trieb – eine Naturkraft macht – uns in die wollüstige Existenz des Instinkts verwickelt.

An romantischen Anklängen fehlts nicht – indeß ist das Ganze und das Einzelne noch nicht leicht und einfach, und rein vom Schulstaub, genug.

Ich prophezeye mir wenig Gutes von der Aufnahme. Sollte dieser Roman nicht voreilig, wie *vielleicht sein Milchbruder*, seyn – ein wenig zu früh, nach bürgerlichen Gesetzen – das Licht der Welt erblicken. In 10 Jahren würde man die Bekenntnisse des Ungeschickten, um des Autors willen, vielleicht mit Wärme und Nachsicht aufnehmen. Jezt ist alles noch unreif. Die Herzensergießungen des Jünglings darf der Mann, aber nicht der Jüngling, zeigen.

An den Ideen ist übrigens nichts auszusetzen, indeß manches am Ausdruck – der mir nicht selten dem Krates[196] abgeborgt zu seyn scheint. Nun aber ist das Postulat – Sey cynisch – noch nicht gäng und gäbe – und selbst sehr innige Frauen dürften die schöne Athenienserin tadeln, daß sie den Marckt zur Brautkammer nähme.

Vergleichungen mit Heinse[197] können nicht ausbleiben. Sollte dies nicht eine Lektüre nur für den Meistergrad in der Loge der Sittlichkeit seyn?

Die Skizzen müssen in der Fortsetzung noch häufiger werden – die kleine Wilhelmine ist allerliebst – auch der Prometheus. Mehr dergleichen – und dann der Titel:

Cynische Fantasien oder *Satanisken*.

Viele werden sagen – Schlegel treibts arg – nun sollen wir ihm auch noch das Licht zu seinen Orgien halten. Andre – die Stimme vom lieben Sohne haben wir nicht gehört – dies ist ein falscher Messias des Witzes – kreutziget ihn.

Noch Andre – Da seht die Göthische Erziehungsanstalt – der Schüler über seinen Meister. Aus Venedig ist Berlin geworden.

[Jean Paul] *Richter* wird einen rechten Greuel haben. Der züchtige Richter wird Feuer vom Himmel rufen. Indeß bin ich gewiß, daß er im Grunde über diesen Blick in seine eigne Fantasie erschrickt – denn er ist ausgemacht – ein geborner Voluptuoso[198].

In mir regt sich viel dafür und viel dagegen. Ich weiß, daß die Fantasie das Unsittlichste – das geistig-thierische am liebsten mag – Indeß weiß ich auch, wie sehr alle Fantasie, wie ein Traum ist – der die Nacht, die Sinnlosigkeit und die Einsamkeit liebt – Der Traum und die Fantasie sind das eigenste Eigenthum – sie sind höchstens für 2 – aber nicht für mehrere Menschen. Der Traum und die Fantasie sind zum Vergessen – Man darf sich nicht dabey aufhalten – am wenigsten ihn *verewigen* – Nur seine Flüchtigkeit macht die Frechheit seines Daseyns gut. Vielleicht gehört der Sinnenrausch zur Liebe, wie der Schlaf zum Leben – der Edelste Theil ist es nicht – und der rüstige Mensch wird immer lieber wachen, als schlafen. Auch ich kann den *Schlaf* nicht vermeiden – aber ich freue mich doch des Wachens und wünschte *heimlich* immer zu *wachen.*

Die Idealisirung der Vegetation hat mich vorzüglich interressirt. Merckwürdig verschieden hat auf uns beyde die höchste Liebe gewirckt. Bey mir war alles im Kirchenstyl – oder im dorischen Tempelstyl componirt. Bey ihm ist alles corynthischer. Jezt ist bey mir *bürgerliche Baukunst.*

Ich bin dem Mittage so nahe, daß die Schatten die Größe der Gegenstände haben – und also die Bildungen meiner Fantasie so ziemlich der wircklichen Welt entsprechen.

Soviel seh ich unsre ersten Romane werden himmelweit verschieden. Der Meinige wird diesen Sommer wahrscheinlich in Toeplitz oder Carlsbad fertig. Indeß, wenn ich sage, fertig – so heißt dies der erste Band – denn ich habe Lust mein ganzes Leben an Einen Roman zu wenden – der allein eine ganze Bibliothek ausmachen – vielleicht Lehrjahre einer *Nation* enthalten soll. Das Wort *Lehrjahre* ist falsch – es drückt ein bestimmtes *Wohin* aus. Bey mir soll es aber nichts, als – *Übergangs Jahre* vom Unendlichen zum Endlichen bedeuten. Ich

hoffe damit zugleich meine historische und philosophische Sehnsucht zu befriedigen. Eine Reise nach Süden und Norden ist mir, als Vorbereitung hiezu, noch unentbehrlich – Norwegen und Schottland einerseits und die griechischen Inseln andrerseits wären die nächsten Erreichungspuncte dieses Zwecks – Vielleicht bietet mir meine Handelschaft die Hände zur Ausführung dieses jezt entferntscheinenden Plans.
Möchten doch auch Sie die Hände ausstrecken nach einem Roman? Wilhelm müßte die Poësie dazu besorgen. Es könnte ein schönes Doppelwerk werden. Auf die Elegie freu ich mich lebhaft. In d[er] Mitte d[es] April komme ich gerade nach Jena.

Novalis an Caroline Michaelis-Böhmer-Schlegel-Schelling, 27. Februar 1799, in: NS 4, Nr. 133, S. 277-281.

40. Friedrich Schlegel an August Wilhelm Schlegel, Frühmärz 1799

Macte virtutis![199] – Das heißt Deine Kunstelegie[200] vortrefflichster Freund, ist das antikste was ich noch in teutonischer Sprache gelesen habe. Es ist in der That ein gewaltiges Produkt und was mir nebenbey noch besonders daran gefällt ist eine gewisse Ebbe und Fluth in den Massen der Gedanken oder Bilder die mir sehr elegisch scheint. In das Ende konnte ich mich erst nicht recht finden, nun finde ichs aber sehr schön; überhaupt muß man sich tief hineinlesen. Was will Caroline? Wenn sie nur nicht anfängt, für die schöne Mitte die ihre alte Liebhaberey ist, bis zur Intoleranz zu schwärmen. Es ist auch gewiß nicht zu gelehrt, denn Doroth[ea] und Henriette haben sie schon beym *dritten* Lesen vollkommen verstanden, nachdem ich die versteinerten Fraun leise mit der Noten Oel benetzt. – Von Stellen ist mir die Lakonische Jungfrau die liebste. Ein göttlicher Gedanke. Nächstdem die Gorgogeharnischte Pallas[201] des sterblichen Vaters. – Dem Tieck der meinen Enthusiasmus ganz theilt, gefällt die Stelle von Sophokles besonders.[202] Er bewundert auch die Verse sehr; am meisten aber mit mir, daß Du so teufelmäßig antik bist. Ich stellte neulich die Elegie mit den italiänischen Sonnetten von Dir in einer gewissen Rücksicht zusammen: er that aber ganz verächtlich über mein Urtheil und meynte, die wären doch nur modern. Der einzige Ring am Finger des geschicktesten Mannes kam mir beym letzten Lesen ein ganz klein wenig modern vor. Das Beil des Anakreon[203] aber hat mich noch bey jedem Lesen mit betäubt.

Du erwirbst Dir so himmelhohe Verdienste um das Athen.[äum], daß mir bange wird, wie ich Dir einigermaßen nachkommen soll. Indessen soll es doch ernstlich versucht werden, sobald ich nur [den] ersten Band der Luc.[inde] vollends vom Halse habe. Es freut mich daß Du noch so viel Antheil an dieser hast nehmen mögen – da Du wie gesagt so teufelmäßig antik bist. Ich bin sehr begierig was Du zu Hülsen sagen wirst. – Vom Athen.[äum] habe ich hier noch {nicht} viel Interessantes gehört. Hirt hat sich sehr gewundert, daß nichts gegen ihn darin ist. Einigen Frauen gefällt mein Brief, andre empören sich dagegen. – Durch die Sonnette und durch die Elegie hast Du Dich zum Gründer der Poesie in und durch Dich selbst coronirt[204]. – Schl.[eiermacher] schreibt mir, wie er sich an den Gemählden delectire und wie ihn auch die Religion interessire die *nicht* darin sey. Solche Menschen die sich auf die Religion appliciren sind in diesem Stück immer etwas hochmüthig und intolerant.

Friedrich Schlegel an August Wilhelm Schlegel, Frühmärz 1799, in: KFSA 24, Nr. 146, S. 241-242.

41. Friedrich Schlegel an Novalis, Anfang März 1799

[Berlin, Anfang März 1799.]
Länger darf ich Dir das Athen[aeum] wohl nicht vorenthalten. Es ist nicht recht, daß es schon so lange geschehn ist. Ich hoffte von einem Tage zum anderen, Dir *ordentlich* schreiben zu können; und das wird doch auch wohl heute nicht geschehn. In 14 Tagen bin ich die Lucinde los. Dann von neuem, jetzt nur provisorisch.
Wir denken viel an Dich, und haben uns sehr gefreut über Dein neues Leben. Laß mich bald mehr und recht genau wissen. Oder komme lieber selbst zu Pfingsten, wenn auch W[ilhelm]s hier sind. Sonst sehe ich Dich wohl nicht vor dem Herbst. – Wir bleiben noch ein Jahr in Berlin und haben uns eingerichtet. Was dann weiter geschieht, melde ich Dir nächstens.
Vor allen Dingen fordere ich Dich auf, etwas fürs Athen[aeum] zu geben. Hast Du nicht selbst schon etwas, so schlage ich Dir vor und bitte auf jeden Fall darum, mir kurze Notiz von dem Neuesten aus der Physik zu geben als Beitrag zu einem Artikel, der unter dem Titel *Notiz* oder einem ähnlichen *Nachricht* von dem, was *wichtig* ist, unter dem Neuen, fürs allgemeine, geben soll. – Ich werde einige der neuesten litteraer[ischen] Erscheinungen für mich ersehen, Tiecks Don Quixote, Schl[eiermacher]s Reden über die Religion, und vielleicht noch andre. Ich werde mir oft einen bestimmten Freund denken, z. B. bei jenen beiden Produkten *Dich,* um so den rechten Ton zu treffen, – als wenn ich Dir eine vorläufige Idee machen wollte. – Wenn Du über Ritter, Baader, Schelling doch auch so schreiben wolltest, als wäre es an mich oder sonst an einen, der nicht sehr viel davon weiß, aber wohl wissen könnte. – Ich meine, Du sollst Deine Idee von merkantilischem und ökonomischem Geist in der Litteratur hier ausüben und zeigen, und alles recht populär und zweckmäßig abfassen, übrigens aber ohne alle Form wie in einem Brief. – Wie sehr der ganze Artikel auf diesen merkantilischen Geist gehr, siehst Du von selbst. [...]

Friedrich Schl.

Grüße Carlowitz von mir.

Friedrich Schlegel an Novalis, Anfang März 1799, in: NS 4, Nr. 165, S. 523-525.

42. Friedrich Schlegel an Caroline Michaelis-Böhmer-Schlegel-Schelling, um den 7. April 1799

So sind die Menschen! Erst wohnen sie halbjahrelang einige Häuser weit von einander, sind fremd und unfreundlich, thun sich auch wohl gelegentlich allerley Herzeleid an, und dann nehmen sie mit einemmal Abschied von einander und sind gerührt, so wie die meisten erst dann glauben, daß sie todt sind, wenn sie wissen, daß man sie bald begraben wird. – So scheint nun auch Henriette zu fühlen, daß sie uns verläßt, obgleich es {eigentlich} schon viel früher geschehen ist.
Indessen ist es nun einmal meine Art oder Unart nichts vergessen zu können, und so schicke ich Ihnen denn das liebenswürdige Kind mit vieler Freude und Rührung. Ich habe geglaubt, sie sollte einmal zu uns gehören. Das wird nun wohl nicht geschehn, es müßte ihr denn schlecht {gehn}, oder sie müßte von selbst zu sich kommen. Eigentlich aber könnte ihr nur eins gründlich helfen, wenn sie nämlich gründlich verführt würde, aber recht gründlich.
Sehn Sie sie Sich selbst an, ob sie wohl zu uns gehört oder nicht. Freylich können Sie sie nicht in der närrischen Umgebung der gutschlechten Gesellschaft sehn, und müssen also prophetisch verfahren.
Doroth[ea] behauptet, ich hätte sie etwas geliebt. Sie hat Recht und Unrecht. Denn so liebe ich wohl jeden, der mir nicht gleichgültig ist.
Hier ist nun wieder etwas Lucinde. Ich wünsche bald darüber etwas von Ihnen zu hören, nicht eben reines Lob, aber auch etwas mehr als Urtheil; so ein weniges Etwas aus dem Gemüth. Lassen Sie sich dabey auf nichts ein was nicht Ihres Gefühls ist,

besonders nicht auf die Kunst, und *glauben* Sie es mir lieber vor der Hand, daß das Ganze eins der künstlichsten Kunstwerkchen ist, die man hat. Wenn Sie uns sähen bey und mit der Luc.[inde], würde ich Ihnen vorkommen wie der wilde Jäger. Doroth.[ea] wie der gute Geist zur Rechten, und Tieck wie der böse zur Linken. Er vergöttert sie etwas und nimmt daher alles in Schutz, wobey Dor.[othea] schüchtern ist, und sie vielleicht tadeln würden. Ihr kommt nicht! – Aber ich komme diesen Sommer noch auf einige Wochen mit Tiecks oder mit der kleinen Levi, die ihren Plan Eurer Schwäche wegen auch nicht gleich aufgiebt. Wie sehr wir außer der Betrübniß aber *ergrimmt* sind, wird Henriette nicht ganz verschweigen. Tieck hat besonders geschimpft, und wirklich treibt Ihr die Schwachheit für Iffland und die sogenannte Schauspielerey *sehr* weit. – Tieck meynte unter vielen andern pikanten Sachen, W.[ilhelm] möchte doch den Sophokles[206] übersetzen, damit Iffland ihn spielen könnte. Schreiben Sie mir ja von Schelling, was Sie mögen. Wenn er mir auch nicht so höchst unbändig interessant ist, so ist es doch vielleicht Ihr Interesse an ihm. – Uebrigens {schien} mir allerdings der Mensch Schelling merkwürdig und gut, nur noch sehr roh. – Seine Philosophie an sich würde etwas sehr Ephemeres seyn, wenn er nicht in das neue Zeitalter eingreifen kann. Und ob er das können wird, darüber bin ich noch gar nicht im Reinen. Er schien mir *nach uns hin* sehr *zu*. Daß er mich vermuthen sollte, wäre eine überspannte Foderung. Aber Hardenb.[erg] einigermaßen zu verstehn wäre doch wohl seine Schuldigkeit, die er durchaus nicht erfüllt. Daß er für Tieck so viel Liebe hat, ist ein gutes Zeichen, aber er hatte ihn nur sehr gemein genommen. Daß er für Wilhelm bey so bewandten Umständen gar keinen Sinn hat, versteht sich von selbst. Nun genug von ihm. Uebrigens hatte ich ehedem geglaubt, er und Henriette wären eben gut genug für einander. Sie, versteht sich, immer noch etwas zu gut für ihn; aber so gehört sichs ja wohl?

Friedrich.

Friedrich Schlegel an Caroline Michaelis-Böhmer-Schlegel-Schelling, um den 7. April 1799, in: KFSA 24, Nr. 159, S. 264-265.

43. Auguste Böhmer an Friedrich Schlegel und Ludwig Tieck, nach Mitte April 1799

Brief an Fritz und Tiek.

Du wirst wohl etwas tolle sein,
Und Deine Vernunft ganz klumperklein
Wegen der fatalen Geschichte
Von unserm weltberühmten Fichte.[207]
Darum will ich Dich dispensiren,
Mir vor's erste wieder ein Briefchen zu schmieren.
Doch sobald Du wieder vernünftig bist
(Bis dahin ists wohl noch 'ne ziemliche Frist),
Mußt Du mir wieder einen schreiben,
Und mein Diener stets treu verbleiben.
Auch ich bin ganz des Giftes voll,
Und auf den alten Kaufmann toll,
Der mir mein Schwesterchen entführt,[208]
Eh' ich es orntlich lernte kennen,
Ich möchte den häßlichen Menschen verbrennen!

Doch was ist weiter da zu thun?
Man muß in der süßen Erwartung ruhn,
Daß alles sich noch recht glücklich ende,
Und sie, und Du, und Deine Veit
Bei uns bleiben bis in Ewigkeit.
Für's erste ist es doch noch gut,
Daß Tiek und Du im Sommer kommen:
Daß der Gedank' Euch nur nicht wird benommen,

Sonst würd' ich Euch entsezlich schelten,
Und Euch auch gleiches mit gleichem vergelten,
Und im Herbst nicht kommen nach Berlin,
Und läse aus Rache auch nicht Tieks Zerbin![209]
Drum laßt Euch rathen und kommt wie der Wind,
Damit Ihr dem Unglück vorbeugt geschwind.

Das muß ich Euch nun betheuern sehr,
Die Unger'n trüg ich gleich ins Meer,
Wenn ich an Eurer Stelle wär;
Und wenn ihr meinen Rath befolgt,
So hängt ihr einen Mühlstein an,
Damit sie nicht wieder ans Ufer kann;
Denn Unkraut geht so leicht nicht unter.
Ihr seht, ich bin entzezlich toll
Und ganz des dummen Zeuges voll,
Das macht, ich habe Faust gelesen,
Da fuhr in mich sein tolles Wesen.
Nun gute Nacht! Es brummt zehn Uhr,
Daß es mir durch alle Glieder fuhr.

Nehmt mir's nur nicht schief,
Daß ich nicht eher einschlief
Und Euch noch erst so ennuyirte;
Es ist gewiß nicht gern geschehn,
Denn eigentlich war's auf amüsement für Euch abgesehn.
Und wenn Ihr just nicht in der Laune
Seid, das heute zu lesen, so laßts liegen;
Der Geist davon wird nicht verfliegen.
Nun grüß ich Euch insgesammt recht schön
Und werde bald zu Bette gehn.

An	Auguste.
Friedrich Schlegel	Ich habe würklich sehr
und seinen Busenfreund	geschmiert.
Ludwig Tiek.	Doch das Blättchen be-
	darf keiner
	äußeren Zierd.

Auguste Böhmer an Friedrich Schlegel und Ludwig Tieck, nach Mitte April 1799, in: KFSA 24, Nr. 168, S. 274-276.

44. Friedrich Schlegel, Dorothea Mendelssohn-Veit-Schlegel und Friedrich Schleiermacher an Caroline Michaelis-Böhmer-Schlegel-Schelling, Juli 1799

Liebe Karoline, ich hoffe und verlange Briefe von Ihnen, ob es auch noch dabey bleibt, daß Sie mit Augusten früher kommen. Schön ist es so, und schön soll es werden.
Uns geht's gut, mitunter auch wohl schlecht, wie ich denn diese Woche einige {Tage} durch schlechtes Befinden verloren habe. Fichte ist unser Kostgänger und wir leben sehr gut, froh und lehrreich zusammen. Auch des Abends bin ich wenigstens meistens mit ihm, wo denn freylich oft eine Stunde Zeit mehr aufgeht.
Der Entschluß, den Winter nach Jena zu reisen, bleibt fest. Dor.[othea] hat schon ihre Meubles auf den Winter zu 6 rh. monathlich vermiethet. Das bringt uns doch etwas aus dem Schaden.
Uebrigens bin ich stark über dem Shakespeare und ich denke, er soll gut werden.
Desgleichen leide ich an Mährchen, d. h. ich bin guter Hoffnung mit solchen, wobey man allerley Beschwerden leidet. – Ich brauche zwey ordentliche zur zweyten Lucinde; das eine soll die Liebe bedeuten und das andre die Poesie.

Grüßen Sie Tieck viel, wenn er jetzt, wie der Himmel wolle, bey Ihnen ist. Wir vermißen ihn sehr, im Winter würden wir es immer mehr. Aber was macht nur Hardenberg? Wie ist sein Schweigen möglich und wirklich? – Ich begreife es nicht. Der Hülsen ist ein seltsamer Mensch, den ich aber doch sehr lieben muß. – Er hat großes Aergerniß an der Lucinde genommen, und räth mir, sie unvollendet zu lassen. Ich meinerseits, liebe den Hülsen nicht so sehr, *ob gleich* er ein seltsamer Mensch ist. Man vergiebt es ja gern, wenn jemand ein Aergerniß an der Lucinde nimmt, wie kann man aber nichts, als Aergerniß dran nehmen? und die allerliebste Fordrung, lieber den zweyten Theil gar nicht zu geben – und was sonst noch allerliebstes in dem allerliebsten Briefe steht. Ich möchte ihn persönlich kennen, um zu wißen, ob ich ihn recht aus diesen Briefen beurtheile; nemlich ich glaube, er hat recht viel verhaltnen, innerlichen Ingrimm, und affektirte Simplicität! Sie kennen ihn Liebe, sagen Sie mir, ob ich nicht ein bischen Recht habe? War Tieck fröhlich, und guter Dinge in Jena, so zweifle ich keinen Augenblick daran, daß er Ihnen nicht recht gut gefallen. Der Himmel behüte ihn nur für üble Laune, und die wird ihn gar leicht, mit irgend einem Winde angeweht. Wir sind recht begierig zu wissen, ob er sich entschloßen hatt, den Winter in Jena zu leben? Herrlich wär's, nur die Frau! die Frau!
Es geht sehr gut mit Fichten hier, man läßt ihn in Frieden. *Nicolai* hat sich verlauten lassen: man würde sich nicht im geringsten um ihn bekümmern, nur müßte er nicht öffentlich lesen wollen, das würde dann nicht gut aufgenommen werden. – Ich werde ganz excellent mit Fichten fertig, und überhaupt ich nehme mich so gut in diesen Philosophen Convent, als wäre ich nie etwas schlechters gewohnt gewesen. Nur habe ich noch eine gewiße Angst vor Fichte, doch das liegt nicht an ihm, sondern mehr an meinen Verhältnißen mit der Welt, und mit Friedrich – ich fürchte – – doch ich irre micht vielleicht auch. Schreiben kann ich kein Wort mehr Liebe, meine Philosophen laufen

unaufhörlich die Stube auf und ab, daß mir schwindelt. Zudem ist Friedrich auch unzufrieden*, daß ich ihn mitten in seinen Briefe geschrieben, da er sich vorgenommen hatte, eine Unzahl von geistreichen Dingen zu schreiben. Diese Sünde will ich nicht auf mich nehmen, ich laße ihn also noch Raum genug, wenigstens eine Probe davon zu geben; er muß es auch noch thun, denn das, was er schrieb, ist so greulich trocken – Leben Sie wohl liebe Freundin, ich empfehle mich unserm Schlegel.

Dorothea.

* Das ist eine höchst entsetzliche Lüge. Durch einen Fußfall habe ich sie dahin gebracht, mir zu helfen, da ich gar nichts mehr zu schreiben wußte: denn so dumm bin ich jetzt wirklich.

[Friedrich.]

Friedrich glaubte es wäre noch Plaz und es sollte noch mehr *Nichts* herein, ich möchte mich nur hinsezen und auch welches machen. Wie ich sehe, ist es aber nicht der Fall und ich attestire nur hiermit seinen guten Willen. Schleierm.

Die Herz, die wieder in Berlin ist, bittet Sie, Ihrer Schwester in Braunschweig zu schreiben, daß sie ihr jezt noch kein rothes Schaal schicken kann, der Fabrikant ist nicht hier.

[Dorothea.]

Friedrich Schlegel, Dorothea Mendelssohn-Veit-Schlegel und Friedrich Schleiermacher an Caroline Michaelis-Böhmer-Schlegel-Schelling, Juli 1799, in: KFSA 24, Nr. 189, S. 299-300.

45. Novalis an Ludwig Tieck, 6. August 1799

Weißenfels: den 6ten August [1799]. [Dienstag] So gern ich Dich, liebster Tieck, noch einmal besucht hätte, so wird mir doch dieser Wunsch durch eine plötzliche Reise unmöglich gemacht. Ich bringe einen meiner jüngern Brüder nach Dresden – Du kannst übrigens denken, daß ich nicht böse bin, da ich so meine Julie besuchen kann – bey der ich Morgen Abend hoffentlich zu sitzen denke. Unterdeß hätt ich gewünscht Dich und Sie sehn zu können – doch weiß ich nicht, ob dies angehn wird, da ich wahrscheinlich über die Mitte des Monats in Dresden bleiben muß – und dann bist Du ja fort. Auf Michailis hoff ich Dich hier zu umarmen. Mutter und Schwester laden Deine liebe Frau auf das freundlichste ein – und grüßen Sie herzlich im voraus. Auch mich empfiehl Ihr herzlich – Auch Deinen übrigen Verwandten sage, daß ich [mich] mit Liebe jenes frohen Abends errinnern werde, den ich unter Ihnen zugebracht habe – der so reich an mannichfachen Genüssen war und durch den schönen Ort noch schöner ausgehoben wurde. Eine einfache Beschreibung gäbe ein liebliches Romantisches Bruchstück.

Deine Bekanntschaft hebt ein neues Buch in meinem Leben an – An Dir hab' ich so manches vereinigt gefunden – was ich bisher nur vereinzelt unter meinen Bekannten fand – Wie meine Julie mir von allen das Beste zu besitzen scheint, so scheinst auch Du mir jeden in der Blüthe zu berühren und verwandt zu seyn. Du hast auf mich einen tiefen, reitzenden Eindruck gemacht – Noch hat mich keiner so leise und doch so überall angeregt wie Du. Jedes Wort von Dir versteh ich ganz. Nirgend stoß ich auch nur von weiten an. Nichts menschliches ist Dir fremd – Du nimmst an allem Theil – und breitest Dich leicht wie ein Duft, gleich über alle Gegenstände und hängst am liebsten Dich an Blumen.

Abb. 12: Porträt Ludwig Tieck (1773-1853)

Gehe ja Weißenfels nicht vorbey – ich freue mich mit der Ernsten jezt recht weitläuftig von Dir sprechen zu können.
                    Lebe wohl. / Dein / treuer Freund / Hardenberg
An Grieshammer leg ich hier ein Briefchen bey.

Novalis an Ludwig Tieck, 6. August 1799, in: NS 4, Nr. 139, S. 293-294.

46. Caroline Michaelis-Böhmer-Schlegel-Schelling an Auguste Böhmer, 30. September 1799

[Jena] d. 30 Sept. [17]99.
Du Herzensmädchen, was hat mich Dein Brief gefreut, und die arme böse Mutter kann nun erst heut antworten! Du glaubst nicht, wie geschäftig ich in der letzten Woche gewesen bin, und krank dazu, denn endlich muß mir mein Laufen und Rennen, das ich so gern that, doch zu Haus und zu Hof kommen.

Loderchen hat mir was verschreiben müssen. Nun ist das ganze Haus gereinigt und neu aufgeputzt. Ich habe dabey eine große Wäsche gehabt, und etwa einige 20 Vorhänge aufzustecken. Auch das neue Sopha ist gemacht, und es sieht alles aufs netteste aus, besonders ist unsre kleine Stube, mit dem Frommanschen kleinen Sopha, hübsch. Friedrich wohnt Dir wie der beste appanagirte Prinz. Diesen Abend supiren wir 3 bey Schelling, um ihm sein neues Nest einzuweihen. Er freut sich, daß Du ihn zum Bachus gemacht hast, indem Du ihn den Geber des Weins nennst, bald wird er auch der Geber der Freude heißen können, denn er ist sanft und liebreich, und scherzhaft, und läßt Dir sagen, Du möchtest ihm bey Deiner Wiederkunft nicht wie eine spröde Halbmamsell begegnen. Wilhelm macht alle Morgen ein Gedicht. Friedrich thut alle Tage nichts – als die Veit erwarten, die nicht über Dessau kommt. Wir wollten sie vorgestern von Leipzig abholen, Friedrich und ich, als wieder andre Ordre kam, doch kommt sie sicher nächste Woche. Vorgestern fand sich mit einmal Hardenberg ein, blieb aber nur bis gestern nach Tisch, was gut war, denn ich mochte ihn diesmal gar nicht leiden, er hat recht abgeschmacktes Zeug mit mir gesprochen, und ist so gesinnt, daß er, darauf wolt ich wetten, die Tiek mir vorzieht. Denk nur, Kind! wir wissen noch nicht, wann diese kommen, wahrscheinlich bald. – Ungemessen lange Spaziergänge haben wir gemacht, von 2 bis 7 ist das gewöhnliche Un-Maaß. Wilhelm will nicht mehr mit ausgehn, er liefe sich die Beine ab; da er nun die vorige ganze Woche jeden Morgen von 10 bis 1 Uhr mit Goethe hat auf und abspazieren müssen, so ist es wohl billig, daß er den Nachmittag ausruht, der Länge lang nach. Goethe hat seine Gedichte, nehmlich Goethens Gedichte, von denen ein neuer Band herauskommt, mit ihm durch[ge]sehn, und ist erstaunlich hold. Griesette[210] war vor 8 Tagen unglücklich, denn Schiller ließ ihn auf den Abend bitten, wo Goethe und Schelling da waren, und er war schon mit uns bei Frommans, wo es auch wirklich etwas stupide zuging. Gestern ist er nun glücklich worden, denn da wurd er wieder

gebeten und ging auch *effectivement* hin. Er kommt fast jeden Mittag her, wobey ihm jedoch weit mehr in den Mund herein, als heraus geht.
Corona hat sich wieder eingestellt, wo sich nun 2 alte Demoisellen *ennuyiren*. Es heißt, *deux afflictions mises ensemble font une consolation,* aber *zwey ennuys* machen nie ein *amusement*.
Loders[211] sind fort. Er ist noch hier und ganz Polentoll. Eine brillante Halsschnalle ist die neueste *Aquisition*. Diesen Morgen hat er ein *Dejeuner* im Museum gegeben, wo Schlegel auch war, einigen Portugisen zu Ehren, dem ehemaligen Gesandten *Aranjo* und dem jüdischen *Banquier Cappeadoce* aus Amsterdam nebst Frau, die Tischbein kennt sie vielleicht.
Wird Johanna von *Montfaucon* von Kozebue[212] nicht bey euch gespielt? Es soll sich sehr gut ausnehmen. Treibe nur ja recht viel Musik und räume in Deinem *Département* auf, sey ja ordentlich. Demnächst wirst Du noch andre Geschäfte treiben müßen, liebes Kind. Ich habe der Grosmutter fest versprochen, daß Du Ostern confirmirt werden sollst. Sie schrieb mir mit einer Bekümmerniß darüber, die wir ihr ersparen wollen. Dich hat sie den lezten Tag noch gefragt, wie sie mir sagt, ob Du Unterricht hättest. Wie komt es, daß Du gegen mich davon schwiegest? Ich habe ihr aus einander gesetzt, wie verhaßt und unnütz so ein Studentenunterricht in der Religion einem gescheuten Kinde wie Du seyn müste. Daß ich Dich aber hier bey dem Ömler nicht confirmiren laßen kann, siehst Du ein, Du kämest dabey um. Es muß in Gotha bey Löffler geschehn, und ich habe mich schon vorläufig erkundigt. Mit 6 Wochen wird alles gethan seyn. Die Gottern[213] schrieb mir auch. *Cecilie* hat den Brunnen und Bad gebraucht und fährt fort sich, wiewohl sehr langsam, zu beßern.
Ich *kann* heut nicht an unsre liebe, liebe Tischbein schreiben; der Brief ihres Mannes ist erst mit Freuden gelesen und dann mit Feuer verbrannt, sag ihr das, die Kinder küße ich viel tausendmal.

Lehmann soll die Nachricht von der *Nuys* ja nicht auf Noten setzen, sie ist des Componirens nicht werth. Dies ist eine von den vielen dummen Sagen, die in Dresden und Leipzig über sie herumgingen. Die Nuys ist eine in der Gegend von Hamburg und Bremen, wo sie wohnte, völlig als *Mad. Nuys* bekannte Frau seit langen Jahren – längern, als ihr vielleicht lieb ist. Frommans kennen sie ja auch als solche. Prinz Augusts Frau war *lady Auguste Murray*. Sie lebt in England und hat einen Sohn von ihm.

Die Gurken sind angekommen und Friedrich spricht von nichts als *seinen* Gurken, und nimmt sich viel Gurken heraus, wird sich auch gewiß dereinst schriftlich bedanken. Schelling läßt der Tischbein sagen, das wär' wenig, daß Goethe sie eine angenehme Gegenwart genannt. Ihm wäre sie auch eine äußerst angenehme Errinnerung. Adieu, ich drücke Dich braun und blau an mein Herz. Die Hufeland bringt Dich sicher mit.

Caroline Michaelis-Böhmer-Schlegel-Schelling an Auguste Böhmer, 30. September 1799, in: CBF I, Nr. 245, S. 556-559.

47. Caroline Michaelis-Böhmer-Schlegel-Schelling an Auguste Böhmer, 6. Oktober 1799

[Jena] Sonntag Abend [6. Oct. 1799]. In der Nacht setz ich mich noch hin, damit Du liebes Seelchen morgen gewiß ein Briefchen bekömst, da Du so sehr jammerst. Du mußt bedenken, daß ich wirklich oft nicht schreiben kan, weil ich doch auch alle Deine kleinen Geschäfte neben meinen großen versehe. Nur das neueste. Diesen Mittag kam die Veit an, nachdem Friedrichs Ungeduld aufs höchste gestiegen war. Also nun ist sie da – da ist sie – merke Dirs wohl. Sie hat ein nazionales, *c'est à dire* jüdisches Ansehn, Haltung und so weiter. Hübsch kommt sie mir nicht vor, die Augen sind groß und brennend, der Untertheil des Gesichts aber zu abgespannt, zu stark. Größer wie ich ist sie nicht, ein wenig breiter. Die Stimme ist das sanfteste und weiblichste an ihr. Daß ich sie lieb gewinnen werde, daran zweifle ich keinesweges. Vor dem Jungen fürchte Dich nicht länger, *c'est un joli petit espiègle*, er wird Dir tausend Spaß machen, ich bin schon sehr gut Freund mit ihm. Er ist ganz klein und geschmeidig wie ein Page, wir wollen ihm Deine Livree anziehn.

Aber nun denk, wer Morgen kommt. Vorgestern melden sich Hoppenstedts aus Göttingen, also niemand geringers als Deine Tante Philippine an. Sie machen mit dem ältern Hoppenstedt, der die Mlle Glockenbringk zur Frau hat, eine Reise über Cassel, Eisenach usw. hieher. Durch Loders hat sie schon erfahren, daß Du nicht da bist, und ist sehr betreten drüber, sie möchte Dich gern sehn, weil sie viel Gutes von Dir gehört – nun ists recht gut, daß sie Dich nicht sieht, so kann sie nun um desto mehr von Dir glauben. Sie bleiben nur einen Tag, was mir auch, weil das Wetter schlecht und niemand hier ist, recht lieb seyn soll. Ich schreibe Dir dann noch mehr davon.

Toll möcht ich werden, daß die Tischbein hier nicht noch gewartet hat, T. hätte gewiß eine Einrichtung auf den Winter hier zugegeben. Ich will ihr die Sache nochmals vorstellen, der Winter ist doch noch lang. Unterstützt, ihr Mädchen, was ich ihr schreibe. Dir aber, Du Liebe, laß ein Wort sagen in Vernunft und Vertrauen. Du bist nun dort, Du hast das erste der Trennung überstanden. Bestehst Du nun durchaus darauf, innerhalb 14 Tagen mit Hufelands zurückzukommen? Die erste Zeit ist Dir für die Musik doch verloren gegangen, kaum hast Du damit angefangen, Du bekomst nie diese Gelegenheit wieder und wilst sie ohne weiters aufgeben? Könntest Du Dich nicht entschließen bis gegen Weinachten zu bleiben? Um Weinachten sollst Du *gewiß* hier seyn, darauf geb ich Dir mein mütterliches Ehrenwort. Auch will ich Dir jeden Postag schreiben. Nur – bleibst Du so kurz, so ist es wieder nichts Rechts, so ist es so

gut, als hättest Du blos eine Fahrt dahin gemacht, um Dich über die Dessauer aufzuhalten. Süße Seele, bedenke es wohl. Du weist, daß wir auf Ostern Jena verlassen, und vielleicht ...
[Schluß fehlt.]

Caroline Michaelis-Böhmer-Schlegel-Schelling an Auguste Böhmer, 6. Oktober 1799, in: CBF I, Nr. 247, S. 563-565.

48. Friedrich Schlegel an Auguste Böhmer, 7. Oktober 1799

[Jena, 7. Oktober 1799].

Liebste Auguste.

Warum bist Du denn so ungeduldig, oder vielmehr warum schreibst Du so, da es Dir doch gewiß sehr gut, interessant und beyläufig auch angenehm ergeht? – Bleib nur ja nicht lange mehr aus, die Mutter mag sagen was sie will.

Die Veit ist seit gestern hier, und sonst sehr wohl und sehr froh, nur ist sie böse, daß Du nicht hier bist.

Sage doch Mamsell Tischbein, Caroline wäre mir noch einen Kuß schuldig geblieben, und laß ihn Dir ja mitgeben, wenn Du wieder kommst; auch liebte ich die Betty sehr.

Schreib Deiner Mutter nicht so witzige Briefe, Auguste, sie wird immer lustiger, so lustig, daß es beynah nicht mehr zum Aushalten ist ...

Dein Friedrich.

Friedrich Schlegel an Auguste Böhmer, 7. Oktober 1799, in: CBF I, Nr. (2) 32, S. 644.

49. Dorothea Mendelsohn-Veit-Schlegel an Friedrich Schleiermacher, 11. Oktober 1799

Jena 11ten 8br 99
Lassen Sie mich gleich zuerst meinen Schrecken und meine Besorgniß vom Herzen reden, wegen Jettens schrecklichen Unfall. Noch hoffe ich die Hand soll nicht wirklich entzwey seyn! Arme liebe Jette! Ich bitte Sie darum mein Freund, sorgen Sie dafür daß Sie mir etwas schreibt so bald als es ihr Zustand erlaubt, damit ich ihrer Genesung gewiß werde. Ihr Brief und die Nachricht dieses fatalen Falls fand mich vorgestern Abend am Theetisch mit Schlegels, Schelling, und der Professorin Paulus; ich war herzlich vergnügt, ich hatte es beynah vergessen daß es Verdrüßlichkeiten in der Welt giebt, und da ward ich so plötzlich, auf eine so unangenehme Weise daran erinnert! Ich bitte Sie Schleyermacher haben Sie wenigstens Mitleid mit *Seelenschmerzen,* die im Glück empfindlicher wehthun als im Unglück, so wie ein gesunder Cörper weniger Schmerzen leiden kann als ein kränklicher, schreiben Sie mir aufs baldeste wie es mit ihr steht, ich bin sehr beunruhigt darüber. Muß sie Schmerzen haben, und mir geht es so wohl!
Ja Schleyermacher es geht mir wohl. Ich genieße einer schönen Ruhe, mit Geselligkeit verbunden; die Menschen begegnen mir mit Liebe und zuvorkommender Freundlichkeit, ich habe eine schöne Wohnung, kann jeden Augenblick in den schönsten Gegenden spazieren gehen – – kurz denken Sie sich ein recht liebes Leben. Ich bin vom ersten Augenblick an, wie zu Hause gewesen, es war nicht einen Augenblick fremd zwischen uns; daher fällt auch die Gêne[214] ganz weg die ich mir eingebildet habe mit fremden Domestiquen fertig werden zu müssen, sie sind wie meine eigne, und Caroline weiß mit der besten Art von der Welt, das Gouvernement mit mir zu theilen, dadurch daß sie mir eins oder das andre ohne allen Zwang verrichten lässt, so wie Thee machen, Kafee einschenken, die Stube aufräumen, heraus geben; diese Manier hat mich gleich vom ersten Tage an,

wie Mitherrschaft betrachten lassen. Bis jezt leben wir noch ganz still unter uns, ich habe noch gar keine Gelegenheit gehabt irgend ein anders Kleid als das gewöhnliche tägliche anzuziehen; und es soll wie man sich vornimmt den ganzen Winter so bleiben, den[n] Schlegels haben jede Gesellschaft, Club, Conzert, und alles öffentliche, aufgegeben. Ein jeder hat sein eigens wohl eingerichtetes kleines Quartier in demselben Hause, wir sind jeder allein, oder man besucht sich auch einander. Schelling ist Mittags Gast. Auf den Abend wird Italiänisch in der Communautät getrieben. Nemlich Dante. – Schlegels sind Meister, wir übrigen die Schüler. Gegen 10 Uhr, ist jeder wieder in seiner Clause. Tiecks Gegenwart wird nichts abändern, als daß statt dem Dante, oft irgend eine andre Vorlesung wird gehalten werden.

Caroline ist wirklich sehr liebenswürdig lieber Freund! Wäre sie es auch nur in dieser einzigen Rücksicht, daß sie die Wirthin so leicht, und in einer so angenehmen Manier macht, daß es jedem wohl im Hause werden muß. Sie ist es aber noch in mancher andern Rücksicht, sie ist dienstfertig, gefällig, und unermüdlich es einem jeden Recht zu machen. Sie spricht hübsch, manchmahl mit etwas Pathos, aber in der Gesellschaft zeichnet sie sich eben nicht durch Einfälle, oder Witz, aus, so wie sie überhaupt sich von ihren eigentlichen Verdiensten nichts merken lässt. Sie ist gewöhnlich in Gesellschaft, wie eine jede andre artige Frau. Vom Arroganz habe ich noch nichts gemerkt, das heisst, sie spricht, oder urtheilt nicht leicht von Dingen die sie nicht versteht, obgleich sie oft ein eignes Urtheil hat, und es zu behaupten sucht. Aber Capricen, und Launen, kommen oft mit einiger Heftigkeit zum Vorschein, doch weiß sie es gleich drauf mit sehr guter Art wieder vergessen zu machen wenn sie etwas hartes gesagt hat. Auch ist sie gar nicht so lebhaft und lustig, als man nach ihren Briefen schließen sollte; ob das nur momentane trübe Stimmung, oder wirklicher Hang zur Schwehrmuth ist, das kann ich noch nicht beurtheilen. – Die Levi sagte mir: sie sey sehr hübsch coquette gegen ihren Mann; daß möchte ich wohl folgender Weise einschränken sie ist sehr coquette! wirklich recht sehr aber doch auch hübsch, das kann man ihr nicht ganz nehmen. Zugleich stört ihre coquetterie die Gesellschaft nicht, weil sie nicht was man nennt ins blaue hinein coquettirt, sondern irgend einen Zweck zu ihrem End und Ziel macht und wer wäre dann nicht gern discret? da sie so bescheiden ist? Den Fehler der Frauen die so ins unendliche hinein coquettiren, den hat sie nicht, nemlich den: jede andre um sich zu verdunkeln; sie freut sich, im Gegentheil, mit jedes fremde Verdienst. Auch daß sie sich so in den Geschäfften und im Beruf, und in den Arbeiten des Mannes mischt, ist nicht ganz ihre Arroganz, sondern W[ilhelms] Schuld, der sie nicht selten gezwungen mit hinein mischt. Sinn hat sie aber gewiß für alles Schöne und Gute. Sie ist nicht schön, aber sehr angenehm und gefällig. Eine Art Gesicht, und sogar eine entfernte Aehnlichkeit von der Madame Waitsch, auch darin daß sie jugendlicher scheint als sie ist. sie hat braunes Haar, das sie kurz und kraus um den Kopf trägt, sie ist so groß als ich, aber ihre Figur ist feiner und grazieuser. in der Figur, und im Blick hat sie etwas von der cidevant Fraenkel,[215] auch Schnitt und Farbe der Augen. Sie kleidet sich simpel aber nett, und in einen recht guten Geschmack; so ist auch die Einrichtung, und die Meubles im ganzen Hause, und so der Tisch, nett, reinlich, zierlich und einfach. Da sie sich alles was sie trägt selbst macht, so ändert sie ohne grosse Kosten ihren Anzug sehr oft, und erscheint immer frisch und niedlich, auch sizt ihr alles sehr gut. – Von der Gegend habe ich nicht recht viel geniessen können des Wetters halber. heute war ein leidlicher Tag, ich war auch draussen in einen Spaziergang der am Ufer der Saale angelegt ist, und der das Paradies heißt. Gegendbeschreibungen erwarten Sie wohl nicht von mir, aber sie können denken, was eine angenehme gebirgige Gegend für eine *Berlinerin* ist! auf dem [Wege] von Leipzig hierher, sind die Gegenden so romantisch und groß, daß ich mir nicht gut denken kann, wie die Schweiz, oder das schlesische Gebürge einem etwas erhabeneres zeigen könnte, und zugleich so lieblich und wohlthuend. – Jena selbst ist eine häßliche Stadt, aber ich sehe sie nicht viel, wir wohnen alle in einer Art von Hinterhause, alle Fenster gehen nach dem Hofe zu. Ganz Unten wohne ich, eine Treppe hoch Caroline, dann Wilhelm und zulezt ganz in die Höhe wohnt Friedrich. Die Art wie der Ehestand zwischen den beyden existirt, ist (die ewigen ängstlichen Neckereyen und Zankereyen abgerechnet) recht so wie ich es mir unter gebildeten Menschen denke; nemlich es ist nicht viel vom Sakrament zu merken; sie leben mehr als liebende Freunde zusammen, die freywillig zusammen sind. Mir sind aber die manchmahl gar weit gehenden kleinen Zänkereyen ängstlich, Caroline lacht mich deßwegen aus, aber ich muß jedesmahl fortlaufen wenn so etwas vorkömt.

Denken Sie sich, ich war auf dem Wege von Leipzig hierher einen Mittag in Weissenfels. Ein gewisser Doctor Lindner der mit mir fuhr, besuchte Hardenbergen, und ich habe nichts dazu gethan ihn zu sehen, so begierig ich auch war. Lindner durfte es ihm gar nicht einmahl sagen daß ich dort wäre. Er kömt mir erschrecklich paradox und eigensinnig vor nach allem was ich von ihm höre; Er ist ganz toll in Tieck, und in seine Frau, als Tiecks Frau verliebt, und verachtet alles übrige. *Alles* übrige sagt man. Wie lange dieses Delirium anhalten wird, weiß man nicht zu sagen. Enfin mir hat aber sein Wesen, das ich schon immer ahndete eben keinen Muth gemacht, ihn mit einem Schritt zuvorzukommen, um seine Bekanntschaft zu machen. Ungeheuer aber ist es, daß Goethe, hier ist, und ich ihn wohl *nicht* sehen werde! denn man scheut sich ihn einzuladen, weil er wie billig das besehen haßt, er geht zu niemand als zu Schiller, obgleich Schlegels und Schelling ihn täglich auf seiner alten Burg besuchen in der er haußt; bis die andre Woche bleibt er nur hier. Zu Schiller geht man nicht, also: ich werde in Rom gewesen seyn ohne den Pabst den Pantoffel geküsst zu haben. Es ist Unrecht und was noch mehr ist, dumm, und was noch mehr ist, lächerlich; aber man kann mir nicht helfen!

Aus Leipzig konnte ich Ihnen nicht schreiben ich hielt mich nur einen Tag dort auf, hatte kaum dort Ruhe und Raum mein Haupt nieder zu legen, vielweniger zu schreiben. obgleich ich nur ein kleines Kämmerchen in den ich mich kaum herum drehen konnte, und *ein* Bett mit Philip zusammen hatte, so war es doch so theuer, daß ich lieber nicht auf Gelegenheit wartete, und den Sonnabend früh gleich mit einen gemietheten Wagen fort reißte, die Wege waren aber vom Regen so schlecht geworden, daß ich erst den Sonntag Mittag hier anlangte. Nachdem man mich schon viele Tage erwartet hatte, kam ich endlich doch unerwartet; aber wie mein Herz immer stärker klopfte, als ich zuerst die Spitzen der Berge sah die Jena einschließen, dann von den Bergen es im Thale lange sah, ehe ich es erreichte und dann das Thor, die Straße, das Haus, und ich nun ausstieg, und fremd war, und Friedrich endlich die Stufen herab kam, leise und bedächtig, als wäre er gar nicht ungeduldig, dann Caroline mit Freundlichkeit – – es war eine eigne Empfindung!

Alles dies lieber S[chleyermacher] war nun schön und erfreulich – Mit Friedrich, der mir immer lieber wird, jemehr ich andre neben ihn sehe will es nur nicht so recht fort, das Arbeiten wird ihn immer schwerer, und er dadurch immer betrübter. Ich hüte mich ihn meine tiefe Besorgniß blicken zu lassen, weil das ihn völlig niederdrücken würde, auch Wilhelms sind mit mir darüber einverstanden, daß man ihn nicht quälen dürfte, und man läßt ihn in Ruhe das ist wirklich das einzige was man für ihn thun kann, damit er nicht zerstört werde. Wilhelm hatte auch einmal eine solche Zeit [wie] er mir selber erzählt hat, und darum hofft er, es würde sich mit Friedrich auch noch ändern.

Eine Übersetzung für mich zu finden ist auch schwehrlich zu hoffen, Wilhelm der künftige Woche nach Leizig reißt will es versuchen, auch Caroline will ihr Bestes dabey thun; sie geben mir aber eben nicht die beste Hoffnung; es wäre jezt nicht die Zeit dazu, sagen sie, und es wären schon zu viel andre im Besitz dieser Unternehmungen. – Wie soll das noch werden? – Es scheint die Berliner können nicht ruhen – sie können eben so wenig ein Leben als einen Roman sich ohne geschloßnen Schluß denken, und nehmen nun gar bey mir die heilige Taufe[216] als völligen Ruhestand und Auflösung an. Wie wäre es wenn sie mich todt seyn liessen? so wären sie aus der Ungewissheit, und mir geschähe auch kein kleiner Dienst damit. – Wenn Sie Jonas gesehen haben, so schreiben Sie mir von ihn lieber S[chleyermacher] – Philipp ist geschwind genug der Liebling des ganzen Hauses geworden, und beträgt sich, als hätte er von je her in Jena gelebt, er geht die Woche ein paar mal auf eine ZeichenAkademie für Kinder; die andre Woche soll er auch in die Schule. Ich kann nur noch niemanden haben, der mich zu dem Herrn Erzieher führt, es kennt ihn niemand. – Die Fichte habe ich besucht, Gott bewahre uns! wie konnte der Mann seinen Mangel an Poesie so beurkunden! Ehrlich, und gutmüthig aber ist sie gewiß.

Grüssen Sie Fichten von ganzen Herzen in meinen Namen, sagen sie ihm, ich hätte seiner Frau versprochen, er würde mit den Anfang des künftigen Monats hier seyn, und sie hat diese gute Nachricht mit freudigen Thränen empfangen. Leben Sie wohl.

DV

Nächstens schreibe ich der Herz. Dieser Brief denke ich mir, ist mit für sie. Tausend Grüsse

Dorothea Mendelssohn-Veit-Schlegel an Friedrich Schleiermacher, 11. Oktober 1799, in: KGA V.3, Nr. 711, S. 216-221.

50. Caroline Michaelis-Böhmer-Schlegel-Schelling an Auguste Böhmer, 17. Oktober 1799

[Jena] Donnerstag d. 17 Oct. [1799].
Meine liebe Auguste, ich habe gestern Dein Briefel bekommen, woraus ich seh, daß Du eine wüthige impertinente kleine

Creatur bist, und auch den Schnupfen hast. Ich hoffe, die Tischbein hat sich glücklich ihrer Überladung entledigt. Eigentlich hab ich Dir weniger zu sagen wie Du mir auf mein leztes. Wie wird Dir dabey zu Muth geworden seyn! Ich wünsche, Du hast Dich freywillig entschlossen, denn sonst möchtest Du es unfreywillig thun müssen, nicht daß *wir* Dich zwingen wollen, mein Herz, aber der Zufall – denn Hufelands, die noch nicht in Berlin sind, reisen nicht über Dessau, sondern Leipzig, wo er jemand zu treffen denkt. Mein bestes Mädchen, Dein ganzer Sinn ist blos auf Belustigung gerichtet, und auf diese Weise wird nie etwas entschiednes aus Dir werden. Nicht nach dem Mütterchen sehnst Du Dich allein, obwohl ich weiß, Du thust das auch, und wir heulen auch gewiß beyde vor Freude, wenn wir uns wieder sehn. Sey nur jetzt gescheut, sieh ein, daß Du nun noch nichts für Dein Singen hast thun können, und es war mir doch heiliger Ernst damit, wie ich Dich nach Dessau gehn ließ. Sollt ich Dich blos zum Scherz von mir trennen? Das hab ich Dir schon gesagt, auf Ostern kann Dir die Entfernung vielleicht erspart werden; wenn Charlotte hier ist, möcht ich Dich so gern hier haben.

Wir haben die kleine Person verwöhnt. Sie will genießen, als ob *sie* andern könnte zum Genuß verhelfen, wovon noch keine Rede ist. Dieß drückt sich in Deinen Äußerungen genugsam aus. ... Sophie ist krank. Die Veit und Philipp grüßen Dich, sie sind gut, aber sag der Tischbein, sie wäre eine gar andre beauté. Ich muß enden, damit dieß noch wegkomt. Adieu, mein Kind, mein liebes liebstes Wesen.

Caroline Michaelis-Böhmer-Schlegel-Schelling an Auguste Böhmer, 17. Oktober 1799, in: CBF I, Nr. 249, S. 567-568.

Abb. 13: Porträt
Johann Gottlieb Fichte
(1762-1814)

51. Caroline Michaelis-Böhmer-Schlegel-Schelling an Auguste Böhmer, 21. Oktober 1799

[Jena] 21 Oct. [17]99.

Mein liebes Mädchen, wie kommt es, daß ich seit 3 oder 4 Postagen nichts von Dir erhalte? Du ängstigst mich sehr. Ich habe Dir außer dem lezten jedesmal geschrieben. Einen Brief gab ich Schlegel nach Leipzig mit, damit er früher kommen sollte, der wird aber wohl dadurch später gekommen seyn? Meine liebe Seele, bist Du nicht wohl? bist Du betrübt? Wer weiß, ob Hufelands nicht doch noch über Dessau gehn und Du mit ihnen wiederkommst! Sie haben noch immer nicht aus Berlin geschrieben, und ich weiß nun gar nicht, wie es steht in der Welt – ich weiß nicht, was mein Kind macht. Meinst Du etwa, weil ich Dich noch dort lassen wollte, ich hätte Dich nicht lieb? Glaub nur, Du bist Deiner Mutter das theuerste, was sie hat, und das wirst Du schon noch fernerhin gewahr werden.

Ganz aus der Fassung setzt mich Euer allseitiges Stillschweigen.

Von Dresden hab ich einen traurigen Brief, Utteline[217] hat ein faules Nervenfieber und war am 13ten noch nicht außer Gefahr.

Am Donnerstag kamen Tieks. Sie sind durch Dessau gekommen, und glaubten Dich mit der Tischbein in Dresden, so daß sie Dich nicht gesucht haben und nur wahrscheinlich mit Dir in der Comödie waren, in den Arkadiern.[218] Häßlich ist die Tiek nicht. Hätte sie Anmuth und Leben, und etwas mehr am Leibe als einen Sack, so könte sie für hübsch gelten. Das kleine Tiekchen ist recht sehr hübsch und blühend geworden. Es macht sich übrigens alles recht gut zusammen. Den ersten Abend hat Schlegel gleich den König Richard und gestern Tiek ein Stück von Holberg[219] vorgelesen. Das soll alles noch einmal gelesen werden, wenn Du kommst. Hast Du denn auch von dem Spuk in Leipzig gehört? Daran würde sich Kuhn jämmerlich ergötzen. Kotzebue hat ein Stück gegen die Schlegel gemacht und während der Messe aufführen lassen. Eine Rolle drin ist aus den

Fragmenten im Athenäum ausgeschrieben, und soll so den Friedrich vorstellen, der zulezt ins Tollhaus geschickt wird. Übrigens platterdings kein Witz darin außer der Schlegels ihr eigner. Es hat großen Lärm im Parterr gegeben *pro* und *contra* – das *pro* hat natürlich bey den Leipzigern die Oberhand behalten, hinterher hat Müller[220] aber die weitre Aufführung verbieten lassen. Das Stück heißt der hyperboreische Esel oder die Bildung unsrer Zeit.[221] Du kannst leicht denken, wie sich Schlegel *tout de bon* daran ergötzt hat. Es ist Dir ein Tausendspaß. – Schillers Musencalender ist auch da, das Gedicht von der Imhof[222] eben weiter nicht viel als ein Rudel Hexameter, aber über ein Gedicht von Schiller, das Lied von der Glocke,[223] sind wir gestern Mittag fast von den Stühlen gefallen vor Lachen, es ist *a la Voss, a la Tiek, à la Teufel*, wenigstens um des *Teufels* zu werden.

Herzenskind, fehlt Dir etwas? ...

Schellings Bruder ist seit gestern da, aber noch nicht hier gewesen, denn er ist vom Postwagen gefallen und noch stupide. Er soll größer seyn wie Sch. und erst 16 Jahr. Niethammers sind auch wieder zurück, nicht überentzückt von Schwaben. Von Schellings Schwester hat *sie* mir aber eine sehr vortheilhafte Beschreibung gemacht. Mammeselle Niethammer ist mitgekommen, und wird den hiesigen Schönen, wenigstens allen Blondinen, starken Eintrag thun.

Die Veit fährt fort eine trefliche Frau zu seyn, und Friedrich zu träumen. Die Schillern hat eine Tochter. Die *Melish*[224] auch, und denke Dir, erst vor ein paar Tagen kam sie nieder. Er schickte einen Expressen. Daß die Schiller schwanger, hast Du wohl nicht einmal gewußt? Gott segne Dich, Du weißt vieles noch nicht. Lernst Du denn doch wenigstens singen?

Dein verzweifelndes Mütterchen.

Caroline Michaelis-Böhmer-Schlegel-Schelling an Auguste Böhmer, 21. Oktober 1799, in: CBF I, Nr. 250, S. 568-570.

52. Caroline Michaelis-Böhmer-Schlegel-Schelling an Auguste Böhmer, 28. Oktober 1799

[Jena] d. 28 Oct. Montag [1799].
Liebes Kind, nun ich Dich nicht gleich wieder bekommen kann, fängt die Sehnsucht auch an, mir in die Seele zu treten. Gestern kamen Hufelands wieder, mit denen hättest Du nun auf keinen Fall kommen können, also darfst Du mir doch die Schuld nicht mehr geben, daß ich Dich fern von uns verschmachten lasse, und ich habe sie mir auch nicht mehr selber beyzumessen. Schicksal! Schicksal! mein Engel und das Gemeine – nehmlich das Gemeine, daß man nicht fliegen kan – *enfin* alles wie es in dem Wallenstein steht, die Sterne, der Hufschlag der Pferde usw. Doch die Zeit wird kommen, und Du sollst einen herrlichen Weinachten hier feyern. Mit dem Husten das ist schlimm, spiele nur recht viel und thue Deine Ohren auf, um recht zu hören, was die andern spielen und singen, damit Dir ein innres Verständniß der Musik aufgehe. Laß keine Operette ungehört vorbeygehn. Was es kostet, will ich denn schon bezahlen. Deinen Muff schick ich Dir durch die Schwester der Fromman, Mad. Bohn, die über Dessau zurückreisen. Auch der Fromman Tante, Mad. Hanbury, ist da mit vielen Kindern, kurz eine ganze Hamburgerey bey ihnen aufgeschlagen. Der Hofrath Hufeland ist zurück nebst Frau und Kindern. Lauserey das alles! *Buonaparte ist in Paris.* O Kind, bedenke, es geht alles wieder gut. Die Russen sind aus der Schweiz vertrieben – die Russen und Engländer müssen in Holland schmählich capituliren, die Franzosen dringen in Schwaben vor. Und nun komt der Buonaparte noch. Freue Dich ja auch, sonst glaub ich, daß Du blos tändelst und keine gescheiten Gedanken hegst. Die Tiek misfällt mir im Grunde doch, ich mag es nur nicht aufkommen lassen. Er ist sehr amüsant, und wir sind viel beysammen. Was die Menschen vor Zeugs aushecken, das glaubst Du nicht. Ich werde Dir ein Sonnet auf den Merkel[225] schicken, der in Berlin geklatscht hat, der Herzog habe den Schlegels wegen

des Athenäum Verweise geben lassen usw. Da haben sich Wilhelm und Tiek lezt Abends hingesetzt und ihn mit einem verruchten Sonnet beschenkt. Es war ein Fest mit anzusehn, wie beyder braune Augen gegeneinander Funken sprühten und mit welcher ausgelassenen Lustigkeit diese gerechte *malice*[226] begangen wurde. Die Veit und ich lagen fast auf der Erde dabey. Die Veit kann recht lachen, was sie Dir wohl bestens empfelen wird. Der Merkel ist ein geliefertes Ungeheuer. Davon erholt er sich nicht. Ein Mordlerm wird übrigens von allen Seiten losgehn. Schütz[227] und Wilhelm haben artige Billette gewechselt, Schelling rückt der A. L. Zeitung mit voller Kraft auf den Leib. Doch diese Händel gehn Dich nichts an, die Russen und Buonaparte aber viel. ...

Wenn doch Tischbein recht früh, im November schon käme und Dein Bild noch fertig machte.

Die Schillern ist an einem Nervenfieber im Wochenbett so krank, daß der Arzt sie schon aufgegeben hat.

Grosmutter hat wieder geschrieben. Ich bin stark willens Dich hier confirmiren zu lassen mit der Luise Seidler.

Also dick wirst Du, mein schlankes Kind, o das ist häßlich, da muß ich Dich nur dort lassen, damit Du Dich mager grämst. ...

Schellings Bruder ist groß und stark und spricht dick und breit schwäbisch, Ähnlichkeit mit dem Bruder, aber doch nichts von dem geistreichen Trotz im Gesicht. Er ißt nicht bey uns, Schelling meint, so einem Bengel müßte es nicht gleich so übermäßig gut werden. ...

Hab ich Dir geschrieben, daß Charlottens Kind todtkrank war, so wiße hiemit, daß es auch wieder beßer ist.

Ich werde das nächstemal der lieben Tischbein schreiben, heut ists unmöglich.

Caroline Michaelis-Böhmer-Schlegel-Schelling an Auguste Böhmer, 28. Oktober 1799, in: CBF I, Nr. 252, S. 571-573.

53. Caroline Michaelis-Böhmer-Schlegel-Schelling an Auguste Böhmer, 4. November 1799

[Jena] d. 4 Nov. Montag [1799].
Zwey Briefe habe ich von Dir, mein bestes Mädchen, einen durch Bertuch. Wenn ich Dich nur erst hustenfrey und stimmvoll wüste! ...
Deine Luise Seidler hat einen sehr großen Verlust erlitten. Die Grosmutter ist vorgestern gestorben. Wenn Luise zur Mutter zurück muß, so ist es ein klägliches Schicksal.
Die Schillern ist noch sehr krank, weils aber so lange dauert, wird sie hoffentlich gerettet werden.
Die beyden Einlagen liegen leider Gottes schon lange bey mir.
Gestern war der erste Clubb. Wir haben gar nicht diesmal bezahlt und werden kaum einmal hingehn. Es ist getanzt worden bis I Uhr, wo sich die Hufeland wieder im alten Elemente befand. Sophie hat kürzlich ihre Krämpfe oft gehabt und war zu Haus geblieben. Uns las Tiek ein Stück von Holberg vor, Ulysses von Ithaka,[228] zum Todlachen. Er wills alles noch einmal lesen, wenn Du komst, er ist eine rechte Lesemaschine, ist unermüdlich dabey. Sey nur ruhig, das Katerchen soll Dir noch genug vorschnurren. Sie gefällt mir nun gar nicht mehr, sie ist doch eine Katze, nur eine weiße. – Holberg ist der Dänische Lustspielschreiber, von dem Steffens so voll ist. Es ist verfluchtes Zeug. Wenn man so ein Stück hört, ist einem, als hätte man 4 Beine.
Hier hast Du das Ding, das Wilhelm und Tiek lezt Abends machten. Davon sind nun viel Exemplare nach Berlin gegangen. Der Merkel wird Augen machen! Er hat aber auch so viel über die Schlegels geklatscht, daß ers redlich verdient. Mit Bohns[229] komt auch ein Shakespear, lies ihn recht.
Friedrich hat Dich sehr lieb und wird Dir nächstens schreiben.
Schelling grüßt das *noch* zarte Kind, und wünscht, daß es nie aufhöre es zu seyn. Amen.

Dieses bezieht sich auf Deine bisherige Schlankheit und künftige Dicke. ...

Caroline Michaelis-Böhmer-Schlegel-Schelling an Auguste Böhmer, 4. November 1799, in: CBF I, Nr. 253, S. 574-575.

54. Dorothea Mendelssohn-Veit-Schlegel an Friedrich Schleiermacher, 15. November 1799

Jena 15ten Nov. 99
Lieber Freund es ist nicht recht daß Sie so selten schreiben. Hardenberg ist hier auf einige Tage. Sie müssen ihn sehen, denn wenn Sie 30 Bücher von ihm lesen, verstehen Sie ihn nicht so gut, als wenn Sie einmal Thee mit ihm trinken. Ich rede nur von der reinen Anschauung, zum Gespräch bin ich gar nicht mit ihm gekommen ich glaube aber *er* vermeidet es; er ist so in Tiek, mit Tieck, für Tieck, daß er für nichts anders Raum findet. Enfin ... mir hat er's noch nicht angethan. Er sieht aber wie ein Geisterseher aus, und hat sein ganz eignes Wesen für sich ganz allein, das kann man nicht leugnen. Das Christenthum ist hier a l'ordre du jour; die Herrn sind etwas toll. Tieck treibt die Religion wie Schiller das Schicksal; Hardenberg glaubt, Tieck ist ganz und gar seiner Meynung; ich will aber wetten was einer will, sie verstehen sich selbst nicht, und einander nicht.
Nun hören Sie!
Gestern Mittag bin ich mit Schlegels, Caroline, Schelling, Hardenberg, und ein Bruder von ihm ein Lieutenant Hardenberg, im Paradise (so heißt ein Spaziergang hier) wer erscheint plözlich vom Gebirg herab? kein andrer als die alte göttliche Exellenz, Goethe selbst, er sieht die große Gesellschaft, und weicht etwas aus, wir machen ein geschicktes Manöver, die Hälfte der Gesellschaft zieht sich zurück, und Schlegels gehen ihn mit mir grade entgegen. W[ilhelm] führt mich. F[riedrich]

und der Leutenant gehen hinter drein. W[ilhelm] stellt mich ihn vor, er macht mir ein auszeichnendes Compliment, dreht ordentlicher Weise mit uns um, und geht wieder zurück und noch einmal herauf mit uns, und ist freundlich und lieblich, und ungezwungen und aufmerksam gegen Ihre gehorsame Dienerin. Erst wollte ich nicht sprechen, da es aber gar nicht zum Gespräch zwischen ihn und W[ilhelm] kommen wollte, so dachte ich, hohl der T. die Bescheidenheit, wenn er sich ennuirt, so habe ich unwiederbringlich verloren! ich fragte ihn also gleich etwas, über die reissenden Ströhme in der Saale, er unterrichtete mich, und so ging es lebhaft weiter. ich habe mir ihn immer angesehen, und an alle seine Gedichte gedacht; dem W[ilhelm] Meister sieht er jezt am ähnlichsten. Sie müßten sich todt lachen wenn Sie hätten sehen können wir [sic!] mir zu Muthe war, zwischen Goethe und F[riedrich] zu gehen. Die Wasserprobe des Unmuths habe ich ehmals glücklich überstanden, werde ich auch die Feuerprobe des Uebermuths überstehen? – An Friedrich machte er auch ein recht auszeichnendes Gesicht wie er ihn grüsste, das freute mich recht.

Lieber S[chleyermacher] seyn Sie so gut und sagen Sie der Bernhardi[230], Caroline hätte ihr M[a]n[u]sc[ri]pt an Becker[231] geschickt, und zugleich ihre Addresse geschrieben, er wird also alles fernere mit ihr unmittelbar ausmachen. Wegen dem Mährchen[232] werde ich ihr nächstens schreiben. Sie mag mir verzeihen daß es noch nicht geschehen ist, ich habe viel zu thun, und kann die Morgen wegen ewigen Kopfweh nicht nutzen. nur wenn ich mich des Morgens recht ruhig halte, vergehen Sie. aber Zeit wird mir knapp, nicht minder Geld – – – – bestellen Sie es ihr mein lieber Freund.

Denken Sie sich meine rasende Freude, ich habe ein hübsches Lied zu meinen Roman gedichtet, es gefällt allen recht wohl. Wollen Sie mir nicht schreiben und nicht meine Aufträge besorgen? hassen Sie mich? Grüssen Sie Jetten, für sie ist dieser Brief mit. nennen Sie es nur einen Brief, obgleich er es nicht verdient, ich habe keine Zeit, ich schwöre es Ihnen.

Dorothea.

Dorothea Mendelssohn-Veit-Schlegel an Friedrich Schleiermacher, 15. November 1799, in: KGA V.3, Nr. 724, S. 237-238.

55. Dorothea Mendelssohn-Veit-Schlegel an Rahel Levin-Varnhagen, 18. November 1799

Jena, 18. November 1799
Ich wollte, Sie hätten die Briefe bekommen, die ich Ihnen recht eigentlich und im ganzen Ernst im Herzen adressierte, so hätte ich ein gutes Gewissen. Das schlechte Gewissen will ich aber auch nicht länger behalten. – Es geht mir hier gut, meine Freundin. Wie Sie richtig bemerkt haben, ich verlange nichts weiter, als vergnügt zu sein! Wäre ichs nun hier nicht, so könnte mir nimmer geholfen werden. Wie sollte mir nicht wohl sein? wenn auch nur in dieser einzigen Rücksicht, daß ich mit keinen Menschen umgeben bin, die bloß das zu schätzen wissen, was ihnen durch Tradition als schätzbar bekannt ist, sondern: hier steht ein jeder seinen Mann! – Und mit welchen Menschen lebe ich? In den sechs Wochen, die ich nun hier bin, habe ich noch nicht ein einziges Wort gehört, das mir eine unangenehme Empfindung gemacht hätte. Mit Carolinen bin ich sehr zufrieden, ich stehe mit ihr aufs beste, und das ist nicht so etwas leichtes; denn sie schmeichelt nicht ein einziges Mal und tut dergleichen nie aus reiner Gefälligkeit, ich mußte also von ihrer Seite eine etwas scharfe Prüfung ausstehen, eh sie mir gut ward, freundlich war sie aber von Anfang an. Was mir aber sehr schätzbar an ihr ist, das ist ihre zwar etwas harte, aber immer brave Gradheit und Aufrichtigkeit. So urteilt sie auch über jedes Werk der Kunst und über alles ganz dreist; was aber von andern arrogant wäre, liegt bei ihr in der Unbefangenheit und unbesonnenen Rücksichtslosigkeit ihres Charakters. Sie ist wirklich recht sehr brav, und jedes Gute an jedem Menschen steht bei ihr am rechten Ort angeschrieben. Sie hat zwar eine sehr hohe

Meinung von sich, eigentlich sollte aber jeder rechtliche Mensch diese von sich haben, besonders wenn sie so neben der Gerechtigkeit für jedes fremde Verdienst steht, als bei Carolinen, und so ganz naiv sich bei jeder Gelegenheit zeigt und niemals die hohe Meinung über sich selbst im Herzen versteckt, während sie eine für einen andern erheuchelt. Man ißt auch in ihrem Hause sehr gut, sie macht die Wirtin sehr gut und mit einem leichten Anstand. Wie sie sich aber in einem fremden Hause mit ihrer dreisten Zuversichtlichkeit und ihrem unbekümmerten Wesen ausnehmen möchte, ist schwer zu sagen; etwas sauer möchte sie es einem wohl machen, ihre Wirtin zu sein! Ich bin ihr aber recht gut geworden und setze das unumschränkteste Zutrauen in sie. Sehr hübsch ist es, wie diese Frau ihre Jugend so erhält, sowohl körperlich als geistig. Was Sie mir von ihrer Koketterie gegen Wilhelm Schlegel sagten, gab mir gleich anfangs die Vermutung, daß sie ihn nicht liebt, wovon ich nun die völlige Überzeugung habe. –
Hardenberg habe ich gesehen, er war einige Tage hier, und die Anschauung seiner Persönlichkeit hat es mir erklärt, warum er einst Ihrer Aufmerksamkeit entging; seine Freunde behaupten, er hätte sich zu seinem Nachteil verändert; ich behaupte aber, *gemein wird* man nicht, das wird einem angeboren.
Und nun zuletzt: Ein heller Punkt in meinem Lebenslauf. Goethe habe ich gesehen! und nicht bloß gesehen; er ist mit mir und den beiden Schlegels wohl eine gute halbe Stunde spazieren gegangen; hat mich mit einem auszeichnenden Blick gegrüßt, als mein Name genannt wurde, und sich freundlich und ungezwungen mit mir unterhalten. Er hat einen großen und unauslöschlichen Eindruck auf mich gemacht; diesen Gott so sichtbar und in Menschengestalt neben mir, mit mir unmittelbar beschäftigt zu wissen, es war für mich ein großer, ein ewig dauernder Moment! – Von dem zurückschreckenden Wesen, das man so allenthalben von ihm sich erzählt, habe ich wenig gemerkt; im Gegenteil, obgleich meine Schüchternheit und Angst groß war, so nahm sie doch sehr bald ab, und ich gewann

vielmehr ein gewisses schwesterliches Vertrauen in ihn. Ewig schade ist es, daß er so korpulent wird; das verdirbt einem ein wenig die Imagination! Wie er so neben mir her ging und freundlich redete, da verglich ich seine Person mit allen seinen Werken, die mir von ihm in der Eil einfielen, und da habe ich gefunden, daß er dem *Meister* und dem *Hermann* am meisten ähnlich sieht. Am allerwenigsten konnte ich aber den *Faust* in ihm finden, alles andre aber ganz deutlich, die *vermischten Gedichte, Tasso, Egmont, Werther, Götz, Elegien*, überhaupt alles, alles! – Auch der väterliche Ton in seinen letzten Sachen ward mir klar. – Er geht zu niemand als zu Schiller, dessen Frau sehr krank ist; die Schlegel macht mir aber doch Hoffnung, daß er einmal ein Souper annehmen wird. Wenn es geschieht, so sollen Sie davon hören. Denn Sie, meine Liebe, verdienten eigentlich mit dabei zu sein! – Hier haben Sie nun meine Freuden, die ich Ihnen gern noch weit ausführlicher mitteilte, aber ich darf nur wenig Zeit an die Korrespondenz mit meinen Freunden wenden, ich muß, soviel mir meine noch immer wankende Gesundheit erlaubt, arbeiten. –

Dorothea Mendelssohn-Veit-Schlegel an Rahel Levin-Varnhagen, 18. November 1799, in: RB, Nr. 178, S. 306-309.

56. Dorothea Mendelssohn-Veit-Schlegel an Friedrich Schleiermacher, 6. Januar 1800

Jena 6ten Januar 1800
Was sagen Sie zu den Stanzen?[233] Ich meyne zu Friedrich seine? Und was werden Sie erst sagen, wenn Sie hören, daß *ich, ich selbst* diese Stanzen Wuth und Glut, über unser Haus gebracht habe! Ich lese nemlich in einer Italiänischen Reisebeschreibung, daß die Italiäner, in Stanzen improvisiren, und daß Tasso und Meister Ludwig seine ottave rime im Munde alles Volks dort

sind. Ich nicht faul, lasse gleich meinen Florentin[234] in solchen niedlichen fließenden Stänzchen improvisiren, und sie gelingen mir so wohl, das sie des Meister Wilhelms ganzes Lob erlangen. Dieser mein Ruhm ward natürlich nachgeeifert, so entstanden Schelling seine Stanzen, und nun gar der heilige Friedrich! der mit seinen Glanz uns so verdunkelt, daß wir uns schämen auf derselben Bahn mit ihm zu treten. Eben darum will ich es mir aber nicht nehmen lassen, daß ich die erste war, die es wagte. Auch ein neues niedliches Liedchen habe ich gedichtet, daß aber erst im zweiten Theil seinen Platz finden möchte, für den ersten ist es zu sentimental. Glauben Sie nicht, daß die Ehe, und die Kinderzucht nicht im Florentin respektirt würde daß Florentin sich so darüber beklagt, ist ja eben ein Beweiß daß er nicht wenig damit umgeben war. – Unger hat noch nicht geantwortet, wenn es die Unholdinn nur nicht gemerkt hat, von wem es herrührt! Doch verkauft soll er wohl werden, dafür ist keine Sorge, aber ein hübscher Spaß wäre es, wenn er an U[nger] käme. Friedrich ist sehr fleißig, es geht aber mit allem ersinnlichen Fleiß doch nur langsam vorwärts. Im übrigen geht es uns allen so gut, und wir leben so angenehm, als gewiß nur wenig Menschen, in einen so engen Zirkel sich werden rühmen dürfen. Wir sind so lustig als gäbe es keine Kälte, keinen Holzmangel und keine dumme Menschen mehr! Nur an einem einzigen Gut fehlt es uns, und das ist freylich, leider das Geld! Wo wir das alles hernehmen wollen, so wenig wir auch brauchen, da bey steht mir mein alter, und mein neuer Verstand still! Daß wir Ihnen die 50 r[th] noch nicht wiedergeben können, gehört nicht zu den drükendsten unsrer Sorgen, aber zu den empfindlichsten! es ist hart! – –

So bald Fröhlich das M[a]n[u]sc[ri]pt zum Athenäum hat, will ihn Friedrich schreiben, daß er Ihnen 8 Lo[uis]d'or gebe, dafür sind Sie so gütig und bezahlen Friedrich seinen Schneider, der noch 21 r[th] bekömmt; und auch den Kaufmann Bütow, der ungefähr eben so viel bekommen wird. Sie sind nur so gütig und lassen sich meine Rechnung von Bütow hohlen. Sollte dann noch ein kleiner Rest übrig bleiben, so verwahren Sie ihn mir. Mit dem Verkauf der Meubles bitte ich Jetten sich nicht zu sehr zu übereilen. 10 r[th] für den mächtigen reichen Sopha dünkt mich etwas zu wenig, besonders wenn ich mir nun denke, was man nach dieser Proportion für die andern Dinge bieten möchte. Fichte will sich Meubles in Berlin anschaffen, er will die meinige besehen, und wahrscheinlich einiges davon kaufen; er wird doch seinen JudenHaß wenigstens damit sanctioniren daß er sie mir Christlich bezahlt! Ich komme gewiß in Sommer nach Berlin nur kann ich keine bestimmtere Bestimmtheit geben, als den Begriff *Sommer*! Und darum kann ich mir keine Wohnung mieten lassen, weil ich noch nicht weiß ob ich zu Ostern oder zu Johanni komme. Sollte mein Meuble sich nicht haben wollen *honett* verkaufen lassen, so kann ich ja mir immer noch eine Wohnung miethen wenn ich erst in Berlin bin! Mich dünkt es aber vernünftiger, chambre garnie zu wohnen, weil mein Bleiben doch nicht in Berlin ist. Nur nicht die Meubles *schimpflich* verkaufen. Ich verlasse mich ganz auf Sie, und auf Jette. Das Clavier dünkt mich muß man unter 40 r[th] nicht weggeben.

Schreiben Sie mir bald wieder, und recht viel angenehmes. Unzähligemahl habe ich mir Sie gedacht in dieser revolutionären Kälte. Haben Sie noch nichts Warmes des morgens anzuziehn? Hören Sie Lieber! machen Sie Stanzen wenn Sie frieren, das hilft ganz prächtig.

Veit hat mir für 3 Monath revenüen[235] auszahlen laßen. Ich bat Sie um 4. haben Sie ihn nur für *drey* bestellt? oder hat er eine Confusion gemacht? Ich habe ihn in meinem heutigen Brief ersucht, den 4ten Monath an Fichten auszuzahlen, an den ich deshalb eine Anweisung gegeben habe. Fichte wird Sie vielleicht Ihnen geben, wollten Sie sie wohl auf diesen Fall bey Veit einkassiren?

Die Bernhardi müsste eigentlich einen Sohn haben, und wird ihn aller Wahrscheinlichkeit nach auch wohl bekommen, obgleich es mich etwas Confuse macht, daß sie so früh, guter Hoffnung geworden ist; es hätte eigentlich länger dauern müssen, dann wäre ein Sohn ganz unbezweifelt. Grüssen Sie sie und Bernhardi wenn Sie sie sehen, und sagen Sie ihnen, ich wäre ganz böse, daß sie mir nicht ein einzigs Mal schreiben, es ist ganz unrecht; ich hätte es nicht von ihnen gedacht! Tieck seine Genoveva[236] wird jezt gedruckt Sie können sich nur darauf freuen, es ist ein schönes Werk, und wohl Tieck sein höchstes! und auf einen Grad der Kunst, wo wir wohl alle den Tieck noch nicht gesehen haben. Wenden Sie sich nur an Bernhardi; wenn ich recht gehört habe, bekömt er Aushängebogen. Ich danke Ihnen, und den D[octor] Bing recht sehr, für Ihre Nachrichten wegen den Gebrauch der Valeriana[237]; ich befinde mich jezt recht wohl, und habe seit einige Wochen gar keine Medizin gebraucht.

Ist der Herz ihre Prenzlauschwester schon in Berlin? noch in Berlin? was haben Sie mit ihr gemacht? annihilirt?

Tausend freundliche herzliche Grüsse am Grafen Alexander, mit dessen Zurückkunft so wie mit Jettens Freude darüber, ich mich sehr gefreut habe. Ich empfehle mich seinem freundschaftlichen Andenken. Leben Sie wohl Freund und meiner eingedenk, denken Sie immer darauf wie wir es einrichten, wenn ich nach Berlin komme, wie wir viel und freundlich zusammen sein können; denn Sie mein lieber S[chleyermacher] müssen mir viel, ach! gar viel viel ersetzen wenn ich nach Berlin komme; Sie können aber auch recht viel – – – Leben Sie recht wohl.

Dorothea.

Noch eins mein guter Freund! wenn Sie etwa Zelter einmal sehen, so empfehlen Sie mich seinem Angedenken. Ich wollte er hätte alle die Briefe, die ich ihm schon in Gedanken geschrieben habe, zur wirklichen Ausführung, habe ich noch immer nicht kommen können.

Dorothea Mendelssohn-Veit-Schlegel an Friedrich Schleiermacher, 6. Januar 1800, in: KGA V.3, Nr. 770, S. 334-338.

57. Dorothea Mendelssohn-Veit-Schlegel an Friedrich Schleiermacher, 16. Januar 1800

Jena den 16ten Januar 1800
Friedrich hat wunderwürdige Tercinen[238] gemacht, kömt mit jeder einzelnen Tercine drey Treppen herunter, liesst es mir einzeln vor, und da ich stupider Weise, unmöglich gleich den Sinn fassen kann, obgleich der Glanz der Verse mich trifft, und mir behagt, so fährt er mich dermassen an, daß ich vor Angst fast gestorben bin. Auf diesen Vorfall habe ich dies Sonett gemacht, das ich Ihnen hier mitschicke; es wird Sie gewiß amusiren; zeigen Sie es Jetten, aber sonst an keinen Menschen, und auch Jette muß es keinem Menschen wieder sagen. So wie ich Sie beyden recht herzlich bitte, ja keinem Menschen das Geheimniß mit dem Florentin zu verrathen. Wenn Sie die Bernhardi sehen, so bitte ich Sie ihr einliegenden Brief zu geben, und sie zugleich in meinen Namen zu bitten, daß sie ja niemand etwas vom Florentin sagen sollte, ich habe es ihr zu schreiben vergessen. Mit Unger ist es so gut wie richtig, er wil 2 L[ouis]d'or für den Meister Format geben, und es im Romanen Journal nehmen, der bey ihn herauskommen soll. W[ilhelm] will ihn nur noch einmal schreiben daß erstlich der Redacteur des Journals kein Wort am M[a]n[u]sc[ri]pt ändern darf, und dann muß es einen Band für sich ausmachen, damit man nicht den ganzen Braß zu kaufen braucht. Geht er diese beyden Bedingungen ein, so ist der Handel geschloßen. Sie sehen also wie wichtig es ist, daß es kein Mensch erfahre. Der erste Theil wird dann etwa ein Alphabet stark, und kömt schon zu Ostern.
Ich komme auch im Sommer, das ist wohl ausgemacht, nur weiß ich immer noch nicht wenn? Es hängt von Wilhelms ab, wie wir das Reisen einrichten, und wird sich wohl auf keinen Fall eher entscheiden lassen, bis die Ernst hier ist, sie kömt im Merz. – W[ilhelm] hat nun gar die funeste [sic!] Idee gefasst den Winter in Berlin zu leben! Weil Tieck alsdenn wieder dort seyn wird, von den er nicht entfernt seyn will, und das F[riedrich] nicht

wegbleiben will, wo Sie, und Wilhelm, und Fichte, und Tieck leben, daß können Sie wohl denken. Für mich ist es traurig, aber was soll ich machen, wo soll ich denn allein hin? ob Caro[line] mit nach Berlin kömt, ist äusserst zweifelhaft. Ueberhaupt ergeben sich jezt Dinge, die der Mund nicht hört, das Herz nicht sieht, kein Auge sagt, und kein Ohr sieht, sagt Zettel. Schreiben kann ich es nicht, denn es ist viel zu erzählen, aber ich werde viel zu erzählen haben wenn ich Sie wieder sehe. Es wird mir immer wahrscheinlicher, daß *Sie* sich nicht mit Caro[line] eben so lange vertragen würden, als es mir gelingt. Mir gelingt es aber auf eine wunderwürdige Weise. Obgleich es a l'ordre du jour hier ist, daß sich die Menschen hier, wie es in einer Republik von lauter Despoten natürlich ist, immer zanken wie die Buben, so bin ich ganz allein davon verschont, und ich habe mich noch immer einer zärtlichen, und achtenden Behandlung zu erfreuen. Friedrich aber auch größtentheils. Wir beyde sind wie die Patriarchen, geehrt, und geliebt. Lieber Freund ich muß mich rasend sputen, daher kömt die Confusion in meinen Schreiben, ich unterhielte mich gern länger mit Ihnen, nur habe ich nicht viel Zeit.

Die schöne Geselligkeit
kostet gar viele Zeit.

Wollten Sie mir wohl die Liebe erzeigen, und V[eit] fragen wenn Sie ihn sehen ob er mir wohl den Gefallen thun will, um den ich ihn in meinen vorigen Briefe bat, Fichten 6 L[ouis]d'or für mich auszuzahlen wenn er nach Berlin kömmt; ich habe ihn eine assignation[239] gegeben, und ich hoffe, er wird sie nicht zurückschicken. Auch das die Sachen von Leipzig nun angekommen sind, sagen Sie ihn, ich werde ihn nächsten Posttag schreiben, und ihn für seine Gefälligkeit danken.
Freilich nur ein *halbes* Loos lieber Freund, so habe ich ja auch nur halbe Schlimmilerey. Sie haben doch eins für mich? Das Porto was Sie in Sachen des Athenäums und überhaupt für dop-

pelte Briefe ausgeben, schreiben Sie nur auf, das müssen Ihnen die Redactoren vergüten. Thun Sie es aber ja! Geben Sie den Zettel an Jetten, und grüssen Sie den Grafen Alexander.[240]
Die Ihrige

DV.
Was in aller Welt werden Sie nur zur Fichten sagen? Schade daß es keine burlescas[241] mehr giebt, er und sie neben einander sind vollkommne italiänische Masken. Sapin et sapine[242] könnten sie heissen. adio amico caro

Dorothea Mendelssohn-Veit-Schlegel an Friedrich Schleiermacher, 16. Januar 1800, in: KGA V.3, Nr. 773, S. 345-348.

58. Dorothea Mendelssohn-Veit-Schlegel an Rahel Levin-Varnhagen, 23. Januar 1800

Jena, 23. Januar 1800

[...] Sie wollen Caroline Schlegel nicht für *hart* erkennen? Darin haben Sie nun geirrt, und hätten Sie auch sonst niemals geirrt. Hart, hart wie Stein; wir beide, Sie und ich, meine Liebe, wir sind sammetweich gegen Caroline! Sie kann übrigens recht liebenswürdig sein, *wenn sie will*! aber sie *muß* nicht! Nein, Liebe, sie hat unendliche Vorzüge vor den meisten Frauen, in andern steht sie wieder ganz mit den meisten auf demselben Grad; in der Kieselhärte sucht sie aber ihresgleichen, und wie *Ihnen* das entgehen konnte, ist mir unbegreiflich. Über die kleine große Auguste Böhmer sagten Sie mir einmal sehr wahre Worte. Aber sie ist doch eine schöne Natur, es ist schade, daß nichts mehr aus ihr wird. Ihre Stimme wird auch zugrunde gehen, sie hat hier keine Gelegenheit, etwas zu lernen, und hat sich eine Menge falscher Manieren angewöhnt; aber ich wünschte recht, daß sie einmal nach Berlin käme, um etwas ordentliches zu hören und zu lernen, denn sie hat für ihr Alter eine seltene und starke Stimme.

Je länger ich hier bin, desto liebevoller und zutraulicher wird mir begegnet, und meine stolze Demut ist mir zugleich ein undurchdringliches Schild gegen kalten Egoismus. So vornehm, so fein, so still treu und liebend wie Friedrich ist keiner mehr! und den göttlichsten Verstand hat er obenein [...].

Dorothea Mendelssohn-Veit-Schlegel an Rahel Levin-Varnhagen, 23. Januar 1800, in: RB, Nr. 185, S. 316-317.

59. Novalis an Friedrich Schlegel, 31. Januar 1800

Weißenfels: den 31sten Jänner. [1800]. [Freitag] Gestern, theuerster Freund, kam ich erst von einer Reise nach Freyberg und Dresden zurück – und also erhielt ich Deinen Brief spät. Ich freue mich, daß ihr meiner gedenkt und wäre gern längst zu euch gekommen, wenn tausend Zerstreuungen und Geschäfte es erlaubt hätten. Die liebe Ernsten habe ich einige Augenblicke gesehn und bin sehr glücklich gewesen so manches mit ihr geschwisterlich zu besprechen. Sie kommt nun bald und wird sichs hoffentlich einige Tage hier gefallen lassen. Schon in Freyberg erhielt ich durch Steffens die unangenehme Nachricht von Tieks Kranckheit. Ich habe den herzlichsten Antheil an diesem widrigen Schicksal genommen. Ich freue mich Seinetwegen auf Frühjahr mit seinen kräftigen Essenzen in tausenderley Gestalt. Der Winter ist nicht für Tiek. Er muß, wenn das nicht zu heben wäre, schlechthin in ein südlicheres Clima.
Grüße diesen lieben Menschen und seine Frau auf das zärtlichste und brüderlichste von mir. Ich liebe sie unaussprechlich.
Euer Fleiß und Eure Idee mit dem Athenaeum ist mir lieb. Ich gebe euch die Lieder gern in dies Stück der Versöhnung. Deine Terzinen reitzen meine volle Neugierde. Schade, daß ich nichts von der Lucinde höre. Ich lege Dir einen Brief bey, der doch ein

kleines Gegengewicht in der Wage der öffentlichen Meynung über euch ist – ob ich gleich so wenig aus dem Pro, als contra, in diesem Fall mache. Die Kritik der Musenallmanache und die Comoedie gegen Kotzebue werdet ihr wohl schon kennen. Ich habe nur von beyden reden hören. Sternbald und Genoveva erscheinen doch wohl noch Ostern? Meinen Liedern gebt die Aufschrift:

Probe eines neuen, geistlichen Gesangbuchs.

Außerdem schick ich euch noch ein langes Gedicht – vielleicht paßt es euch zu eurem Plan. Die Europa schikt mir wieder – ich habe eine andre Idee damit – Sie kann mit einigen Veränderungen zu einigen andern öffentlichen Reden kommen, und mit diesen besonders gedruckt werden. Die Beredsamkeit muß auch gepflegt werden und der Stoff ist herrlich, z. B. Reden an Buonaparte, an die Fürsten, ans europaeische Volk, für die Poesie, gegen die Moral, an das neue Jahrhundert.

Das Neueste von mir ist ein bald fertiger Roman –

Heinrich von Afterdingen.

Wenn nicht alles entgegen ist, so kommt er schon Ostern. Sobald ich fertig bin, erhältst Du ihn im M[anu]sc[ri]pte. Ich habe jezt nichts im Kopfe, als Romane, und Lustspiele. Der Lehrling zu Saïs kommt nach der Vollendung des obigen R[omans] sogleich in die Arbeit. Lieder füllen einzelne Nebenstunden aus, und die Reden sind für den Sommer zur Unterbrechung des Romantischen bestimmt. Zu einem geistlichen Journal sammle ich bis Michaëlis Stoff. Ich bin mit Arbeiten überhäuft – da ich noch Theil an einem technischen Journal in Freyberg nehmen soll. Indeß bin ich heiter und rüstig und habe keinen andern Wunsch, als Julien bald zu besitzen und gesund zu seyn, um meine Zeit so gut und ruhig, als möglich, benutzen zu können. Ich würde sehr erfreut seyn, wenn Du und Tiek und Wilhelm mich auf einige Tage in Kösen besuchen wolltet. Nur müßt ich es vorher wissen. Wir könnten dort einige höchstangenehme Tage zubringen.

Warum der Widerborst nicht gedruckt werden soll, kann ich nicht recht einsehn. Der Atheïsm müßt es seyn? aber denkt doch nur an die Götter Griechenlands? Schade wärs – seine Unverständlichkeit ist nur eine Unverständlichkeit für geistlose Menschen – sonst ist er sehr faßlich – im Gegentheil scheint er mir ausnehmend *klar* zu seyn – Es ist euch noch nicht klarers entwischt. Wilhelm antwort ich nicht besonders – dieser Brief ist auch an ihn. Ihr seyd ein einziges, untheilbares Wesen – völlig, wie die Brüder im ersten Theil des Dschinnistan.[243] Wenn ich heute toll untereinander geschrieben habe, so wundre Dich nicht – nach meiner Abwesenheit hab ich so manche Geschäfte vorgefunden, die mich alle nach verschiednen Seiten ziehn und mich zerstreun. Grüße die ganze poëtische Familie und behalte lieb

Deinen / Freund Hardenberg.

Carl grüßt euch herzlich.

Nota: Das Gedicht kommt erst nächsten Posttag, aber dann gewiß.

Novalis an Friedrich Schlegel, 31. Januar 1800, in: NS 4, Nr. 149, S. 317-318.

60. Dorothea Mendelssohn-Veit-Schlegel an Friedrich Schleiermacher, 14. Februar 1800

Jena den 14ten Februar 1800

Ich bitte Sie lieber Schleyermacher, wenn sie einmal un beau matin, recht viel bittres Teufelszeug eingenommen haben, und Ihnen sonst noch diabolisch zu Muthe ist, so lassen Sie die Frau Langen hohlen, und trösten Sie sie, so wie Ihr Gemüth und Ihre Stimmung es Ihnen eingeben. Die Frau ist nicht gescheut! – Sagen Sie ihr, sie sollte ihr Geld Ostern wiederhaben, ich mag wider kommen oder nicht, der 5 r[th] provision wird sie aber alsdenn verlustig. Sagen Sie ihr auch noch, daß ich eben eh Ihr Brief ankam schon im Begriff war es ihr sagen zu lassen daß sie es Ostern wieder nehmen müsste und daß ich sehr verdrüßlich auf sie bin weil sie sich so ungebehrdig anstellt, und fremden Leuten davon erzählt, – namentlich der *Bernhardi!* Was will sie von mir? ich habe ihr ja nichts versprochen was ich nicht halte, und ich dachte gar nichts anders, als sie zu mir zu nehmen, so bald ich zurück komme, wie kann sie aber verlangen daß ich schon zurük seyn soll? und überhaupt welches Recht hat sie mich geniren zu wollen? ich bitte Sie setzen Sie ihr den Kopf zurecht. Das mit dem Manne ist Windbeuteley ich nahm es gar nicht ohne seine Einwilligung, kurz sie soll es Ostern wieder haben. Es wird mich freylich in neuer Verlegenheit setzen – aber es muß geschehen! Sehen Sie der Florentin ist an Unger für das Romanenjournal verkauft, ich bekomme 2 L[ouis]d'or für den Bogen, Meisters Format. Der erste Theil ist beynah fertig, und wird über ein Alphabet stark, wahrscheinlich 25 Bogen. Davon hatte ich 100 r[th] bestimmt der Levin zu bezahlen, 50 r[th] für Sie, und das übrige brauche ich bis zum Juni, eher bekomme ich keine Pension. nun muß ich aber die Langen auch gleich bezahlen, das macht einen gewaltigen Strich durch die Rechnung! – mein M[a]n[u]sc[ri]pt ist jezt beym Abschreiber, weil ich meine Handschrift nicht produziren soll, das kostet mich auch unnöthiges Geld, und verdrießt mich, daß ich es nicht selber thun kann. Die andre Woche geht die grösste Hälfte nach der Druckerey, und wird auch gleich gedruckt. Im Sommer gedenk ich den zweyten Theil zu geben. – Hören Sie lieber Schleyermacher, fragen Sie doch die Langen klug aus, wo die Wohnung ist, die sie für mich gefunden hatte, vielleicht ist sie wirklich gut für mich; wenn meine Meubles *nicht* verkauft werden, so thue ich ja besser eine ordentliche Wohnung zu nehmen! – Ich komme im Sommer wieder, ob aber vor oder nach Johanni kann ich noch nicht bestimmen. Wilhelm hat das Haus noch bis Michaeli, und er wünscht mich den größten Theil des Sommers noch hier zu sehen, da es Friedrich auch wünscht, so kann ich nicht gut etwas dagegen haben, doch habe ich mein Wort nicht bestimmt gegeben, ich kann also zurück wenn es mir beliebt. Den Vortheil daß ich in der Meße wieder umsonst nach Berlin kommen kann muß ich auch nicht rechnen; denn wenn ich die Reise von Leipzig hieher rechne, samt Friedrichs besondere Reise, und noch besonders an Fracht für meinen Koffer, so wird es nicht viel weniger ausmachen; doch wie gesagt, ich bestimme nichts, vielleicht komme ich doch schon nach der OsterMesse. Caroline gedenkt mit Charlotten nach Dresden zurück zu reisen, die künftigen Monat her kömt, und den Sommer in Dresden zu seyn. Ich möchte es auch gerne, aber ich werde von vielen Seiten davon abgehalten. Ich komme vielleicht ein andermal hin. Eine Hauptursache ist warum ich jezt nicht kann: daß zwischen Caroline und Friedrich sich eine gewisse Antipathie entspinnt – – Sie kennen das an Friedrich! es ist das Ungeheuer das ihn mitten aus den Blumen der Freundschaft entgegen fährt – nur daß es dieses mahl nicht der gewöhnliche Frosch der öffentlichen Meynung ist; wir könnten es vielleicht schicklich, eine hurtige Spinne mit künstlichen Geweben nennen, der er ausweichen möchte. – Da Tieck bestimmt bis zu Johanni hier bleibt, so will auch Wilhelm nicht eher fort, dann will er eine Reise nach Göttingen und Hannover machen, und zu Michaeli nach Berlin kommen, und den Winter dort bleiben; Caroline kömt nicht mit, sie bleibt in Dresden bis auf weiteres. Warum, und wie so Caroline nicht mit Wilhelm reist, ist zu weitläuftig zu schreiben, dieses mündlich! Ich werde also aller Wahrscheinlichkeit nach hier bleiben bis Wilhelm fort geht, um die beyden Männer hier nicht hülflos, ohne Frau zu lassen. *Länger* als bis dahin möchte ich aber nicht gern bleiben, obgleich Wilhelm mir zuredet, ich sollte mit Friedrich ganz bis Michaeli hier bleiben, wenn er auch zu Johanni fort geht. – Was meynen Sie dazu? was soll ich hier allein mit Friedrich in dem grossen Hause? zwar Friedrich würde es gern sehen, aber ich weis nicht, ich könnte mich nicht leicht entschließen. Komm ich nun zu Johanni so kann ich allenfalls bis Michaeli in einer chambre garnie wohnen, nun fragt es sich aber, (stecken Sie und die Herz Ihre weisen Häupter zusammen, und rathen Sie mir:) soll ich zu Michaeli eine ordentliche Wohnung nehmen, oder chambre garnie bleiben? ich bin sehr in Zweifel wie? und wo? – Meiner eignen Neigung nach wünscht ich irgend ein stilles Hinterhäuschen zu bewohnen, wo ich einen weiten Himmel vor mir sehe, nicht weit von irgend einem Thor, kann es ein GartenHaus seyn, und der Garten zu meinem uneingeschränkten Gebrauch, so glaube ich es nicht theuer genug bezahlen zu können, und auf diesen Fall, könnte ich mich so gar entschließen den folgenden Sommer in Berlin zu bleiben; welches ich aber in einer finstern schlechten Gegend, ohne Garten nicht gut ausführen könnte, Sie wissen wie mir das Luftschöpfen unter den Linden verhasst ist, und was bliebe mir anderes wenn ich keinen Garten habe? nun muß ich aber bedenken, daß es nicht gar zu weit von der Hartungschen Schule seyn darf, und daß Wilhelm den Winter gern in der Nähe des Theaters wohnen möchte folglich Friedrich nicht gern weit von Wilhelm, und ich nicht gern weit von Friedrich. – Es bleibt mir also wohl nicht leicht etwas übrig, als Chambre garnie die man jede 4 Wochen verlassen kann, (nemlich den Winter über) in der Gegend des Gensd'armes Markts, oder Schleusenbrücke – sind diese aber nicht exorbitant theuer? und was soll ich mit meinen Meublen anfangen? Die Bernhardi will mein Büreau und mein Sopha so nicht länger als bis Ostern behalten. Den Sopha denk ich nimmt wohl Fichte, aber was wird aus meinem braven bureau? dieses möchte ich gern erhalten. – Ich stehe wie über einen verwickelten Schachspiel – rathen Sie mir doch zu einen entscheidenden Zug, lassen Sie sich von der Herz dabey helfen, und Gott helf Euch beiden.

Warum hat mir die Herz nicht die gelbe Rosenguirlande geschickt um die ich sie in einem besondern Zettel bat? ich bitte Dich liebe Jette schicke sie mir, Du sollst durch Fichten das Geld dafür haben, lege es nur aus. Es ist für Caroline, und sie hält es wohl gar für eine Ungefälligkeit von mir. Ich bitte Sie

lieber S[chleyermacher] wenn die Herz etwa nicht Zeit dazu findet, so tragen Sie es der Levi auf. Es soll eine Guirlande von kleinen gelben Rosen, und grünen Blättern seyn, die BlumenLeute können es in eine hölzerne Schachtel einpacken, und auf die Post her schicken. Caroline hat so viel Gefälligkeiten für mich, daß ich mein mögliches thun muß, ihr wieder zu dienen. – Ich hoffe meinen kleinen Auftrag zu Jonas seinen Geburtstag wird sie doch nicht höchst grausamer Weise abgelehnt haben, es würde mich sehr schmerzen, wenn ich ihn nichts zu seinen Geburtstag schenken könnte! einliegenden Brief, wird sie so gut seyn, und ihm dabey zustellen; den Zettel aber schicken Sie ihn gleich lieber S[chleyermacher] damit er nicht zu lange ohne Nachricht von mir bleibt. –
Und nun lieber Freund, sind Sie der unendlichen Aufträge noch nicht müde? Sagen Sie ja! denn ich bin ihrer herzlich überdrüssig und doch ist in diesem Fall, *geben,* leichter als *nehmen.* – Lassen Sie uns von hübschern Dingen sprechen.
Wie sehr mich Ihr Vorsatz mit der *UeberLucinde* freut, kann ich Ihnen nicht sagen; aber ich muß Ihnen gestehen daß ich es erwartete von Ihnen – möchte es doch kein Verhältniß geben daß Sie abhält, Ihren Namen, zu Ihrer aufrichtigen Meynung zu geben! – Friedrich steht mit Bohn in Unterhandlung wegen der Briefe; er hat ihn sehr artig geantwortet, stößt sich aber gewaltig an die Anonymität. Friedrich will ihn nun wieder schreiben, – doch hoffentlich wird er Ihnen eigenhändig über die Sache schreiben. Fichte wird künftigen Monat reisen; wir sehen ihn wenig hier, er ist, wenn die zweyte Hälfte mit ihm vereinigt ist, weder so lustig, noch so gesellig, als wenn er *einseitig* lebt. Ich werde, wenn der erste Theil des Florentin abgethan ist, welches in drey bis vier Wochen der Fall seyn wird, den Faublas[244] wieder vornehmen, Wilhelm wird ihn in der Ostermesse in Leipzig verkaufen, ich will das nicht umsonst gemacht haben. Habe ich Zeit so lese ich viel Italiänische Dichter und gedenke mit Ernst am Spanischen. Ich lerne viel zu, so viel meine wankende Gesundheit erlaubt, bildet einigermas-

sen das Talent sich in mir aus, Philipp wird gut und ziemlich verständig, von Jonas höre ich viel Gutes, so viel die fatale Geld Noth mir erlaubt leb ich ohne Sorgen; dünkt Ihnen Alles das, bey den mäßigen Fordrungen die ich an das Glück zu machen habe, noch nicht genug, so rechnen Sie dazu, daß ich von einem geliebten Freunde dauernd mit zärtlichsten Liebe geliebt werde, trotz allen gefährlichen Nachbarschaften, und Umgebungen; daß ich mit allen in Frieden lebe, während alle sich zanken; daß wer auch gegen niemand Schonung und Achtung hat, sie *mir* doch nicht versagt, und wer niemand ungehudelt lässt, *mich* doch ungehudelt lassen muß. So weit habe ich es mit der Hülfe Gottes gebracht, obgleich Friedrich mir sehr oft einen Vorwurf aus meiner Unverständigkeit wie er es nennt, macht – im gewöhnlichen Sinn quält mich dieser Vorwurf nicht, denn ich komme weiter als die übrigen, was will ich mehr? aber mich quält der Sinn den er damit verbinden muß, und den ich nicht errathe. Können Sie mich etwa auf die rechte Spur bringen was er damit meynt? – Doch dem sey wie ihm wolle, ich fühle mich so reich an vielen Gaben, und Geschenken, daß ich wohl Unrecht hätte, und sündlich thäte, wenn ich meine Geldarmuth mich zu sehr drücken ließe. Wolle mich nur das Glück so weit begünstigen, das ich noch einige Jahre lang meinen Freund unterstützen könnte, so wäre ich gewiß geborgen! Es ist gewiß und hier kann man das eher wahrnehmen als in Berlin, das er in einigen Jahren große Schritte thun muß. Er arbeitet auch jezt redlich und unermüdlich, aber wie kann man von einen Künstler verlangen daß er mit jeder Messe ein Kunstwerk liefere damit er zu leben habe? *Mehr verfertigen* kann er nicht, es dürfen aber nur einige Umstände zusammentreffen, so bekömt er *mehr bezahlt*, und das müßen das dürfen wir hoffen, treiben aber, und den Künstler zum Handwerker herunter drängen, das kann ich nicht, und es gelingt auch nicht. Was ich thun kann liegt in diesen Gränzen: ihm Ruhe schaffen, und selbst in Dehmuth als Handwerkerin Brod schaffen, bis *er* es kann. Und dazu bin ich redlich entschlossen. –

Was sagen Sie zu der kleinen Armee von Recensionen die bey dieser Gelegenheit von Wilhelms ans TagesLicht kommen? Das giebt wieder einen niedlichen Lärm! Es kömt mir vor, als wenn man einen Zu Gericht führt, der nun gesteht, daß er schon unzählige Mord u[nd] Unthaten verübt hatt, bey denen er glücklich entwischte. Da kömt denn mancher ganz unschuldig zu seinem Gute, das ihn vorlängst geraubt ward! – Was ich Ihnen einmal von der Republick der Despoten schrieb, darin habe ich doch Recht, Ich will Ihnen die Eitelkeit gern zugeben, aber dafür müssen Sie mir die Despotie lassen. – Wohnen Sie noch vor dem Oranien Thor? wann wird denn Ihr neuer Pallast fertig? – Was will die fatale Colik? Wird Ihnen Herz nicht *diesen* Aerger wenigstens *aus* dem Leibe jagen, da er Ihnen so manchen hinein jagt? – Wenn Sie den Rath einer ehrwürdigen Matrone folgen wollten, so sollten Sie einen wollnen Gürtel um den bloßen Leib tragen; Sie würden gewiß in kurzer Zeit die wohlthätige Wirkung davon spüren. Die Herz kann Ihnen einen von spanischer Wolle und mit dicken hölzernen Stecken striken lassen, nemlich ein doppeltes Stück Zeug davon, und so lang daß Sie es vorne wieder herumnehmen und zubinden können; es ist weicher, und angenehmer zu tragen, als Flanell; ich weiß es aus Erfahrung. – Mit meiner Gesundheit steht es so, so, lala! ich krüppele mich so durch, mit aufmerksamer Diät, und meiner täglichen Portion China und Valeriana; auf diese Weise halte ich mir wenigstens ernsthafte Anfälle ab; jedoch fühle ich mich täglich schwächer werden, und ich bin nun gewiß daß ich den Status von Gesundheit von meinen Vater geerbt habe, ich leide an denselben Schwächen. Ich hatte mir vorgenommen, mir das Frühjahr in der schönen Gegend hier zu Nutze zu machen, und den Pyrmonter Brunnen zu trinken, daran darf ich aber nunmehr, da ich der Langen das Geld wieder geben muß, auf keine Weise denken. – Ich habe den Gedanken gehabt, um mich aus dieser momentanen Verlegenheit zu ziehen, und nur eine Art von Ausweg zu sehen, ob Sie nicht bey Veit wieder Ihren wohlbefestigten Credit könnten geltend machen. Er giebt

Ihnen gern Geld, und wenn Sie nicht von besonderen Dingen davon abgehalten werden, so hat es gar keine Schwierigkeit. Nemlich Sie sollten 150 r[th] auf ein Jahr von ihm nehmen, 100 geben Sie alsdann gleich der Langen noch vor Ostern, und 50 r[th] behalten Sie für sich. Wollten Sie dies wohl thun? – Sie fordern Sie Ostern übers Jahr von *mir.* ich stelle Ihnen auch eine Handschrift als empfangen dafür aus. Lebe ich, so bin ich gar nicht in Sorgen sie Ihnen zu bezahlen, da mein zweyter Theil vom F[lorentin] alsdann fertig seyn wird, sterbe ich aber, so wird man sich nicht weigern diese Summe für mich zu bezahlen, obgleich die 2000 r[th] die ich zurück lasse den Kindern zugehören; Sie sind also sehr sicher. Ich gestehe Ihnen offenherzig mir wäre ein rechter Stein vom Herzen, wenn ich keinem schlechten Menschen mehr, etwas schuldig zu seyn brauchte! – O mein Freund! ich bin beschämt daß ich Ihnen so viel für mich zu thun, und zu denken gebe, wodurch werde ich Sie belohnen können? Wann werde ich Ihnen eine recht *reine Freude* mit meinen Briefen machen können? ohne Aufträge, Besorgungen; und Besorgnißen? – Was werden Sie zu diesen ungeheuer grossen schwazhaften Briefe sagen? – Ich konnte heute, mit diesen Sorgen der wirklichen Welt, für keinen Preis, das lose und übermüthige Wesen im Roman treiben, ich entschloß mich also, um nicht im dummen Trübsinn zu verfallen, Ihnen recht vieles zu schreiben, und was man nennt mit Ihnen plaudern. Ich sitze dabey auf Ihren gelben Sopha die Füsse bequem hinauf gelegt, Sie sitzen neben mir, und treiben Scherz und Hohn mit meinen Sorgen, und meinem betrübten Gesicht! Friedrich sieht über Uns hin, und denkt an das was wir sagen, aber mit einem so tiefen Ausdruck das man schwören möchte, er denkt an die neue Mythologie. Apropos wie gefällt Ihnen diese? – Jezt brütet er den zweyten Theil der Lucinde witzig aus. Zelter hat mir einen so schönen, naiven, witzigen, erfreulichen, und freundschaftlichen Brief geschrieben, daß er mich recht in die Seele erfreut. – Ist Brinkmann schon in Berlin? Sie schrieben er kömt, chemin faisant[245] – wo in aller Welt, kann man hin wollen, wenn man von Paris chemin faisant nach Berlin kömt? – Denken Sie sich nur, ich bin ordentlich begierig ihn einmal wieder zu sehen. Mit den *Fehlern* der Menschen geht es mir, wie mit allen Dingen, sie erscheinen in der Entfernung kleiner; die *Eigenschaften* aber erscheinen wie Himmelskörper in der Entfernung, durch den Glanz der Sonne als leuchtende Sterne. – Haben Jette und Alexander meine Seele aus ihren Rath gestoßen? Adieu mein Freund, bleiben Sie mir gewogen.

Dorothea

Dorothea Mendelssohn-Veit-Schlegel an Friedrich Schleiermacher, 14. Februar 1800, in: KGA V.3, Nr. 795, S. 385-393.

61. Novalis an Ludwig Tieck, 5. April 1800

Weißenfels. Den 5ten April. [1800]. [Sonnabend] Nur einige Zeilen heute, lieber Tiek. Deine Idee mit Severin[246] ist vergeblich – denn er hat kein Geld – doch hab ich ihn auf jeden Fall sondirt, aber er sagte mir, daß er gar nichts unternehmen könne. Sollte denn Dein Schwager nicht die Oper am füglichsten übernehmen können. Er kann den meisten Profit daraus ziehn, wenn er sie komponirt.
Mein Buchhändler Grieshammer hat auch kein Geld, und Göschen ist ein Narr, der auch noch überdem einen Groll gegen Dich hat, und selbst die Flügel einziehn muß. Doch Du kennst ja mehr Buchhändler, als ich, und hast mit vielen schon in Connexion gestanden, die für Sie nicht unvortheilhaft gewesen ist. Du kannst Dir auf alle Weise besser rathen, als ich. Meine Geschäfte haben mir noch nicht erlaubt, die Reisen zu machen, auf denen ich Gelegenheit finden könnte Dir zu helfen. Sobald ich nur wegkommen kann will ich fort. Indeß verlasse Dich nicht auf meine Spekulationen. Mancherley Umstände können mir in den Weg treten und es den Männern, an die ich mich wen-

den will, vor der Hand unmöglich machen, meinen Wunsch zu befriedigen. Ich will auch noch einen Mann zu Rathe ziehn, der mehr Menschen kennt und vielleicht eine gute Gelegenheit weis.

Das Schlimmste, lieber Tiek, ist, daß Du keinen bestimmten Aufenthalt hast. Du könntest viel leichter Geld kriegen, wenn Du an einem Ort einheimisch wärst und mit vielen Leuten auf einem vertraulichen Fuße. Sähen Sie dann Deine genaueingerichtete Wirthschaft und Du hättest Geldbedürfnisse, so würden Sie Dir ohne große Umstände borgen. Aber so steht es nicht zu ändern, daß die Meisten nicht dran wollen, einem Unbekannten, einem Schriftsteller, ohne festes Einkommen, auf sein bloßes Wort etwas vorzuschießen. Es ist dies eine Unbequemlichkeit Deiner Lebensart, die schwer zu vermeiden ist. Ich versichre, wenn Du nur eine kleine Stelle hättest, so wüßt ich eine Menge Leute, die Dir Kredit geben würden, aber so darf ich nicht dran denken. Wenn ich zu Dir komme, welches bald geschehn wird, wollen wir weitläuftiger darüber sprechen, vielleicht, daß uns dann noch ein guter Rath beyfällt. Ich denke mit der Ernsten euch zu besuchen, die diese Woche hoffentlich hierdurch geht.

Fertig bin ich mit dem ersten Theile meines Romans. Ich laß ihn eben abschreiben und bring ihn mit. Es ist mir lieb einen Anfang mit der Ausführung einer größern Idee gemacht zu haben – Ich habe viele Jahre nicht daran gekonnt einen größern Plan mit Geduld auszuführen, und nun seh ich mit Vergnügen diese Schwierigkeit hinter mir. Eignes Arbeiten bildet in der That mehr, als widerholtes Lesen. Beym Selbstangriff findet man erst die eigentlichen Schwierigkeiten und lernt die Kunst schätzen. Der bloße Liebhaber wird nothwendig unendlich viel übersehn, und nur das Gemüth des Werks allenfalls richtig beurtheilen können. Deine Schriften sind mir seitdem viel lehrreicher geworden, und ich lese sie nie, ohne neuen Genuß und neue Entdeckungen. Am Schluß hab ich ein Märchen eingeschaltet, das mir vorzügliche Freude gewährt hat. Es sollte mich recht freuen, wenn es Dir gefiele.

Mein Bruder [Karl] ist recht fleißig und es rührt sich in ihm unser gemeinschaftliches Band, die Poësie. Er dichtet und schreibt, und wie mich dünkt, nicht ohne Hoffnungen. Er hat in kurzer Zeit viele Schwierigkeiten der ersten Versuche überwunden und seine Versification bildet sich immer mehr. Ich habe ihn gebeten nur ämsig fortzufahren und sich von den Fehlern der ersten Versuche nicht abschrecken zu lassen. Er muß sich nachgerade von dem Einfluß seiner Lieblingsmuster losmachen lernen. Man lernt nur nach gerade ohne Hülfe gehn und es ist gut, wenn die Muster auch ihren eignen poëtischen Gang gehn. Du bist ihm noch hinderlich – Er hat sich in Dich hineingelesen und nun wird alles tieckisch. Ich suche ihn Dir mit guter Manier abwendig zu machen – Kann er erst selbst gehn, so mag er immer in Deine Fußtapfen treten. Es freut mich sein Eyfer, der ihm gewiß belohnt wird und ich sehe ihn gern in eine Beschäftigung vertieft, die auf alle Weise zur Reife befördert, und den anmuthigsten Lebensgenuß gewährt. Lebe wohl. Empfiehl uns Deiner Frau. Sidonie ist krank, indeß scheint es nicht von Bedeutung.

Dein / Freund Hardenberg.

Novalis an Ludwig Tieck, 5. April 1800, in: NS 4, Nr. 157, S. 327-329.

62. Novalis an Friedrich Schlegel, 5. April 1800

Weißenfels: den 5ten April. [1800]. [Sonnabend] Ich habe mit Fleis lange geschwiegen. Die ganze Zeit bin ich viel beschäftigt gewesen, und erst seit einigen Tagen hab ich den ersten Theil meines Romans zu Ende bringen können. Noch hab ich manche Geschäftsarbeiten, indeß in 8-14 Tagen bin ich auch damit zu einem Ruhepuncte gelangt. Sobald mein Roman ins Reine geschrieben ist, welches ohngefähr in 8 Tagen seyn wird, so schick ich ihn gleich zu euch. Es sollte mich innig freuen, wenn ihr an diesem ersten Versuche Gefallen fändet. Er wird gedruckt ohngefähr 20-22 Bogen stark werden – doch muß ich erst wissen, ob ihr euer Approbatur darunter sezt. Der Plan ist deutlich genug hingelegt, und der Stoff ein sehr günstiger Stoff. Die Wahl ist geglückt – über die Ausführung mag ich nichts sagen, weil man sich leicht in eine fehlerhafte Ansicht verlieren kann. Der vollständige Titel ist:

Heinrich von Afterdingen.
Ein Roman
von
Novalis.
Erster Theil.
Die Erwartung.

Es sollte mir lieb seyn, wenn Ihr Roman und Märchen in einer glücklichen Mischung zu bemerken glaubtet, und der erste Theil euch eine noch innigere Mischung im 2ten Theile profezyhte. Der Roman soll allmälich in Märchen übergehn. Es sind einige Lieder drinn, die ich euch mit einiger Gewisheit schon vorlegen kann. Am Neugierigsten bin ich auf euer Urtheil vom Schlusse des ersten Theils.

Doch ich will aufhören. Die Ernsten erwarte ich in künftiger Woche. Vielleicht kann ich sie begleiten und euch selbst den Roman mitbringen.

Warum hast Du mir denn keine Gedichte geschickt? Ich bin äußerst begierig etwas von Dir zu lesen. Tiek hat mir viel Wunderbares davon geschrieben. Es hat mich lange nach einem Geistesgenuß nicht so verlangt, wie nach Deinen Gedichten. Du würdest Sie mir aus Freundschaft schicken, wenn Du wüßtest, wie kümmerlich ich nur von eignen Fette zehren muß. Außer meinem Bruder, den ich doch selten genug sehe, kann ich mit keinem Menschen von meinen Lieblings Beschäftigungen reden. Da seyd ihr besser dran. Tiek hat mir auch viel Schönes von Wilhelms Arbeiten geschrieben. Seine Gedichte wünsch ich recht bald zu haben – Im Stillen hoff ich Sie erst recht kennen zu lernen und zu genießen. Sein Urtheil über meine Sachen bitt ich mir von ihm ausdrücklich von dem Deinigen separirt aus – Deins ist allemal eigenthümlich – das Seinige historisch und allgemein. Die Schwägerinn hat sich gewiß mit müßigen Anschaun begnügt. Außer einer gemüthlichen Kritik darf man nichts von ihr erwarten.

Tiek ist fleißig gewesen, fleißiger gewiß, wie Du, trotz seiner Krankheit – denn die Lucinde ist wohl noch nicht fertig. Doch hat er mir nicht geschrieben, ob der Sternbald fertig ist.

Auf die Ernsten freu ich mich sehr, und meine Eltern auch. Wie herrlich wär es, wenn ich sie begleiten könnte. Wir wollten einige köstliche Tage verleben. Wie wirds denn diesen Sommer mit eurem Aufenthalte?

Mit mir nimmts hoffentlich bald ein fröliches Ende. Zu Johannis denk ich im Paradiese zu seyn.

Grüße alle Deine Lieben – auch Schelling und schicke mir einige Deiner Gedichte.

Dein / Freund / Hardenberg.

Novalis an Friedrich Schlegel, 5. April 1800, in: NS 4, Nr. 158, S. 329-331.

63. Dorothea Mendelssohn-Veit-Schlegel an Friedrich Schleiermacher, 22. August 1800

Jena den 22ten August 1800
Die Oekonomika will ich diesesmal zu letzt lassen damit sie mir nicht gleich zuerst die Fantasie verderben. Zu aller erst will ich Ihnen meine innige Freude bezeigen daß es mit Ihrem Herkommen nun so gut als ausgemacht ist. Schade bleibt es immer daß Sie nicht eine schönere Jahreszeit wählen können, um

auch Ihr Herz einmal an der Natur zu laben; aber wir wollen dennoch schöne Tage leben; Gott gebe nur daß nichts dazwischen kömmt, was den herrlichen Plan wieder rückgängig macht. – Wir haben indessen einige Tage aufs Land gelebt, eine Meile von hier, in eine der reizendsten lieblichsten Gegend um Jena. ich war zwölf Tage draußen Friedrich aber nur sechs. Wir waren herzlich vergnügt, und auf den herrlichen Spaziergängen haben wir immer treulich Ihrer gedacht. Ritter (dessen Bekanntschaft ich seit kurzen genauer gemacht habe) hat mit uns draußen gelebt. Es ist ein herrlicher Mensch, einer von den seltnen Erscheinungen auf dieser Erde. Seyn Sie so gut und gebrauchen Sie ihre bekannte unausbleibliche Opposition nur so gleich, ehe sie ihn sehen: denn alsdann dürfen Sie wahrhaftig keine Zeit damit verderben, Sie müßen ihn ja doch am Ende lieb gewinnen! Er ist einer Ihrer größten Liebhaber und Leser; die Monologen waren von großer Wirkung auf sein Gemüth, und mit den Reden geht eine neue Zeit Rechnung bey ihm an. Die Briefe (ohne daß er den Verfasser kannte) liebt er sehr, kurz er ist durchdrungen von Ihnen, und liebt Sie wahrhaft; ich habe es ihm gesagt daß Sie kommen und er läßt Ihnen durch mich seine Freude bezeigen Sie persönlich kennen zu lernen. O wie will ich mich ausgelassen freuen, wenn ich in meinem Zimmer die ganze Kirche versammelt sehen werde; Hardenberg rechne ich mit, der soll auch kommen; ich habe jetzt mehr Zutraun zu ihm als Anfangs wo ich mit Caro[linens] Hülfe alles schief ansahe und die Schuld war daß mich wieder alles schief ansah. Sie, Friedrich, Ritter, und Hardenberg! Wenn ich mich nicht gewöhnen werde jede Mahlzeit als ein Liebesmahl zu betrachten, so werde ich nimmermehr den Muth haben, mit euch an einen Tisch, und aus einer Schüßel zu eßen. – Paulus sind wieder hier von Bocklet,[247] ich habe ihn von Ihnen unbekannter Weise gegrüßt, und er dankt und freut sich auf Ihre Bekanntschafft. Es ist ein sehr würdiger Mann; um auch liebenswürdig zu seyn fehlt ihn nichts als wenigstens eine Art von Sinn für andre Poesie als die Orientalische; er ist so verständig, gelassen, freundlich und so still thätig, daß man sich recht glücklich fühlt ihn zum weltlichen Freunde zu haben. Seine Frau habe ich sehr lieb. Sie ist die erste Frau in deren Umgang ich mich wieder der ersten jugendlichen Freundschaft mit Jetten erinnern darf. Es ist dieselbe Art von gänzlichem Zutrauen zwischen uns; auch ist zwischen uns, wie damals mehr ein Ergänzen, als Aehnlichkeit. Ihre Gesundheit ist sehr wankend, das macht sie oft traurig und aengstlich, und mich mit, sonst wären wir beyde ein paar lustige Vögel. Sie hat gar artige Nachrichten von Bocklet mitgebracht; Caro[line] und Schelling haben sich dermassen dort lächerlich und verhasst gemacht daß es ein Spektakel ist – Was Sie über Augustens Tod meynten ist freylich das Rechte wenn die Mutter aber grade über diesen Trost nicht verzweifelt, so hat sie viel contenance. Ich meinestheils war hierüber der Meynung die Sie von der Fichten der Bernh[ardi] und Jetten schreiben. Alles was weiblich in einem ist muß sich empören bey dieser ruchlosen Verderbtheit. An der Ruhr ist sie wohl nicht eigentlich gestorben, an dieser stirbt man nicht mehr, sagte Hufeland; aber diese Krankheit traf sich grade in einer sehr kritischen Epoche für junge Mädchen an deren Eintritt Auguste schon seit einem Jahre litt, bey der eine so zarte Natur wie die ihrige war, so wohl geistig als körperlich mit der größten Schonung behandelt werden muß; die heftigen Erschütterungen die das Kind leiden mußte, haben ihren Zustand schon seit lange gefährlich gemacht; es war von je her unvernünftig sie so früh als Erwachsene zu behandeln; sie mußte freylich bey der Interessanten Frühreife auch zu früh zu Grunde gehen. Die Brownsche Kunst hat sich bey diesen Fall nichts vorzuwerfen, sie hatten gar keinen Arzt bey ihr als einen ganz unbekanten Menschen aus der Gegend bey Bocklet, der nichts weniger als Brownisch war; zum Ueberfluß hat auch Schelling hinein gepfuscht; um Aerzte nach Bamberg schickte man erst als sie schon bis zum Gürtel hinauf kalt war; Röschlaub kam und fand sie schon todt. Dieser behauptet nun freylich daß ihre Krankheit gleich Anfangs tödlich gewesen sey; um desto unverzeihlicher ist aber die Sicherheit mit der man nicht einmal gleich anfangs nach Aerzte schickte. kurz – – Und nun die Ostentation[248] der Trauer! – Schweigen wir von nun an ganz still über all das Volk; ich schreibe Ihnen nichts mehr darüber denn ich bin zu sehr indignirt. Ist es nicht erbaulich übrigens wie die Fichte bey den Männern alles auf den Probierstein der Großmuth streicht? so wie sie mit der Großmuth, so ich mit der Liebe! – Dafür sey Gott gedankt daß Sie sich endlich nicht mehr von Herz einen Maulkorb anlegen lassen es war sündlich daß Sie es bisher litten. Es muß nichts in der Welt geben, um das man sich den Despotismus gefallen läßt. Man kan nicht von den Leuten verlangen: sie sollten verständig seyn aber warum jene das Gegentheil von andern sollen verlangen können dürfen, ist doch auch nicht abzusehen. Mir gefällt nun Ihre Engelsche Notiz[249] ganz über die Maßen sehr, es ist ein ewiges Wetterleuchten von Witz. Friedrich betet eben so die Notiz der Bestimmung an; wahrhaftig! Sie sollten doch einmal Herz[250] unter der Hand fragen, ob er verlangt daß Sie pour l'amour de ses beaux yeux[251] mit dem Engel mehr Umstände machen sollten als Sie sie sich selbst mit Fichten erlaubt haben. Friedrich hat einen Brief von Fichten gehabt; *Uebel* scheint er Nichts genommen zu haben aber so viel ich von dem verstehe was er darüber schreibt, scheint er sich zu wundern, daß man nicht jedes Ding in der Welt für abgethan u[nd] fertig hält, so bald *er* etwas darüber gesagt hat; so als ob *seine* Meynung der Schlußstein wäre nach dem sich nichts mehr hinzufügen läßt.

Nehmen Sie meine Bewunderung und meine Anbetung wegen der Recension im Archiv![252] So vortrefflich haben Sie sich meinem Gefühl nach, noch nirgend ausgesprochen wo die Rede nicht von Ihnen selbst war. So klar, so kräftig und nachläßig habe ich nichts noch von Ihnen gelesen, diese Ruhe der Ansicht habe ich auch sonst nirgend von Ihnen gefunden; zugleicher Zeit haben Sie sich auch in Absicht des Stils kunstreich doch nicht künstlich verborgen.

So daß ich wohl Ihre Gesinnungen darin vermuthete aber Ihre Art sich auszudrücken durchaus nicht darin finden konnte, wie wir es schon vermuteten daß es von Ihnen seyn könnte. Am zweyten Theil wird gedichtet das weiß ich, wenn aber auch daran wird gedruckt werden können das wißen die Götter! ich bin jetzt still und ergeben, denn darüber hat kein Mensch Gewalt. Wollte Gott es würde *hier* gedruckt, der Printers devil[253] ist die einzige Macht auf Erden die etwas darüber vermag. So müßen Sie sich eben auch mit dem Florentin gedulden bis Sie Aushängebogen bekommen, es kann alles nicht helfen. Er muß zur Hälfte noch Corrigirt werden, dazu kann wieder niemand helfen als des Printers Devil. Soll ich aber die Wahrheit sagen, so wünschte ich es brauchte kein Mensch diesen Florentin zu lesen denn für mein Gefühl ist es, und bleibt es Unrecht daß dieses NaturGewächs (mit andern Worten dieses Unkraut) unter den Auspicien eines Künstlers erscheinen soll, auf dessen Unpartheylichkeit man sich verlassen muß können! Es ist, und bleibt eine schamlose Finanzoperation; ich wünschte nur man könnte dieß auf eine schickliche Weise irgend wo öffentlich sagen. – Ich schreibe jetzt eine Novelle: Friedrich hat den Anfang gesehen und ist zufrieden damit, wenn ich kapabel bin sie dem Anfang entsprechend durchzuführen, so wird sie sich eine brillante Stelle erwerben; ich sage aber noch nicht, wo, auch nicht, was, oder wie, bis sie da ist. [...]

Dorothea Mendelssohn-Veit-Schlegel an Friedrich Schleiermacher, 22. August 1800, in: KGA V.4, Nr. 935, S. 220-226.

Abb. 14: Philipp Otto Runge, Wir Drei (1805)

Andere gesellige Kreise.

Berlin, Dresden und Paris

Die einstige Idylle des Beisammenseins hatte in Jena desillusionierend geendet. War die von Schleiermacher entworfene gesellige Utopie gescheitert? Einen Monat nach dem Tode von Novalis, im April 1801, verlässt Friedrich Schlegel zusammen mit Dorothea Jena und ging nach Berlin. Schelling hatte die Mitte des Jahres 1800 nicht in Jena verbracht, kehrte im Oktober 1800 zurück und arbeitet eng mit Hegel zusammen, der im Januar 1801 nach Jena gekommen war. A. W. Schlegel hielt schon im Winter 1801/02 öffentliche Vorlesungen in Berlin, befand sich also auch nicht mehr in Thüringen. Schelling heiratete 1803 Caroline, nachdem diese sich von A. W. Schlegel hatte scheiden lassen; anschließend findet man beide in Würzburg und München. Schleiermacher ging 1802 als Hofprediger nach Stolpe. Friedrich und Dorothea Schlegel zogen im Januar 1802 nach Dresden. Es folgte die Reise nach Paris, wo beide im Juli 1802 eintrafen. 1804 heiraten Friedrich und Dorothea. Tieck war im Herbst 1799 nach Jena gekommen, 1800 verließ er wieder die Stadt, verbrachte einige Monate in Hamburg, dann in Berlin. Jena war nur für einige mittelfristige Aufenthalte vorgesehen gewesen und im April 1801 ging er mit seiner Familie nach Dresden. Einem Angebot seines Freundes folgend ging er im Oktober 1802 auf das Landgut Ziebingen. Erst 1819 sollte er wieder in eine größere Stadt, nach Dresden, umsiedeln und in seinem herrschaftlich geführten Hause – auf Kosten seiner Geliebten Henriette von Finckenstein – das finden, was man wiederum als einen geselligen Kreis verstehen könnte. Zeit und

Umstände hatten sich allerdings geändert und es war nicht mehr das gemeinsame Denken und der kreative Gedankenaustausch, der im Mittelpunkt des Interesses der Teilnehmer stand. Man wollte die Meisterschaft seines Vortrages genießen, sich unterhalten lassen und den ‚König der Romantik' bewundern: „Er las dramatische Dichtungen vor. Die Meisterschaft seiner Vortrages ist so berühmt geworden, daß man jetzt noch mehr davon weiß als von seinen bleibenden Werken. [...] Ebenso trat im Shakespearschen Trauerspiel jede Gestalt lebendig vor den Zuhörer hin."[254] *Es ist zuletzt Tieck, der das Gespräch aus den Briefen und der Literatur wieder in die geselligen Runden bringt – nur mit anderen Intentionen und unter ganz anderem Vorzeichen: Es war andere Zeit geworden!*

64. Caroline Michaelis-Böhmer-Schlegel-Schelling an Friedrich Wilhelm Joseph Schelling, Anfang Januar 1801

Mein lieber Freund, wie bin ich doch in den lezten Stunden des Jahrs so lebhaft bey Dir gewesen. Am Morgen bekam ich Deinen Brief vom Weinachtstag noch, und wußte also, wo Du jenen Abend seyn würdest, das machte mir meine Einsamkeit recht heiter. Ich lebte nicht in mir, sondern völlig in Dir. Ich sah in das Zimmer hinein, wie Du gewiß hinein gesehn hast, und dachte, es müste auch vor meinen Augen etwas vorgehn, aber so weit gingen meine Visionen nicht, daß *ich* Dir nun etwa schon erzählen könnte, was *Du* mir zu erzählen haben wirst. Ich weiß nichts, als daß bey Goethe etwas vorgegangen ist; ob ihr euch etwas habt aufführen lassen oder selbst die Schauspieler waret, steht mir zu erfahren. Im lezten Fall kannst Du leicht um 12 Uhr Deiner Freundin Andenken in der tollen Gegenwart ertränkt haben. Ich will Dirs aber verzeihn, mein Liebling; der erste Augenblick, wo *Deine Intelligenz* sich wieder durch freye *Abstrakzion losriß*, gehörte doch wieder mein. Soll ich Dir auch *mein* 12 Uhr beschreiben? Es hatte blos ein innerliches Daseyn, rings herum kein Laut, kein einzig festlich Zeichen. Es gab allerley Gesellschaften, aber ich hätte bey keiner seyn mögen, auch die übrigen mochten nicht; Luise ging nur ein paar Stunden auf einen Ball und kam um 10 Uhr zurück. Schlegel befand sich nicht wohl, er schlief in meiner Stube auf dem Sopha den ganzen Abend. Ich war noch zu Luisen hinuntergegangen, denn zu Bett legen wollte sich doch keiner; wir brauten eine kleine Schale Punsch mit *huile de Canele*, der Schlag 12 überraschte uns, ich wollte Schlegel noch wecken, ehe es ausgeschlagen, denn es war mir, als könten üble Folgen daraus entstehn, wenn einer dabey nicht wachte, gleichsam als ob er das Zusammenklingen seiner Sterne verschliefe – also lief ich hinauf, er hatte den Schlag gehört, sich zusammengerafft und zu uns herunter gehn wollen, also begegneten wir uns wie die beyden Jahrhunderte auf der Treppe. Meine Seele aber war bey Dir und dem Ring an Deiner Hand. – Es war nicht eine einzige öffentliche Feyer hier angestellt, so daß sich außer dem Nachtwächter, der ein langes Lied sang, nichts vernehmen ließ. Siehst Du, diesmal hast Du es viel besser gehabt – und wirst es wohl oft noch besser haben als Deine gute Freundin. – Gestern haben wir doch etwas für die neue Zeit gethan: Hr. und Madam Schlegel haben ein *Souper* gegeben von einer sehr feinen Gattung, feine Leute, feine Speisen, feine Weine, feinen Geist. Zuerst ist der Tristan vorgelesen, dann Paläophron und Neoterpe[255] und zum Nachtisch ein Hanssachsisch Fastnachtsspiel, das Schlegel in aller Eil machte, wodurch es nicht schlimmer gerieth; es geht ins transcendente, ist aber doch sehr lebendig und gefiel ungemein. Er wird Dirs gern mittheilen. Höre, ich will Dirs nicht verbergen, auch der Pfarrer ist vorgelesen worden, und es entging niemand der großen Wirkung dieses inkorrekten Gedichts. Anonym blieb es, wie es sich versteht; nur Luise ahndete, es möchte von Dir seyn, und sagte es mir nachher. Schlegel, der es vorlas, wurde selbst wieder ganz davon ergriffen, und ich gerieth in ein Zittern, an dem die Vorstellung, daß dieß Dein Werk sey, wie gewöhnlich keinen kleinen Theil hatte. – Ja, Du triffst meine Schwäche recht gut, indem Du mir die Verkündigung Deiner Größe überschickst, ich lese erschrecklich gern davon, und dieß scheint mir auch ganz geistreich ausgedrückt und mit Sinn abgefaßt zu seyn. Weißt Du, wer es geschrieben hat? Ich bitte mir sogar das Sonett von W[ilhelm] aus und verspreche Dir es nicht unter die Leute zu bringen.

Schlegel befindet sich immer noch nicht wohl, gestern war es besser, heut hat er wieder Fieber, doch ist weiter nichts dabey
[Bogenende.]

Caroline Michaelis-Böhmer-Schlegel-Schelling an Friedrich Schelling, Anfang Januar 1801, in: CBF II, Nr. 279, S. 23-25.

65. Novalis an Ludwig Tieck, 1. Januar 1801

Dresden: den 1sten Jan[uar] 1801. [Donnerstag] Dein Brief hat mich herzlich gefreut. Wie lange wär ich Dir zuvorgekommen, wenn nicht seit dem August mich eine langwierige Kranckheit des Unterleibes und der Brust völlig außer Thätigkeit gesezt hätte. Noch währt sie und kann noch lange währen. An Arbeit ist jezt nicht zu denken. Der Winter legt meiner Genesung große Schwierigkeiten in den Weg und ich kann vor dem Sommer und vielleicht dem Gebrauch des Karlsbades auf keine gründliche Besserung hoffen. Ich schlendre so hin. Karl ist mein beständiger Pfleger – Julien ist auch hier und ich habe bis auf Kräfte und Gesundheit alles was mir angenehm seyn kann. In die Zeit meiner Kranckheit haben sich überdies die traurigsten Eräugnisse für meine und Juliens Familie gedrängt; die sich alle auf Kranckheit und Tod beziehn – So daß es eine trübe Zeit gewesen ist. Ich bin meist heiter gewesen.

Abb. 15: Ansicht Dresden, Altmarkt mit Kreuzkirche (1751)

Deine Bitte wegen Faust wird Ernst vielleicht erfüllen können. Deine Schwägerin und die Ernsten sehn wir am liebsten und häufigsten. Erstere gefällt uns allen sehr. Beyde freun sich unbeschreiblich auf Deine Herkunft. Auch Körner wünscht sehr Dich kennen zu lernen.
Urtheile bitt ich Dich mir jezt zu erlassen. Gearbeitet hab ich gar nichts – aber mich viel mit Poësie in Gedanken und im Lesen beschäftigt. Mündlich könnt ich Dir viel sagen. Sobald ich wieder etwas machen kann bin ich zu jeder Theilnahme bereitwillig. Von Schlegels habe ich seit langer Zeit wenig gehört, und gesehn.
Beym Florentin bin ich ziemlich Deiner Meynung.
Deine Sonnette haben mir herrlich gefallen.
Ich bleibe noch längere Zeit hier. Deine Briefe werden mir äußerst lieb seyn, aber Du mußt mit magern Antworten vorlieb nehmen. Was mich sehr plagt, daß ich nicht viel sprechen darf und das war mir zum Denken fast unentbehrlich.
Lebe wohl – grüße Deine liebe Frau herzlich. Karl wird selbst an Dich schreiben.
Dein / treuer Freund / Hardenberg sen.

Novalis an Ludwig Tieck, 1. Januar 1801, in: NS 4, Nr. 178, S. 343.

66. Dorothea Mendelssohn-Veit-Schlegel an Clemens Brentano, 27. Februar 1801

Jena, 27. Februar 1801

Stellen Sie sich vor, guter Brentano, ich *muß* Ihnen schreiben, erstlich weil in Ihrem letzten Briefe viel hübsche Sachen stehen, mit denen ich mich sehr freue: Ihre gelinde sänftliche Stimmung, die Beschreibung der Gegend, in der Sie leben, Ihr Wunsch, uns dort zu sehen, Ihr Ärgernis an Ihrer eigenen Witzelei. (Dieses ehrliche Ärgernis erinnerte mich auf eine sehr lustige Weise an Niethammer, dem ich gar zu gern nachsehe, wenn er aus seinem Hause herausgeht. Er kömmt immer gewaltig herausgestürzt, läuft, was er kann und ohne sich umzusehen, dann erinnert er sich plötzlich, stützt sich auf sich selbst zurück und marschiert ganz würdig weiter. Dieses Schauspiel genieße ich jetzt täglich einigemal; wir wohnen ihm gegenüber.) Dann hat mir auch das, was Heinse über die *Lucinde* gesagt hat, so wohlgefallen, daß ich notwendig Ihnen ein Zeichen dieses Wohlgefallens geben muß. Es ist sehr gut, es erfrischt einen ordentlich, wenn man unter der Menge von einfältigem Muß, das über diese *Lucinde* zum Ruhm sowohl als zur Lästerung vorgebracht wird, einmal ein Wort hört, das nach Ingwer und Vanille riecht. – Dann ist es auch gut und löblich, daß Sie den Lessing lesen, und daß Sie ihn lieben, ist sehr glücklich. Im *Herkules Musagetes*, den Friedrich Ihnen wahrscheinlich mitschickt, werden Sie finden, was ich damit meine, nämlich in den Versen, wo die Rede davon ist, wen man lieben müßte. – Auch daß das Geschäft Ihnen gelungen ist, darüber will ich Ihnen meine Freude bezeugen. Sie haben etwas gutes zustande gebracht.

Da nun alles, was ich Ihnen zu schreiben und geschrieben habe, nichts als Fröhlichkeit, Zufriedenheit und Freude bezeichnet, so kann Ihnen mein Brief nicht anders als angenehm sein, so leer er auch von anderm Inhalt ist. Ich habe auch darum Rosapapier erwählt, damit Sie gleich an der Farbe erkennen mögen, welch Geistes Kind er ist. In den *Lebensläufen nach aufsteigender*

Linie, die Sie auch einmal lesen müssen, wenn Sie es noch nicht getan haben, da ist ein sehr würdiger Mann, der gewissenhaft immer die Farbe seines Kleides, das er anzieht, nach den Begebenheiten, Gelegenheiten und Stimmungen wählt, die er soeben erlebt. Das ist eine recht gute Einrichtung. Warum sollen wir denn nur die *Trauer* äußerlich bezeichnen? Sind es andere Empfindungen weniger wert? wie – oder mehr?
Es geht uns recht gut so unter uns; fremde Leute sehen wir aber gar nicht und hören nur wenig von ihnen; was wir aber so erfahren, das belustigt uns ganz unerhört. So wird jetzt, wie uns gesagt wird, in ganz Jena behauptet, den *Florentin* hätte ich, ich gemacht! Und weil man nun so davon überzeugt ist, so schimpft man eben darum ganz unbarmherzig darauf. Einige Leute, die nach der Anzeige glaubten, er müsse von Friedrich selbst sein, lobten ihn schon vorher, die jetzt ihr Lob zurücknehmen; andre hatten schon vorher darauf geschimpft, die nun nicht wissen, was sie dazu für ein Gesicht machen sollen. Kurz, es ist ein Spaß. Am allerüberzeugtesten, daß er von mir sei, ist unser Freund Winckelmann. Es geht so weit mit ihm, daß er ein ordentliches Mitleiden mit mir hat; nichts desto weniger aber soll er doch ein wichtiges Mitglied einer Partei sein, die sich laut *gegen* diesen *Florentin* erklärt. Er soll nämlich aus dem *Meister,* dem *Sternbald* und dem *Woldemar*[256] zusammengestohlen sein, sagt jene Partei. Den letzten in jedem gebildeten Buche zu finden, ist nun einmal Winckelmann seine Schwäche; hat er ihn doch auch in der *Lucinde* gefunden. Alle Romane, die ihm nach etwas aussehen, kommen ihm wie *Woldemar* und alle Menschen, die er leiden mag, wie sein Onkel Leisewitz vor. Es ist doch ein ehrliches, treues Gemüt. – Ich kann nun von diesen Ähnlichkeiten, die der *Florentin* haben soll, keine finden, außer das Bestreben nach einem gebildeten Stil. Ebensogut könnte man viel vom Abc darin finden. Friedrich gibt ihn unter seinem Namen heraus, wem wir ihn aber eigentlich zu verdanken haben, weiß ich wahrhaftig auch nicht. Dem sei, wie ihm wolle, es ist ein recht freundliches, erfreuliches, ergötzliches Buch, das

mit aller Macht dem Weinerlichen entgegenstrebt, in dem die Farben manchmal etwas kindlich zu grell aufgetragen sind, aber sich eben darum perspektivisch wie eine Dekoration recht lustig ausnimmt, und das allerliebste Geschichtchen recht gebildet vorträgt. Was will man mehr? Mich hat es sehr amüsiert, ich habe es zweimal gelesen und erwarte mit Ungeduld die Fortsetzung. Schreiben Sie mir auch etwas darüber. [...]

Dorothea Mendelssohn-Veit-Schlegel an Clemens Brentano, 27. Februar 1801, in: RB, Nr. 220, S. 354-356.

67. August Wilhelm Schlegel an Friedrich Schleiermacher, 7. September 1801

Jena d. 7 Sept. 1801.

Verzeihen Sie, theuerster Freund, daß ich Sie seit meiner Abreise von B[erlin] erst jetzt wieder begrüße: es ist eigentlich die Hoffnung sehr bald wieder mit meinen dortigen Freunden zu leben, was mich nachläßig im Schreiben macht. Meine Ankündigung der Vorlesungen ist schon hinübergeschickt, ich empfehle sie hiemit Ihrer Protektion und Beförderung bestens; Sie können mich immer schon mit gutem Gewissen ein wenig herausstreichen. Diese Vorlesungen, in denen ich alles vernünftige und gemäßigte anbringen will, müssen mir das Mittel werden, zur Erhohlung mit meinen Freunden recht viel tolles u[nd] ungemäßigtes zu schwatzen, u[nd] ich denke dabey sind Sie interessirt, wenn auch nicht bey jenen.

Die Beurtheilung des Schillerschen Macbeth hat uns viel Freude gemacht, sie ist wahrlich eine sehr respektable Probe Ihrer Philologie. Ich möchte sagen, um eine starke Sensation zu machen, ist sie zu gründlich u[nd] philologisch; allein das haben Sie auch nicht bezweckt, indem Sie grade das härteste so gesagt, daß es nur Sch[iller] u[nd] die Kundigen ganz verstehen können, in welchem Falle der ehrliche Erlanger sich wahrscheinlich nicht befunden hat. Indessen finde ich diese Schonung bey der Strenge sehr angebracht. Ich ließe es mir gern gefallen, meinen Sh[akespeare] so von Ihnen beurtheilt zu sehen, wenn auch viel Tadel darin vorkommen sollte.

Auf die Beurtheilung der Charakteristiken – dieses seltne u[nd] wunderbare Ereigniß, etwas gescheidtes über unsre Sachen zu hören, freue ich mich recht sehr. Machen Sie nur, daß es bald kommt.

Friedrichen muß ich das Zeugniß geben, daß er einen sehr erbaulichen u[nd] fleißigen Lebenswandel führt u[nd] eigentlich beständig arbeitet. Er behauptet beym Plato hätten Sie ihm seine allgemeinen Studien nicht genug angerechnet. Wir sehen uns täglich, gehen viel mit einander spazieren u[nd] unser beständiges Gespräch ist die Kunst, u[nd] jetzt vorzüglich die dramatische. Da muß doch endlich auf eine oder die andre Art wieder etwas zu Stande kommen.

Was machen denn die poetischen Übersetzer-Studien? der Sophokles u[nd] die Trimeter? Nehmen Sie sich in Acht, daß ich Ihnen nicht zuvorkomme. Besonders von Trimetern wird gewaltig viel die Rede seyn, u[nd] Fr[iedrich] der sich einmal dagegen zu erklären schien, ist nicht der letzte daran, welche zu machen. Goethe äußerte auch, er wünsche diese Materie einmal mit mir durchzugehn überhaupt die in den antiken Tragödien vorkommenden Sylbenmaße. Er scheint noch nicht im reinen zu seyn, was er in seiner Arbeit den chorischen Sylbenmaßen substituiren soll. Wir waren jetzt zu lebhaft mit andern Dingen beschäftigt als daß wir näher hätten darauf kommen sollen.

Von Schell[ing] wird nächstens ein neues Stück des Journals erscheinen. Mit dem prächtigen Exemplar Ihrer Reden habe ich ihm eine große Freude gemacht, er hat sie wie ein wahrhaft geistliches Buch in schwarzen Corduan mit goldnem Schnitt binden lassen. Wegen Ihrer Predigten habe ich schon an Bernhardi's geschrieben, was Ihnen wohl wird ausgerichtet seyn. Da ich die Freunde hier so lebhaft mit der Lesung derselben beschäftigt fand, wollt' ich es, wie Eulenspiegel, doch auch selbst probiren. Allein es ist mir dabey natürlich ergangen wie einem Profanen; zu großem Ärgerniß der andern habe ich geäußert es müßten wohl romantische Predigten seyn, weil so viel Ironie darin wäre; besonders in der, wo der Tod Christi als ein wünschenswerthes Muster aufgestellt wird. Hernach die vortreffliche Predigt über den Text: Der Faule stirbt über seinen Wünschen, denn seine Hände wollen nichts thun, scheint mir eine offenbare Personalität gegen Tieck, dem ich sie wohl vorlesen möchte.

Fr[iedrich] hat mir eine kleine Sammlung von Epigrammen u[nd] dergl[eichen] unter dem Titel Saturnalien vorgelegt, worin deliciöse Sachen sind. Das hätten Sie nun auch genießen können, wenn Sie mich mit her begleitet hätten. Ich habe in dieser Art noch eben nichts neues wieder gemacht, es wird schon einmal kommen. Jetzt wird fleißig am Alm[anach][257] gedruckt, wovon ich bis jetzt etwa den 4ten Theil zur Correktur gehabt. Schade, daß Sie nicht mit darin sind[,] für das nächste Jahr rechne ich ganz gewiß darauf.

Um Ihnen meinen Brief doch einigermaßen interessant zu machen, schicke ich Ihnen hier die erste Rede aus dem Oedipus in Colonos. Sie werden sehen, daß die Trimeter ganz glimpflich gehalten, u[nd] der Kothurn[258] noch nicht eine halbe Elle hoch ist.

Leben Sie recht wohl, u[nd] lassen Sie bald wieder schriftlich u[nd] gedruckt etwas von sich lesen.

Ganz Ihr / AW Schlegel

August Wilhelm Schlegel an Friedrich Schleiermacher, 7. September 1801, in: KGA V.5, Nr. 1092, S. 191-195.

68. Johann Wilhelm Ritter an Carl Friedrich Ernst Frommann, 2. November 1801

Ein Brief von Ritter.
 Ob[er]Weima[r] d[en] 2 Nov[ember] 1801.
Willkommen von der Messe, mein lieber Frommann. Und sollte sie auch nicht die beste gewesen seyn, so denke ich nur an das Vergnügen, mit dem ich *diesen* Brief an Sie schreibe, und ich denke, Sie sollen auch Theil daran nehmen. Die Sache ist die. Ich kann sagen, ich bin mit der mühseeligsten Arbeit, der ich mich noch unterzog, *fertig*. In diesem Augenblick ist der letzte Versuch geendet. Die neue Sonne, der ich die ganze lange schlaflose Nacht mit Sehnsucht entgegensah, ist aufgegangen. Eine gewissere ruhigere Freude war noch nie mein. Kurz ich bin fertig: Ich komme Mittwoch nach Jena. Majer war im Voigtland bey s[einen] Eltern. Ich bring' ihm den Wagen nach Jena. Nun die Frage, lieber Freund: Gilt das Wort vom 15ten Sept[ember] noch? – Gewiß! Also: Wenn ich nun drüben bleibe, mich bey ihnen aufs Stübchen setzte, und ungestört in poetischer Ruhe, in der nemlichen, in der mich Gott segnete, meine sehr gut gemeinten Dinge niederschriebe, oder was dasselbe ist: aus meinen Papieren nur abschreibe! Ich weiß nicht Ein Buch, was ich dabey brauchte. Die Hebamme steht bey mir nie Gevatter. In Ob[er]Weim[ar] hab' ich keinen Ofen im Zimmer; ich bin bey 7° Reaumur meiner Sache treu geblieben. Auch bey *Gottes* Schöpfung ging anfangs ein kalter Wind über die kalte Erde; aber daß im *Paradies*, als er *Menschen* schuf, das Thermometer *unter* 0 gestanden habe, finden wir nirgends.
Und darum, weil ich denn in W[eimar] kein Logis dennoch habe, Ursach, weil ich nicht weiß, ob ich eins brauche, Grundes, weil es in wenig Tagen sobald ich *Ihnen* nur die Schuld gewährte, nach Gotha ganz u. höchst sicherlich geht – u. darum – so wäre es wohl schön, wenn Sie mir die 5-6 Tage, über die es nicht drum kann, ein Stübchen gäben, wo ein Ofen mit mehr Wahrheit indrinnen ist, als in dem meinigen, hier zu Oberweimar. Ich wette

Abb. 16: Porträt Johann Wilhelm Ritter (1776-1810)

darauf, daß Sie eben so vergnügt seyn sollen, als ich nur immer, wenn ich herunter komme u. sage: *da ists.* Auch wollt' ich doch wirklich gern, daß Sie einmal in der Nähe es sähen, was R. wirklich thut, sobald er nur *kann.* Eine *Batterie* bring' ich auch mit, und beym Himmel, *ewiger Friede soll werden.* Im Ernst: ich sehe wirklich nicht ab, wie ich es mit dem Niederarbeiten der ganzen Sache anfangen wollte. Jetzt kommt M[ajer] wieder, da wirds unruhig. Es wird kälter, das ist noch ärger. Die Zeit vergeht, Ich muß nach Gotha. Ich zerstreue mich. Andre Dinge sind da. Die *Peitsche* brächte mich nicht wieder zurück. Drum habe ich geglaubt, kluges zu thun, klüger zu thun.

Ich bringe vielerley Neues mit. Gutes u. Böses. Doch rechne ich zum letzten nur solche Dinge, wie etwa, daß Steffens sich bessern muß, oder sein Buch ist ganz schlecht. Welchen Text will ich ihm lesen. Und in der That, *ihm,* daß ers schlecht gemacht hat, will ich das zehnmal eher zwanzigmal deutlich machen, als etwa Sch[elling] Er soll sich wundern. Ich habe mich vorige Nacht erst wieder bis 3 mit ihm geärgert, u. Gott gebe, daß er mir die Noten sieht, die ich am Rande beygeschrieben habe. Indeß ginge noch alles; stünde nur auf dem Titel nicht: *Beweis.* Gott weiß, was das für ein Wort ist.

Adieu; ich komme, bringe, frage u. bin da.

Die schönsten Grüße an Ihre liebe Frau, u. wenn sie böse auf mich gewesen ist, soll's sie's nicht bleiben, sondern nur wieder gut werden.

Johann Wilhelm Ritter an Carl Friedrich Ernst Frommann, 2. November 1801, in: Ritter 1988, Nr. 17, S. 119-120.

69. Caroline Michaelis-Böhmer-Schlegel-Schelling an August Wilhelm Schlegel, 20. bis 21. Dezember 1801

[Jena] Sontag vor Weinachten [20.-21. Dez. 18]01. Wo soll ich anfangen um Dich genugsam zu schelten? Etwas Besseres wie Schelte sollte Dir auch diese Gelegenheit eigentlich nicht zu überbringen haben, denn sie wird von Freund Kotzebue angeführt, in dessen Gesellschaft zu reisen der Hr. Geh. Hofr. Loder sich eine besondre Ehre und Vergnügen macht. Sage mir, Freund, wie ist es eigentlich mit Deinem Schweigen? Vermeinst Du, weil Du mir Laubthaler geschickt, so sey es nun damit gethan? Oder bist Du so sehr zerstreut und beschäftigt zugleich, daß Du ganz ordentlicher weise Deine guten Freunde alhier vernachlässigst? Ich bin heute grausam in meiner Erwartung betrogen, wie kein Brief kam, wir alle – Schelling hat eine Art von Angst, es möchte Dir etwas unangenehmes begegnet seyn, – Julchen *verwundert* sich fast noch mehr wie ich selber. Es geht wirklich in die 4te Woche seit Deinen lezten ausführlichen Nachrichten, und kann seitdem freylich manches geschehn seyn. Liebster Wilhelm, ich muß wahrhaftig immer wissen, wie es Dir geht, sonst hab ich keine Ruhe – und überdem ist das, was ich von Dir höre, der einzige freundliche Besuch von außen her – Doch genug, um Dir darzuthun, daß Du mich bitterlich betrübt hast.

Meine Gesundheit ist ziemlich gut, aber – Du mußt bald schreiben. Hast Du denn meinen Brief vom Donnerstag vor 8 Tagen nicht so früh erhalten, daß Du mir schon hättest antworten können? In Absicht der Wohnung hätte es die Nothdurft erfordert – wie in Absicht auf mich der gute Wille. Ich soll nehmlich Resolution von mir geben wegen des Asverusschen Hauses ... es ist sehr freundlich, die Aussicht aus den obern Zimmern, besonders hinten hinaus, so hübsch wie möglich, das ganze Thal von Kunitz bis nach Dornburg hin, übrigens kleine Zimmer ... der Preis 60 rh. ... Zöge Mlle Schubart aus, die Schellings ehemaliges Logis hat, so könten Bernhardis mit darinn wohnen ... Auf allen Fall nehme ich es nur auf ein Jahr. Niethammers ziehn in das Unsrige, ihres ist verkauft. So viel hiervon. Deine Bücher sind abgeschickt, etwas später, wie ich hoffte, weil die äußerst schlechte Beschaffenheit der Wege die Fuhrleute zurück hielt. Catel, denk ich, soll den Wieland noch mit nehmen und die Schillerschen Sachen. Den *Shakesp.* hast Du ja dort bey Deinen Freunden, wenn es ihm zu viel werden sollte.

Was Du hier erhältst, mein artiger Freund, ist ein kleines artiges Nachspiel, was mir Luise noch geschickt hat, und ich in ein paar Abenden frey verdeutscht habe. Ich lege das Original bey, damit Du beurtheilen kannst, ob das Musikalische daran zur Musik des Ganzen gehört, oder füglich weggelassen werden mag; auch nachdem es die Convenienz gebieten wird. Allerliebst muß sich der Handel mit französischen Spiel machen, eure dortigen Schauspieler sind aber wohl etwas zu steife Gesellen für meine beyden Passagiere? Ich denke doch, Du kannsts anbringen. Ins Reine hab ich es nicht durch Julchen schreiben lassen, weil unstreitig der Ion in ihrer Handschrift an das dortige Theater gekommen ist, und Dir das nicht gelegen seyn möchte. Ihr habt ja dort einen Abschreiber. Es fiel mir wohl ein, es auch an Goethe zu schicken, da ich aber noch nicht weiß, ob das Theater in Weimar das mindeste zahlt, so unterließ ich es; Du kannst es ja allenfals von dort thun. Was in den paar Liedern und Duetts wesentliches enthalten ist, habe ich gleich behandelt, so daß nichts vermißt werden wird, außer daß etwa einmal der Frank bey dem Nachbar sich zu schnell expedirt, weil die Dehnung der Musik wegfällt. Diese Musik würde man übrigens in Braunschweig haben können, wo das Stück gegeben wird. Wilst Du mir nun Reparation leisten und die Stücke (durch Loder) wieder schicken, die Du mir so höhnisch mitnahmst, so mache ich sie Dir alle zurecht. Luise sagt, die *Diligence* machte sich *sehr* hübsch auf dem Theater, und die wollte ich auch schon hübsch bearbeiten. Damit Du siehst, daß es nicht Incapacität ist, daß ich die Reime nicht übersetzt habe, so leg ich ein Pröbchen der angefangenen Übersetzung selbiger bey.

Aber nun etwas von höhern theatralischen Angelegenheiten. Goethe meldet Schellingen, es ginge mit Ion einen sehr guten Gang, sie hoften ihn schon auf künftigen Sonnabend (als den 2ten Feyertag) zu zwingen, spätestens aber 8 Tage drauf. Nun, da wirst Du doch einige Emotion verspüren! Goethe scheint ungemein zufrieden mit der Anstelligkeit der Schauspieler. Du kannst denken, daß bereits verlautet, es werde ein Stück aufgeführt, aber ein Stück! einige sagen nur schlichtweg: in Hexametern, verständigere aber: in Heptintomachelapetern. – Was Du aber nicht denken wirst: Friedrich muß es nicht ernst mit der Verschweigung Deines Nahmens genommen haben, oder er hat seinen Ernst der Veit nicht mittheilen können – genug, Ritter hat Gries Deine Autorschaft verrathen – also vermuthlich auch Frommans und dergleichen – und gestern kam Carl Schelling, der von nichts wuste, und hatte sie von einem Nahmens *Richtsteig* bey Meders am öffentlichen Tisch erfahren, der es nach seiner Aussage von *Monsieur Ast* gehört hatte, alles indessen als ein tiefes Geheimniß. Da nun Ast alle Tage mit Mad. Veit spazieren geht, so hat sie es unstreitig diesem Jünglinge, der ihren Florentin recensirt hat, in vertraulicher Ergießung mitgetheilt. – Ich hätte Dir dies am Ende lieber verschwiegen, wenn Du nicht nun um desto aufmerksamer auf das Schicksal des Ion bey der Direktion in Berlin zu seyn Ursach hättest. Für hier ist es nicht wichtig, aber für dort gewiß, daß Du bekannt bist, zumal da Iffland und Kotzebue jetzt zusammen kommen. Gries sagte mir zwar, in Weimar habe er blos das Factum der Aufführung, aber nichts vom Verfasser gehört – indeß wird es Kotzebue *hier* leicht in Erfahrung gebracht haben. Wir sind etwas wüthend auf diese Indiskretion, und es scheint mir, Du könnest wohl Friedrich gradezu drauf anreden. Du mußt ihm auch nichts wieder vertraun, was zu verschweigen wirklich noth thut, oder Dir wenigstens ausdrüklich von ihm versprechen lassen, der Veit nichts zu sagen. Es herrscht in jener Kreise ein endloses Wiedersagen, und gewiß wird ein gut Theil weniger geklatscht werden, wenn sowohl die Veit als Friedrich weg sind,

denn er ist nicht frey von dieser Schwachheit. – Ritter scheint sich auch kein Gewissen hierüber zu machen – wie er denn in mehr Dingen höchst unverschämt ist. – Er hatte Gries folgendes komische Ding mitgetheilt, das ich Dir zu Deinem *Amusement,* wenn Du es nicht von Friedrich selbst weißt, ebenfals mittheilen will. Friedrich hatte in das Exemplar des verrückten Romans des Brentano ein Distichon geschrieben, was ungefähr so lautet:
Hundert Prügel vorn A– die wären Dir redlich zu gönnen, Fr. Schl. bezeugts, andre Vortrefliche auch.
Und hierunter haben mehr gute Freunde ihren Nahmen setzen müssen, Ritter unter andern. Dieser hat das Exemplar gern haben wollen, um es Brentano in die Hände zu spielen, der hier ist, allein es heißt, Friedrich habe es beygeschlossen, die Veit verleugnet es natürlich. Wiedererfahren wird es Brentano dennoch, was auch recht heilsam ist. Er ist gekommen, wie er spricht, um sich Fr. Schlegel zu zeigen, gleichsam dem Hohepriester, ob er noch Aussaz an sich hat, und wie er beschaffen ist. Nun war Friedrich weg, und er treibt sich hier mit seiner gränzenlosen Impertinenz herum, (schimpft item auf Goethe,) daß man täglich neue alberne Streiche davon hört, was uns in der Ferne belustigt, da der Narr uns nicht zu nahe kommt. In dieser Ferne hat mir denn sein Roman gleichfals ein augenblickliches Vergnügen gemacht. Allein es giebt andre Dinge – wie sie kein Auge gehört hat, kein Ohr gesehen – ja der Mensch ist nur ein alberner Hanswurst, wenn er zu sagen unternähme, was für Dinge! Ich habe ein äußerst rares Gesicht gehabt: und will hierunter den Vermehrerischen Allmanach verstanden wissen. Selbigen Tag hatten wir einen ähnlichen Besuch, es kam ein junger Niedersachse mit einem jungen Afrikaner, der erste trug den lezten auf den Rücken. Ein paar muntre feine Bursche, besonders war der Afrikaner von der grösten Behendigkeit. Sie suchten den großen Naturphilosophen Schelling bey mir auf – des Glaubens, daß sich die Philosophie so wenig wie die Natur der – Affen entschlagen könne. Nein, die Philosophie nicht, die Poesie nicht, besonders die Liebe und Religion nicht! Wie wird

Dir zu Sinne bey diesem vermaledeyten Klingklang? Da könt ichs euch sämtlich nicht verdenken, wenn ihr euch transferirt dünktet wie Zettel hinter dem Busch, und griffet nach den Köpfen, ob ihr nicht etwa auch rauhe Ohren zu fassen kriegtet. – Wie gefällt Dir die Mad. Eber, die das Ewige in sich fühlt? Es hat uns alles unendlichen Spaß gemacht.

So auch die Anzeige Deines Almanachs in der Salzburger Zeitung, die noch nie so eigentlich mit eisernen Kanonen zugefahren ist.

Schreib mir doch, ob jemand von dort aus eine Anzeige dieser Almanache in der Erlanger Zeitung etwa intendirt? Du hast mir überhaupt viel zu schreiben.

Der Kammerherr Einsiedel ist hier gewesen; vermuthlich ist er mit von beykommender Reisegesellschaft, es war seine Absicht, dann siehst Du ihn.

Es heißt, Goethe schreibe einen Roman. Schiller bearbeitet ein Stück von Gozzi.[259] Seine Hand wird schwer drauf liegen.

Ich lege Dir einen Brief von *Marcus* bey, weil ich nicht Zeit habe zu melden, was darinn steht – und habe an Martinengo geschrieben.

Auch von Deiner Mutter habe ich einen Brief erhalten, ihr auch schon wieder geantwortet. Sie befindet sich wohl, und sorgt nur wie gewöhnlich.

* * *

Schelling bittet Dich inständig, ob Du ihm nicht willst beykommende griechische Stellen in das gehörige Metrum übersetzen. Er will Dir gern dafür thun, was er weiß und kann.

* * *

Schick mir doch durch Loder allerhand, ZE. den Comödien Zettel vom 1 Jan., Iflands Flugblatt über die Eröffnung des Hauses usw. Sollten sie dem Kotzebue nicht eine Ehre anthun wollen, bey der Gelegenheit? Hast Du sein Buch gelesen? Es ist drollicht, wie prophetisch Du, ohne die mindeste Notizen über

seine Begegnisse, in der Ehrenpforte gewesen bist. Übrigens ist Kotzebue auch hier ein Jammerprinz. Das Ding ist miserabel geschrieben, und hätte sich doch leicht, ein wenig objektiv dargestellt, gut ausnehmen können.
Leb wohl, wohl, ich muß schließen. Schweige nicht wieder so lange. Vergiß mich nicht. Grüße die Bernhardi und den Tiek.

* * *

Der Mensch bedenkts und Gott lenkts. Ich schreibe da gestern, daß mir der Kopf glüht, mache mein Packet zurecht, und schicke es Loder, der bey mir gewesen war, um mir zu sagen, daß er Abends um 10 reisen würde, freue mich, daß es bald in Deinen Händen seyn wird, und da kommt die Nachricht, er sey plözlich krank geworden, und reise nicht. So eben habe er einen reitenden Boten nach Weimar geschickt, wenn Rose nur ein wenig früher gekommen wäre, so hätte es der Hr. von Kotzebue mitnehmen sollen. Das hätte ich nun freylich nicht gelitten, aber nun kann ich mich nicht enthalten Dir das Ganze gleich mit der Post zu senden, da ich selbst über Catels Abreise im Dunkeln bin, denn ob ich schon durch die Botenfrau vermittelst eines Zettels anfragen ließ, hat sie mir doch keine Antwort zurückgebracht. Fast muß ich glauben, er ist schon weg.
Noch ein Nachtrag zu Gestern. Diesen Morgen ist Fromman bey Schelling und erzählt ihm frank und frey von *Deinem* Ion. Man weiß es nun auch in Weimar. Fromman war vorigen Mittwoch drüben und mit Kotzebue in Einer Loge. Kirmes kommt zu ihnen und spricht von dem neuen Stück, wiß aber noch nichts vom Verfasser als die Neugier, und Kotzebue trägt die (vielleicht Böttcherische) Hypothese vor: es sey von Wilhelm Humboldt, der Kirmes beystimmt, weil sich Goethe so viel Mühe damit gäbe, daß er sich sehr dafür interressiren müsse. Am Sonnabend ist Fromman wieder mit den nehmlichen Personnagen zusammen, da wissen sies auf einmal, und ist auch schon von einem langen Monolog die Rede. – Ich bin nun in der That um so sehnsuchtsvoller nach Deinen nächsten Briefen, ob

Du in Berlin auch schon die Wirkungen dieser unverzeihlichen Unart erfahren hast, denn es ist gar keine Frage, woher der Verrath kommt. Lieber Freund, wenn Du es mit dem Theater fortfährst ernstlich zu meynen, wie ich mehr wie jemals hoffe und wünsche, so mußt Du Dich doch vielleicht wieder in einen persönlichen Rapport mit Iffland setzen, denn da darf er nur die kleinen Canaillerien, die er nie unterläßt, ausüben, aber Deine Stücke muß er alle annehmen. Ob er dieses angenommen hat, wirst Du wohl schon wissen können durch Unzeline. Es wäre sehr hübsch gewesen, wenn das Geheimniß treulich gehalten worden wäre. Lebe nochmals wohl und gedenke Deiner getreuen Freunde. / [...]

Caroline Michaelis-Böhmer-Schlegel-Schelling an August Wilhelm Schlegel, 20. bis 21. Dezember 1801, in: CBF II, Nr. 336, S. 235-242.

70. Johann Wilhelm Ritter an Carl Friedrich Ernst Frommann, vor dem 6. Januar 1802

In Gotha am Dienstag früh 7 Uhr. Gestern Abend spät kamen wir an, d. i., ich, Brentano[260] u. ein gewisser v. Wrangel[261] – der mit diesem nach Marburg zu Savigny[262] geht. Gesprochen habe ich noch niemand, da Schlichtegroll gestern Abend nicht zu Hause war. Ich sehe ihn erst heute früh. – Ich hoffe das Beste nur bin aufs Schlechteste gefaßt.
Ein Logis fand ich von Durchl[aucht] wegen für mich parat, u. meine Stube hat einige wichtige Ähnlichkeiten mit meiner bey Ihnen. Nur kein Frommann, kein Fritz, wird mich hier besuchen, keine Alwine[263] wird mich hittä rufen, und keine liebe Hausmutter wird mir das Wort hier wenden, etc. Grüßen Sie alle

herzlich, innig. Ich bin so oft bey Ihnen, wie in Jena. Ich kann mich darauf verlassen, daß Sie es gewahr werden. Grüßen Sie, wenn Sie Gelegenheit haben, auch Madam Veit. Aber auch Himly etc. Adieu! Ich küsse Sie! Denken Sie mein! R.

(Die Beyträge schicken Sie mir nur recht bald nach! –)

Johann Wilhelm Ritter an Carl Friedrich Ernst Frommann, vor dem 6. Januar 1802, in: Ritter 1988, Nr. 20, S. 121-122.

71. Caroline Michaelis-Böhmer-Schlegel-Schelling an Julie Gotter, 18. Februar 1803

[Jena] d. 18 Februar [18]03.

Wenn Du gemeint hast, mein Schweigen bedeute nichts Gutes, entweder als in so weit es äußerliches Übelbefinden anzeigte, oder innerlichen Mismuth oder Mangel an freundseligen Andenken – so hat sich mein Kind in allen diesen drei Stücken gänzlich geirret. Verhindert bin ich freilich dann und wann worden, wenn ich eben zu schreiben gedachte, ich bin aber übrigens recht wohl, und meinen wenigen Lieben von Herzen zugethan, so daß ich auch Deinen letzten Brief mit der größten Freude über den so durchaus richtigen und braven Entschluß Deiner Mutter gelesen habe. Was sie zu thun gesonnen ist, ist eben das, was ich ihr schon oft, nur in Ansehung Dresdens, vorschlagen wollte, mir aber die Ausführung davon, besonders in Absicht der kranken Tante, unmöglich dachte. Es bewährt sich mir die ganze Vortrefflichkeit Deiner Mutter von neuen dadurch, daß sie für ihre Kinder thut, was, wie ich mir leicht vorstellen kann, ihr sehr schwierig scheinen mußte. Ist in Gotha erst alles geebnet, in Cassell wirds auch nicht fehlen, am wenigsten an einem guten *logis*. ... Die Gegend wird euch sehr erfreuen, das Theater euch doch auch einige Belustigung gewähren, und in Absicht auf Umgang hättet ihr in Dresden wahrscheinlich noch weniger gefunden. Cecilien muß man nun ihrem guten Genius empfehlen, sie muß sich selbst helfen – daß Nahl nicht das rechte ist, weiß sie. Mag sie sich nun eine eigne Art herausarbeiten. Es ist endlich auch nöthig, daß ich Rechenschaft von *mir* gebe. Im May oder Junius verlasse ich Jena auf lange Zeit und gehe erstlich in ein Bad in Schwaben, dann aber im Herbst nach Italien, und der Winter wird in Rom zugebracht, so Gott will. Um aber hierzu völlige Freyheit zu haben und auch niemand in seiner Freyheit hinderlich zu seyn, wird vorher, oder ist vielmehr schon, das Band der Ehe zwischen Schlegel und mir aufgehoben – das einer herzlichen Freundschaft und Achtung wird hoffentlich immer bestehen. – Ich zweifle nicht, daß Dir dieses in diesem Augenblick keine Neuigkeit mehr ist. Alles andre hierüber lassen wir aber abseits liegen und halten uns an das, was ich euch unmittelbar mittheile, und was an *Dich* zu richten, meine junge Freundin, ich nicht das geringste Bedenken trage, noch, so wie alles der Wahrheit nach und in meinem Herzen steht, tragen darf. Indem mir das Schicksal oft seine höchsten Güter nicht versagt hat, ist es mir doch zugleich auch so schmerzlich gewesen, und hat so seinen auserlesensten Jammer über mich ergossen, daß wer mir zusieht nicht gelockt werden kann, sich durch kühne und willkührliche Handlungsweise auf unbekannten Boden zu wagen, sondern Gott um Einfachheit des Geschickes bitten muß, und sich selbst das Gelübd ablegen, nichts zu thun um es zu verscherzen. Nicht als ob ich mich anklagte; was ich jetzt zu thun genöthigt bin, ist bey mir vollkommen gerechtfertigt, nur verleiten kann das Beyspiel nicht. Ich habe nun alles verlohren, mein Kleinod, das Leben meines Lebens ist hin, man würde mir vielleicht verzeihen, wenn ich auch die lezte Hülle noch von mir würfe um mich zu befreyen, aber hierin bin ich gebunden – ich muß dieses Daseyn fortsetzen, so lange es dem Himmel gefällt, und das einzige, was ich dafür noch bestimmtes wünschen kann, ist Ruhe, wahrhafte Ruhe und Übereinstimmung in meinen nächsten Umgebungen. Diese kann ich in der Verbindung mit Schlegel nicht mehr finden; mannichfaltige Störungen haben sich dazwischen geworfen, und mein Gemüth hat sich ganz von ihr abgewendet; das habe ich ihm vom ersten Moment an nicht verhehlt, meine Aufrichtigkeit ist ohne Rückhalt gewesen. Es hätte seitdem vielleicht manches anders werden können, allein andre bemächtigten sich seiner, da ich zurücktrat, und nicht die löblichsten Menschen, wie Du weißt, und ich gewann immer mehr Ursache mich für eine entschiedne und öffentliche Trennung zu entschließen, nicht ohne Kampf, weil es mir schrecklich war, auch noch durch dieses gehn zu müssen, das ich aber endlich durchaus für Pflicht hielt; ich konnte und wollte Schlegeln nicht mehr alles seyn und hätte ihn nur verhindert, ihn, der in der Blüthe seines Lebens steht, auf andern Wegen sein Glück zu suchen. Dazu kam, daß meine Gesundheit mir nicht die Hoffnung läßt Mutter zu werden; und so wollte ich ihn auch dessen nicht berauben, was mir ihm zu gewähren versagt war. Kinder hätten unstreitig unsre Verbindung, die wir unter uns nie anders als wie ganz frei betrachteten, unauflöslich gemacht. Das sind die Seiten meines Geschicks, wo das Verhängniß eintritt und von keiner Verschuldung die Rede seyn kann. Dagegen hätte ich behutsamer seyn sollen die Heyrath mit ihm nicht einzugehn, zu der mich damals mehr das Drängen meiner Mutter als eigner Wille bestimmte. Schlegel hätte immer nur mein Freund seyn sollen, wie er es sein Leben hindurch so redlich, oft so sehr edel gewesen ist. Es ist zu entschuldigen, daß ich nicht standhafter in dieser Überzeugung war, und die Ängstlichkeit andrer, dann auch der Wunsch mir und meinem Kinde in meiner damaligen zerrütteten Lage einen Beschützer zu geben, mich überredeten, allein dafür muß ich nun doch büßen. In so weit *Du* Schlegel kennst, Julchen – ich muß an Dein unbefangnes Gefühl appelliren – glaubst Du, daß er der Mann war, dem sich meine Liebe unbedingt und in ihrem ganzen Umfange hingeben konnte?

Unter andern Umständen hätte dieses bey einmal getroffner Wahl nichts verändert, so wie sie hier indessen nach und nach statt fanden, durfte es Einfluß über mich gewinnen, besonders da Schlegel mich selbst mehrmals an die unter uns bestehende Freiheit durch Frivolitäten erinnerte, die, wenn ich auch nicht an der Fortdauer seiner Liebe zweifelte, mir doch misfallen konnten und wenigstens nicht dazu beitrugen meine Neigung zu fesseln. – Jetzt nachdem das Schicksal keines andern Wesens mehr mit dem meinigen verflochten ist, bin ich wohl berechtigt zu thun, was für mich das Rechte und Wahre ist, und auch ganz und gar nicht danach zu fragen, wie das nach außenhin aussehn mag, was an sich gut ist. Daß es so ist, darauf gedenke ich zu leben und zu sterben. In Berlin, wo mir alles misfiel und Schlegel doch zu bleiben gedachte, kam der Entschluß zur Reife, die Krankheit meiner Mutter verzögerte die Ausführung, aber wie Du zulezt bey mir warst, waren schon alle Schritte deshalb geschehn – ich will und darf Dir nicht sagen, wer mir in dieser Angelegenheit fast väterlich beigestanden hat – genug, der Herzog zeigte sich geneigt uns alle langwierigen und widrigen Formalitäten der Sache zu ersparen, und sehr bald wird das letzte Wort darinn gesprochen seyn.

Ich kann Dir nicht ausdrücken, wie ruhig ich seit dem Moment bin, wo wir uns entschieden hatten, ich bin fast glücklich zu nennen, und meine Gesundheit hat beträchtlich gewonnen. – Alle Lästerungen, die es ferner nach sich ziehn möchte, gesprochne und gedruckte Pasquille, und was dahin gehört, das kann mich nicht anrühren. Ich habe nur die Meinigen gebeten, mich nicht mit Betrachtungen zu zerreißen, die aus einer andern Welt genommen sind, als in der ich existire. Von der andern begehre ich nichts und ich kenne sie obendrein so gut, daß ich sogar weiß, es würde doch nur von mir abhängen meine Ansprüche an sie auch wieder geltend zu machen, sobald ich es wollen könnte. Sonderbar ist es, daß, Einmal in die Stürme einer großen Revolution verwickelt mit meinen Privatbegebenheiten, ich es gleichsam jetzt zum zweitenmal werde, denn die Bewegung in der literarischen Welt ist so stark und gährend wie damals die politische. Die Schufte und ehrlosen Gesellen scheinen eben die Oberhand zu haben. Von Kotzebue an, der in Berlin fast Minister geworden, ist ein göttlicher Zusammenhang der Niederträchtigkeit in der Welt, ich sage ein göttlicher, denn die Vorsehung wird sich gewiß noch verherrlichen, indem sie ihn auflöset. Schlegel ist nicht so inconsequent, daß er sich im mindesten irgend etwas von dem, was geschieht, anfechten ließe, und er hat diese Gesinnung in ihrem ganzen Nachdruck noch so eben in einem Brief an Schelling erklärt, was mich denn vollends in meiner Ruhe befestigt.

Wenn mir meine jetzige Lage es erlaubte, so würde ich Dich in 8-10 Tagen sehn, um welche Zeit Hr. v. Podmanitzky nach Gotha reiset, aber da der lezte Spruch noch nicht geschehn ist und ich der persönlichen Erscheinung durch den Vorwand meines Übelbefindens auszuweichen hatte, so kann ich mich nicht von hier entfernen. Podmanitzky wird euch besuchen und viel von mir und Schelling erzählen. Sage auch Minchen, daß ihr ein Besuch von ihm bevorsteht, denn Manso hat ihm in Breslau eine Karte an sie gegeben. Dieser bitte ich außerdem noch zu bestellen, wenn ihr der Inhalt dieses Briefs mitgetheilt wird, sie allein hätte mich wegen der Scheidung unschlüssig gemacht, ich hätte sie nicht gern dementiren wollen, nachdem sie sich einmal so kühn zu meinem Bürgen aufgeworfen hatte, und den Frauen gesagt, „wenn sich die Schlegel scheiden läßt, so laßt ihr euch alle scheiden". Sie soll sich ja nicht wieder so weit verbürgen, man kann nie wissen, was geschieht und ein Mensch zu thun gezwungen wird – nur das läßt sich verbürgen, „dieser oder jene mögen thun, was sie wollen, so werden sie doch etwas behalten, was aller Freundschaft werth ist und ich nicht von meinem Herzen reißen will".

Meine theure Chanoinesse bitte ich zu grüßen. Sie erfährt nichts Neues, ich habe ihr meine Absicht nicht verhehlt, da ich sie mündlich sprach. Mama Schläger braucht man wohl nichts davon zu sagen.

Was euch betrifft, so rechne ich mit Zuversicht auf die Fortdauer eurer Liebe. Die Welt laßt reden, ihr seyd nicht dazu bestellt mich zu vertheidigen und ich mag auf mir selbst beruhn. Übrigens brauch ich nicht zu versichern, daß hundert ausgestreute Lügen keine Wahrheit sind, daß unter andern an der ganzen Geschichte mit der Unzelmann nicht ein Wort wahr, ferner daran daß ich mit Schlegel entzweyet, ferner daß *ich* die Scheidung nicht gewollt. Ich habe sie vielmehr sehr gewollt, obgleich ich mich nicht leichtsinnig dazu entschlossen habe, und selbst thöricht zögerte.

Ich denke darauf, wie ich euch noch sprechen könte, ehe wir uns auf so lange trennen – eine Zusammenkunft am dritten Ort ist vielleicht das Beste.

Außer den ernsthaften Mittheilungen hätte ich Dir noch hundert komische Dinge zu erzählen. Es geht hier in der Societät so bunt durch einander, daß es alle Tage neue Allianzen und neue Brüche giebt, alles steht auf den Kopf – daß zwischen Niethammer, Asverus, Vermehren und Hufeland ein *geistreiches* Kränzchen statt findet, gehört in dieses Fach. Möller ist völlig verrückt worden, was er bisher nur halb war. Hegel macht den Galanten und allgemeinen *Cicisbeo*[264]. Mich amüsirt es alles wie eine Comödie, besonders da es Podmanitzky gut vorzutragen weiß, durch den ich es gemeiniglich höre. Er [...]

[Bogenende.]

Caroline Michaelis-Böhmer-Schlegel-Schelling an Julie Gotter, 18. Februar 1803, in: CBF II, Nr. 375, S. 352-358.

72. August Wilhelm Schlegel an Friedrich de la Motte Fouqué, 12. März 1806

Genf, den 12. März 1806.

Laß Dich herzlich umarmen, mein geliebter Freund und Bruder, und Dir meinen Dank sagen für Dein schönes Geschenk, einen rührenden Beweis Deiner Liebe zu dem Entfernten, und der durch sein Stillschweigen Dich vergessen zu haben scheinen konnte. Andere werden es Dir nicht leicht glauben, daß Du mein Schüler seyst, ich selbst aber kann nicht umhin, beschämt darein zu willigen, wenn Du diesem freundlichen Irrthum noch treu bleiben willst: es ist das schönste Blatt in dem mäßigen Lorbeer, den mir meine dichterischen Bestrebungen verdient haben. – Ich wollte auf Deine Zueignung, die mir erst geraume Zeit nach meiner Zurückkunft aus Italien nebst den Schauspielen zu Händen gekommen, in einem Gedicht antworten, und dies, um Dich damit zu überraschen, irgendwo in ein öffentliches Blatt einrücken lassen:

> Fern an Posilipp's Bucht, und der gelblichen Tiber Gestade,
> Wandelt' ich, da Du den Gruß, trautester Freund! mir gesandt.
> Nun erst, seit ich die Alpen dahinten im Süden zurückließ u.s.w.

Zufällig aber versäumte ich den rechten Zeitpunkt dazu. Indessen habe ich, wie Pindar[265] sagt, viele Pfeile in meinem Köcher, und denke es Dir zu anderer Zeit nicht unwürdig zu erwidern. – Ich habe Deine Schauspiele mit großer Aufmerksamkeit und ungemeinem Genuß vielfältig gelesen, und hätte Stunden-, ja Tagelang mit Dir darüber zu schwatzen, wenn uns der Himmel die Freude des Wiedersehens gönnen wollte. In einem Briefe muß ich mich aber schon kürzer fassen. Im Allgemeinen also: ich habe hier alle die Vorzüge, kunstreicher auf umfassendere Stoffe verwandt, wiedergefunden, womit die dramatischen Spiele glänzen: eine durchaus edle, zarte und gebildete Sinnesart, frische Jugendlichkeit, zierliche Feinheit, gewandte Bewegung, viel Sinnreiches in der Erfindung und sichere Fertigkeit in der Behandlung. In Sprache und Versbau besitzest Du eine ungemeine Fülle und Mannigfaltigkeit; die einzigen Klippen, wofür Du Dich meines Bedünkens zu hüten hast, sind Dunkelheit, welche aus allzu künstlichen Wendungen entspringt, und Härte aus dem Streben nach Gedrängtheit. Mit vielem Geschick verflichst Du zuweilen prosaische Bestandtheile in den Ausdruck, wodurch er neuer und eigener erscheint, doch hüte Dich, dies Mittel allzufreigebig zu gebrauchen. – So viel ist ausgemacht, vor einer geringen Anzahl Jahre wäre es noch unmöglich gewesen, alles dies mit so vieler anscheinenden Leichtigkeit zu leisten. Es hat tief in den Schacht unserer Sprache gegraben, die Kunst des Versbaues hat gleichsam in eine ganz andere Region gesteigert werden müssen, um dergleichen möglich zu machen. Aber was vor ein zwanzig Jahren ein großes Aufheben würde veranlaßt haben, das nehmen die gedankenlosen Leser jetzt so hin, als müßte es nur so seyn; es scheint, daß ihre Unempfänglichkeit in demselben Verhältnisse zunimmt, wie die Fülle blühender Talente, die sich seit Kurzem entfaltet haben. Ich glaube hievon den Grund einzusehen, doch muß ich dazu etwas weiter ausholen.

Wie Goethe, als er zuerst auftrat, und seine Zeitgenossen, Klinger, Lenz u.s.w. (diese mit roheren Mißverständnissen) ihre ganze Zuversicht auf Darstellung der Leidenschaften setzten, und zwar mehr ihres äußern Ungestüms als ihrer innern Tiefe, so, meine ich, haben die Dichter der letzten Epoche die Phantasie, und zwar die blos spielende, müßige, träumerische Phantasie, allzusehr zum herrschenden Bestandtheil ihrer Dichtungen gemacht. Anfangs mochte dies sehr heilsam und richtig seyn, wegen der vorhergegangenen Nüchternheit und Erstorbenheit dieser Seelenkraft. Am Ende aber fordert das Herz seine Rechte wieder, und in der Kunst wie im Leben ist doch das Einfältigste und Nächste wieder das Höchste. Warum fühlen wir die romantische Poesie inniger und geheimnißvoller als die klassische? Weil die Griechen nur die Poetik der Freude ersonnen hatten. Der Schmerz ist aber poetischer als das Vergnügen, und der Ernst als der Leichtsinn. Mißverstehe mich nicht, ich weiß wohl, daß es auch einen peinlichen Ernst und einen ätherischen Leichtsinn gibt. Die Poesie, sagt man, soll ein schönes und freies Spiel seyn. Ganz recht, in so fern sie keinen untergeordneten, beschränkten Zwecken dienen soll. Allein wollen wir sie bloß zum Festtagsschmuck des Geistes? zur Gespielin seiner Zerstreuung? oder bedürfen wir ihrer nicht weit mehr als einer erhabenen Trösterin in den innerlichen Drangsalen eines unschlüssigen, zagenden, bekümmerten Gemüths, folglich als der Religion verwandt? Darum ist das Mitleid die höchste und heiligste Muse. Mitleid nenne ich das tiefe Gefühl des menschlichen Schicksals, von jeder selbstischen Regung geläutert und dadurch schon in die religiöse Sphäre erhoben. Darum ist ja auch die Tragödie und was im Epos ihr verwandt ist, das Höchste der Poesie. Was ist es denn, was im Homer, in den Nibelungen, im Dante[266], im Shakespeare die Gemüther so unwiderstehlich hinreißt, als jener Orakelspruch des Herzens, jene tiefen Ahnungen, worin das dunkle Räthsel unseres Daseyns sich aufzulösen scheint?

Nimm dazu, daß die Poesie, um lebendig zu wirken, immer in einem gewissen Gegensatze mit ihrem Zeitalter stehen muß. Die spanische, die spielendste, sinnreichste, am meisten gaukelnd phantastische, ist in der Epoche des stolzesten Ehrgefühls der Nation und unter der Fülle kräftiger Leidenschaften und eines überströmenden Muthes entstanden. Unsere Zeit krankt gerade an allem, was dem entgegengesetzt ist, an Schlaffheit, Unbestimmtheit, Gleichgültigkeit, Zerstücklung des Lebens in kleinliche Zerstreuungen und an Unfähigkeit zu großen Bedürfnissen, an einem allgemeinen mit dem Strom Schwimmen, in welche Sümpfe des Elends und der Schande er auch hinunter treiben mag. Wir bedürften also einer durchaus nicht träumerischen, sondern wachen, unmittelbaren, energischen und besonders einer patriotischen Poesie. Dies ist eine gewaltsame, hartprüfende, entweder aus langem unsäglichem Unglück eine neue

Gestalt der Dinge hervorzurufen oder auch die ganze europäische Bildung unter einem einförmigen Joch zu vernichten bestimmte Zeit. Vielleicht sollte, so lange unsere nationale Selbstständigkeit, ja die Fortdauer des deutschen Namens so dringend bedroht wird, die Poesie bei uns ganz der Beredsamkeit weichen, einer Beredsamkeit, wie z.b. Müllers Vorrede zum vierten Bande seiner Schweizergeschichte. Ich gestehe, daß ich für Gedichte wie die meines Bruders auf den Rhein in der Europa und dem Taschenbuch viele andere von ihm hingeben würde. – Wer wird uns Epochen der deutschen Geschichte, wo gleiche Gefahren uns drohten, und durch Biedersinn und Heldenmuth überwunden wurden, in einer Reihe Schauspiele, wie die historischen von Shakespeare, allgemein verständlich und für die Bühne aufführbar darstellen? Tieck hatte ehemals diesen Plan mit dem dreißigjährigen Kriege, hat ihn aber leider nicht ausgeführt. Viele andere Zeiträume, z.b. die Regierungen Heinrichs des Vierten, der Hohenstaufen u.s.w. würden eben so reichhaltigen Stoff darbieten. Warum unternimmst Du nicht dies oder etwas ähnliches?

Doch ich kehre von dieser speziellen Abschweifung über die Zeitumstände zu meinen allgemeinern Betrachtungen zurück. Von dem, was ich über die Freunde und Zeitgenossen gesagt, nehme ich mich keineswegs aus. Ich weiß gar wohl, daß viele meiner Arbeiten nur als Kunstübungen zu betrachten sind, die zum allgemeinen Anbau des poetischen Gebiets das ihrige beitragen möchten, aber auf keine sehr eindringliche Wirkung Anspruch machen können. Diejenigen von meinen Gedichten, die am meisten das Gemüth bewegen, sind gewiß die, wo mich ein persönliches Gefühl trieb, wie die Elegie über meinen verstorbenen Bruder und die Todtenopfer. Auch von der Elegie über Rom hoffe ich, daß sie den gehörigen strengen Nachdruck hat, weil ich von der Gegenwart eines großen geschichtlichen und dennoch gewissermaßen noch sichtbaren Gegenstandes erfüllt war. – Viele Dichtungen unserer Freunde können allerdings sehr rühren und bewegen. So das Leben Berglingers im

Klosterbruder, Novalis geistliche Lieder, Alarcos, Genoveva[267] etc. Alarcos ist fast übertrieben drastisch und hat daher auch seine Wirkung auf der Scene nicht verfehlt, aber der beständige Wechsel und das Weitgesuchte in den Sylbenmaßen läßt wiederum einen nicht völlig auf's Reine gebrachten Kunstversuch erkennen. In der Genoveva ist nur in der ersten Hälfte das Phantastische zu sehr verschwendet, oder vielmehr nicht genugsam zusammengedrängt und auf wenige Brennpunkte versammelt. In dem bewundernswürdigen Octavian finde ich, besonders im zweiten Theil, die komischen Scenen weit kräftiger und wahrhaft poetischer, als die phantastischen, die manchmal viel zu weit ausgesponnen sind und in's Blaue allegorischer Anspielungen ermüdend verschwimmen. Er hat die orientalische Sinnlichkeit mehr didactisch abgehandelt, als sie wie einen electrischen Funken sprühen lassen. (Beiläufig zu bemerken, so sind auch die Verse zuweilen gar zu unbillig vernachlässigt.) – Das merkwürdigste Beispiel aber von den Usurpationen der Phantasie über das Gefühl finde ich und fand ich immer im Lacrimas[268], wo unter blendender Farbenpracht die Herzenskälte sich nicht verbergen kann und alle Ausdrücke der Liebe, Sehnsucht, Wehmuth u.s.w. in eine bloße Bilderleerheit übergegangen sind. Laß Dich's nicht befremden, daß ich hier strenger urtheile, als Du es vielleicht von mir zu hören gewohnt bist. Ich habe gleich beim ersten Eindrucke so empfunden, allein im Augenblicke der Hervorbringung und Erscheinung bin ich aus Grundsatz für die Werke meiner Freunde parteiisch; auch jetzt würde ich mich wohl hüten, so etwas öffentlich, ja nur anders als im engsten Vertrauen zu sagen, so lange das Vortreffliche an ihnen nur so unvollkommen anerkannt wird. Wende mir nicht meine Vorliebe für den so phantastischen, musikalischen und farbenspielenden Calderon[269] ein. Meine Bewunderung hat alles, was ich von ihm kenne; mein Herz haben ihm Stücke wie die Andacht zum Kreuze und der standhafte Prinz gewonnen. Wo religiöser oder nationaler Enthusiasmus eintritt, da ist er es selbst; im Uebrigen offenbart sich nur der große Künstler. Aber

auch da sorgt er immer zuerst, sey es nun im Wunderbaren, Witzigen oder Pathetischen, für das was am unmittelbarsten wirkt, für rasche Bewegung und frische Lebenskraft.
Um in eine andere Region herabzusteigen: woher kommt denn Schillers großer Ruhm und Popularität anders als daher, daß er sein ganzes Leben hindurch (etwa die romantische Fratze der Jungfrau von Orleans, und die tragische Fratze der Braut von Messina ausgenommen, welche deswegen auch nicht die geringste Rührung hervorbringen konnten) dem nachgejagt hat, was ergreift und erschüttert, er mochte es nun *per fas aut nefas*[270] habhaft werden? Der Irrthum des Publikums lag nicht in der Wirkung selbst, sondern in der Unbekanntschaft mit Schillers Vorbildern, und der Unfähigkeit das übel verknüpfte Gewebe seiner Kompositionen zu entwirren. – Sein Wilhelm Tell hat mich fast mit ihm ausgesöhnt, wiewohl er ihn, möchte ich sagen, mehr Johannes Müller als sich selbst zu danken hat.
Was den Werken der neuesten Periode zur vollkommen gelungenen Wirkung fehlt, liegt keineswegs an dem Maße der aufgewandten Kraft, sondern an der Richtung und Absicht. Man kann aber so viel Tapferkeit, Stärke und Uebung in den Waffen bei einem Kampfspiel aufwenden, als bei einer Schlacht, wo es Freiheit, Vaterland, Weib und Kind, die Gräber der Vorfahren und die Tempel der Götter gilt; aber Du wirst mir zugeben, daß die Erwartung der Entscheidung hier die Gemüther der theilnehmenden Zuschauer ganz anders bewegt als dort.
Jene Richtung rührt zum Theil von den Umständen her, unter welchen wir die Poesie wieder zu beleben gesucht haben. Wir fanden eine solche Masse prosaischer Plattheit vor, so erbärmliche Götzen des öffentlichen Beifalls, daß wir so wenig als möglich mit einem gemeinen Publikum wollten zu schaffen haben, und beschlossen, für die paar Dutzend ächte Deutsche, welche in unsern Augen die einzige Nation ausmachten, ausschließend zu dichten. Ich mache dieses Recht dem Dichter auch nicht im mindesten streitig; nur der dramatische (wenigstens theatralische) hat die Aufgabe, populär zu seyn, den Gebildetsten zu

genügen und den großen Haufen anzulocken, was auch Shakespeare und Calderon geleistet haben. – –
Sieh in Allem nur meine Liebe zu Dir und Deiner Poesie, deren Gedeihen mir so sehr am Herzen liegt. Du wirst Dich erinnern, daß ich schon ehedem solche Ermahnungen an Dich ergehen lassen, und Deine Gattin stimmte mir darin bei, als wir den Anfang des Falken lasen. Lieber Freund, was soll ich sagen? Du bist allzu glücklich und es von jeher gewesen. Ein recht herzhaftes Unglück in Deiner frühen Jugend hätte Dir großen Vortheil schaffen können. Nun wolle der Himmel auf alle Weise verhüten, daß Du es noch nachholen solltest. Du hast zwar eine Zeit lang verlassen in der Asche gelebt, aber bald hat Dich eine wohlthätige Zauberin in ihren Kreis gezogen, wo Du nun heitere und selige Tage lebst. Benutze fernerhin Deine Muße zu schönen Dichtungen, begeistere Dich, wie Du es immer gethan, an den alten Denkmalen unserer Poesie und Geschichte, und wenn es noch eines besondern Sporns zu Behandlung nationaler Gegenstände bedarf, so sieh die jetzige Versunkenheit an, gegen das, was wir vormals waren, und *faciat indignatio versum*.
Nun einige Nachrichten von den Freunden und mir. Daß mein Bruder vorigen Herbst sechs Wochen in Coppet bei uns war, wirst Du wissen. Du kannst denken, wie lebhaft unsere Mittheilungen über alle Gegenstände des beiderseitigen Nachdenkens waren. Er hat mir eine große Lust zur orientalischen Literatur gemacht, besonders zur persischen und indischen, und ich gehe gewiß daran, sobald sich Gelegenheit findet, was aber nicht eher seyn dürfte, als bei einem längern Aufenthalt in Paris oder London. Von hier ging Friedrich nach Paris, wo er einen großen Theil des Winters zugebracht und viel am Indischen gearbeitet. Unter andern hat er eine Abschrift der Sakontala zum Behuf einer neuen Uebersetzung genommen. Er schreibt die indischen Lettern so vortrefflich wie irgend ein Bramine, mit welchem Charakter er überhaupt immer mehr Aehnlichkeit gewinnt. In Köln hat er seine orientalischen Studien nicht weiter führen, sondern nur die schon gemachten

ordnen und entwickeln können. Dagegen hat er sich mit dem Mittelalter, der deutschen Geschichte, den Kirchenvätern u.s.w. beschäftigt. Ich fordere ihn sehr auf zu einer Geschichte der Deutschen. – –
Von Ludwig Tieck's Arbeiten in Rom habe ich bis jetzt nichts vernommen, sey es, daß ihn seine Gesundheit, Stimmung, oder die Betrachtung so vieler neuen Gegenstände bis jetzt abgehalten, oder man es mir nur nicht gemeldet hat. – Ohne Zweifel wird doch die südliche Kunstwelt sehr befruchtend auf seinen Geist wirken. – Sophie Tieck hat sich vorgenommen, sobald es ihre Gesundheit erlaubt, die altdeutschen Manuscripte im Vatican genau durchzugehen. – Der Bildhauer hat erst Zeit nöthig gehabt, sich nach Betrachtung der großen Kunstwerke wieder zu sammeln. Jetzt arbeitet er an einem Basrelief für Neckers Grabmal. – Vom sogenannten Maler Müller[271] schreiben mir die Freunde aus Rom viel Gutes; ich habe ihn nur sehr flüchtig gesehen, weil er den Prinzen von Baiern herumführte, und also niemals zu haben war. Die andern deutschen und deutschgesinnten Künstler in Rom hingen sehr an mir.
Du kannst denken, daß ich während der sieben Monate in Italien nicht viel Muße zu andern Studien übrig hatte, als die, welche der gegenwärtige Gegenstand forderte. In Rom haben mich die geschichtlichen Alterthümer fast noch mehr beschäftigt als die Kunst. Die Elegie habe ich dort angefangen, aber erst in Coppet vollendet. Du begreifst wohl, daß man ein solches Gedicht nicht in der Geschwindigkeit macht. Schreibe mir, wie es Dir gefallen. Viele spezielle Anspielungen müssen freilich für den verloren gehen, der nicht in Rom gewesen. – Einen Aufsatz von mir über die Künstler in Rom, den ich auch seit der Zurückkunft geschrieben, wirst Du im Intelligenzblatt des Jenaischen Athenäums gelesen haben. – Ferner habe ich viel über die Etymologie, besonders des Lateinischen aufgeschrieben; doch bin ich seit dem Winter von diesem Studium, in welches ich gleich leidenschaftlich hineingerathen, abgelenkt worden. Endlich habe ich im Herbst, als Versuch, ob ich in französischer

Sprache öffentlich auftreten könnte, einen philosophischen Aufsatz angefangen über Geschichte der Menschheit, der Religion u.s.w. Ich habe etwa 80 Seiten geschrieben, die außerordentlichen Beifall gefunden haben, besonders auch von Seite des Styls. Verschmähe diese Fertigkeit nicht, wozu mich meine Lebensweise einladet; man soll ja auch den Heiden das Evangelium predigen. Es könnte seyn, daß ich in einiger Zeit mit einer Schrift über das Theater aufträte, besonders mit polemischen Zwecken gegen das französische Theater. Von Shakespeare und Calderon habe ich die versprochenen folgenden Bände immer noch nicht fertig. Sie drücken mich auf dem Herzen wie Marmelsteine und fügen mir ein wahres Uebel zu. Meine Reisen und andere Zerstreuungen ziehen mich von anhaltender Arbeit daran ab, und doch läßt der Gedanke, daß dieses zuvörderst geleistet werden muß, mich nicht mit ungetheiltem Geist andere Pläne ausbilden. Doch hoffe ich in ein paar Monaten damit zu Stande zu seyn. Das poetische Uebersetzen ist eine Kunst, die man sehr schwer lernt und äußerst leicht verlernt; wenn man nicht beständig in das Joch eingezwängt ist, weiß man es nicht mehr zu tragen. Jedoch habe ich lachen müssen über das Anstellen von Heinse mit seiner sinnlosen prosaischen Uebersetzung von Ariost, in den Briefen an Gleim. – Was ist es denn mit einer Bearbeitung des Hamlet von Musje Schütz in Halle, die ich angekündigt gesehen? Es wird wohl halb ein Plagiat und halb eine Sauerei seyn. Melde mir recht viel von den Vorfällen in unserer Literatur, nicht nur von den eigentlichen Werken, sondern auch dem Gange der Zeitschriften, dem Theater, den Schreiern und andern Anekdoten; auch von den *diis minorum gentium*[272], den neuen Spatzen, welche geflogen, und den Künstlern, welche geplazt sind. – Bis zur Ostermesse 1805 habe ich ziemlich viel neue Sachen erhalten. – Wie treibt's nur der alte Goethe? Ich höre, er hat Stella zu einem Trauerspiele umgearbeitet, worin Fernando und Stella verdientermaßen umkommen. Es scheint, er will alle seine Jugendsünden wieder gut machen; er hat schon vorlängst mit Claudine von Villa Bella angefangen. Nur vor einer Sünde hütet er sich nicht, die am wenigsten Verzeihung hoffen kann, nämlich der Sünde wider den heiligen Geist. Sein Winkelmann, das sind wieder verkleidete Propyläen, die also das Publikum doch auf alle Weise hinunterwürgen soll. Und was soll uns eine steife, ganz französisch lautende Uebersetzung eines Dialogs, den Diderot selbst vermuthlich verworfen hat? Ich habe recht über die barbarische Avantage lachen müssen, die Shakespeare und Calderon bei ihren Stücken gehabt haben sollen. Dies ist eine wahrhaft barbarische Art zu schreiben, dergleichen sich jene Großen nie zu Schulden kommen lassen. Man versichert uns, daß Goethe im Gespräch unverholen Partei gegen die neue Schule nimmt, und das ist ganz in der Ordnung. Warum zieht er nicht gedruckt gegen sie zu Felde? – Hast Du Müller's Bekanntschaft gemacht? Das ist ein göttlicher Mensch, bei solcher Begeisterung von so unergründlich tiefer Gelehrsamkeit. Ich habe eine verwirrte Nachricht gehört von einer neuen Schrift von ihm; was ist es denn damit?

Vergilt mir nicht Gleiches mit Gleichem, geliebter Freund, und schreibe mir ohne Zögern, ich will es dann auch zuverlässig fortsetzen. – Lebe tausendmal wohl; ich schließe Dich und die Deinigen in mein Herz.

A. W. Schlegel.

August Wilhelm Schlegel an Friedrich de la Motte Fouqué, 12. März 1806, in: BaF, S. 354-367.

73. Friedrich Schlegel an Friedrich Schleiermacher, 5. Oktober 1806

Frankfurt, den 5. Oktober 1806.

– – – Was Du mir über meine Bestimmung schreibst, hast Du sehr recht; ich fühle es klar, wie es einzig mein Beruf ist, der

Schriftsteller, Dichter, Geschichtschreiber der Nation zu sein. Aber noch ist das keiner vor dem fünfzigsten Jahr geworden, und ohne brüderliche Mithilfe. Jenes Gefühl hält mich aufrecht, aber wenn mich immer nichts anweht als die tötende feuchte Nebelkälte der Gleichgültigkeit, so muß ich wohl endlich erschlaffen, wäre das Herz auch eitel Flamme und die Brust mit dreifachem Erze umkleidet. Du schilderst mir die Gemüter in Halle sehr schön; man hat aber außer dem reinen Gemüt auch noch andere Eingeweide im Leibe, als ein Herz, ja andere noch niedere und doch auch notwendige.

Du mußt mir jetzt einmal tätig helfen. Meine Lage ist nun nach drei Jahre langer Anstrengung endlich die, daß alle meine wesentlichen Plane mißlungen sind, alle Hilfsmittel für jetzt abgeschnitten, nicht auf 14 Tage mehr zu leben, und keine Aussicht für den Winter, Schulden an sich nicht viele, aber doch für meine Lage drückend genug. Du bist frei, unabhängig, in einer guten Lage. Vielleicht kannst Du mir helfen. Weißt Du mir 30 bis 40 Friedrichs-d'or auf keine andere Sicherheit als mein Leben und Deine Empfehlung für zwei oder doch für ein Jahr zu schaffen, so ist das meiste geschehen. Denn wenn ich nur bis zum Frühjahr durchkomme, so will ich mir dann schon wieder eher helfen. Ich sollte eigentlich sagen, hilf mir, *Du mußt*, wenn Du aber glaubst, daß ich es nicht sagen kann, so erspare mir wenigstens den Erweis der Unmöglichkeit. Vor allem aber, daß keiner etwas davon erfährt, auch die Herz und auch meine Schwester nicht, noch weniger andere, da ich nicht bedauert sein mag von solchen, die mir doch eigentlich nicht helfen wollen. Kannst Du das nicht, so tue wenigstens etwas und borge mir aus Deinen Mitteln 10 oder 15 Friedrichsd'or; dies wirst Du doch wohl können. Meine Verlegenheit ist unbeschreiblich groß. Antworte mir gleich nach Köln; die Kommunikation dahin wird gewiß nicht gesperrt. Von Wilhelm habe ich lange nichts gehört; er reist immer noch im Innern Frankreichs herum, und auch die Hoffnung, ihn jetzt wieder zu sehen, ist mir genommen; ich weiß kaum, wo er jetzt ist. Ich denke fast gewiß, im Frühjahr nach Sachsen zu kommen, vielleicht aber, wenn die Umstände es erlauben, komme ich schon, sobald Frost und Schnee die Wege wieder geebnet haben. Antworte mir bald.

Friedrich Schlegel an Friedrich Schleiermacher, 5. Oktober 1806, in: FdR, Nr. 96, S. 246-248.

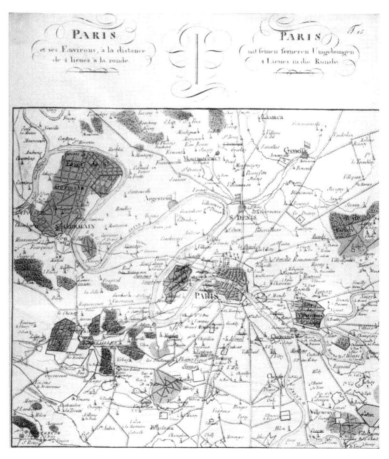

Abb. 17: Stadtplan Paris

74. August Wilhelm Schlegel an Dorothea Mendelssohn-Veit-Schlegel, 19. Januar 1807

Aubergenville, 19. Januar 1807

Meine teuerste Schwester und Freundin! schon lange habe ich an Sie schreiben wollen, um Ihnen zu sagen, wie wohltätig der Besuch meines Bruders für mich ist, und um Ihnen herzlich zu danken, daß Sie mir ihn auf einige Zeit leihen wollen. Ich fürchte zwar, man wird ihn mir über kurz oder lang wieder abfordern, und es wird nichts helfen zu sagen, daß ich ihn noch nicht ausgelesen habe; jedoch kann ich das leider nicht unbillig finden und muß es beklagen, daß Sie so einsam sind, während wir uns unsrer Verbrüderung erfreuen. Es wäre schön, wenn wir einmal in Köln, auf altdeutschem Grund und Boden beisammen sein und vertraulich von vaterländischen Dingen und allem, was uns nahe angeht, schwatzen könnten. Die Zeit führt auch das gewiß herbei; vorigen Sommer war ich schon ganz nahe daran, hätten nicht meine Krankheit und andre Umstände den herrlichen Plan vereitelt. Glauben Sie mir, das Heimweh, das Gefühl der Vereinzelung in der Fremde ist gar eine traurige Krankheit. Sie haben das nie so empfinden können, weil Sie in Frankreich immer von den Ihrigen umgeben waren. Darum hatte ich Friedrichs Zuspruch so sehr nötig; er fand mich in einer großen Verstimmung, und nun habe ich Heiterkeit genug gewonnen, um sogar verschiedenes zu dichten, wovon er Ihnen Abschriften mitbringen soll. Wir haben lebhafte Mitteilungen über unsre beiderseitigen Studien und Pläne, man muß auf die Zukunft sinnen, wenn auch die Gegenwart wenig Aufmunterung gewährt. Friedrichs neueste Gedichte sind mir eine wahre Erquickung gewesen. Ich finde, daß er seit einiger Zeit ein unmittelbareres Organ entdeckt hat, um seine innere Poesie kund zu geben, er spielt ein weniger künstliches, aber inniger tönendes Instrument. Die echt deutsche Gesinnung, die aus allem spricht, muß ihn zum Lieblingsdichter aller nicht ausgearteten Landsleute machen. Wäre nur erst alles gedruckt! Indessen habe ich mich die Mühe nicht verdrießen lassen, diese sämtlichen Gedichte abzuschreiben, um sie als ein kräftiges Trostbüchlein immer bei mir zu führen. Unser brüderliches Bündnis ist mir um so werter, weil es sich nicht selten begibt, daß einer oder der andre von den sogenannten guten Freunden zum Teufel geht. Die Abwesenheit bringt manche heimliche Gesinnung an den Tag. Ich sage dies namentlich in bezug auf meinen ehemaligen Berliner Zirkel. Nicht alle äußern sich zwar mit so drolligen Anspielungen wie Fichte in seinem Zeitalter. Denken Sie sich, Tieck hat sich gegen Madame Unger erboten, meinen Shakespeare fortzusetzen. Sie hat natürlich geantwortet, sie wolle es nur in dem Falle annehmen, wenn er mit mir darüber einverstanden wäre. Ich habe mir nun fest vorgenommen, ihm dafür bei Gelegenheit, nach dem biblischen Ausdruck, einen Tuck zu beweisen[273] und seine Katzenpfote einmal fest in die Schlinge zu ziehen. Aus den Albernheiten, welche allhier ein gewisser dänischer Seebär und Poet, namens Oehlenschläger, vorgebracht, haben wir ungefähr abnehmen können, wie sündhaft der alte Heide Goethe über uns reden mag. Alles dies hat mir denn doch einen Antrieb gegeben, einmal wieder mit entschiedener Tätigkeit in der Literatur aufzutreten. Wenn Ihnen der *Berlinische Damenkalender* zu Gesichte kommt, so werden Sie einen Aufsatz und ein Gedicht von mir darin finden. Nächstens soll nun wieder Shakespeare und *Spanisches Theater* erscheinen. Bald dürfte ich auch als Schriftsteller in französischer Sprache auftreten. Nach einigen unvollendet gebliebenen Versuchen habe ich endlich eine *Vergleichung der Phädra des Racine mit der des Euripides* fertig geschrieben. Eine Bekehrung zur französischen Literatur ist es indessen nicht, denn meine Begeisterung dabei war hauptsächlich, daß es die Leser verdrießen soll. *Lother und Maller*[274] habe ich mit großem Vergnügen gelesen, der Ton ist vortrefflich gehalten. Können Sie nicht mehr dergleichen geben? Der neue Roman der Frau von Staël wird Sie gewiß sehr interessieren. Friedrich hat nun die Übersetzung zu besorgen übernommen, zu der ich mich früher anheischig gemacht hatte.

In etwa einem Monate soll der Druck anfangen. Madame Unger äußert, ungeachtet der ungünstigen Zeiten, ein großes Verlangen, die Übersetzung im Verlage zu haben. Doch ich schwatze Ihnen mancherlei vor, was Ihnen Friedrich vielleicht schon gemeldet, und vergesse Ihnen zu sagen, was er übergangen haben wird, nämlich wie sehr meine Freundin sich in seinem Umgange gefällt, wie lebhaften Beifall sowohl sein Scherz als sein geistreicher Ernst findet, wie viel er überhaupt beiträgt, das gesellige Leben in unserm Hause angenehm zu beseelen. Seine Vorlesungen über Philosophie und Geschichte der Philosophie sind mir sehr bedeutend; ich wollte nur, daß er endlich einmal öffentlich aufträte, um seine Überlegenheit über Schelling und den seligen und seligmachenden Fichte zu beweisen. Freilich liegen mir seine poetischen Unternehmungen noch mehr am Herzen.

Wenn meine Freundin die Rückkehr nach Paris erlangen sollte, so könnte es für meinen Bruder ein Mittel werden, uns öfter dort zu vereinigen, da er einmal in ihrem Hause einheimisch geworden. Paris muß ihm für seine Studien immer wichtig sein, besonders da Deutschland großenteils so wüst und unwirtbar geworden. Denn seine Absichten auf Wien scheinen mir manchen Bedenklichkeiten unterworfen zu sein. Ihre Schwester hat mich sehr freundschaftlich aufgenommen, nur verdarb sie es wieder damit, daß sie, ungeachtet sie uns beide in demselben Hause wußte, an meinen Bruder ohne allen Vornamen, bloß *an Schlegel* schrieb. Kann man mich vollständiger vernichten? Doch das ist wohl eine Familien-Eigenheit nur *einen* Schlegel als den allein gültigen anzuerkennen.

Leben Sie tausendmal wohl, und lassen Sie mich Ihrem freundlichen Andenken empfohlen sein.

Ganz Ihr / AWS.

August Wilhelm Schlegel an Dorothea Mendelssohn-Veit-Schlegel, 19. Januar 1807, in: RB, Nr. 267, S. 407-410.

75. Caroline Michaelis-Böhmer-Schlegel-Schelling an Luise Gotter, 15. Januar 1808

München d. 15 Jan. [18]08.

[Besorgungen.] – Wir haben hier kurz vor Weinachten Frau von Stael nebst ihrer Familie und Schlegel gesehn. Diese Anwesenheit, welche etwa 8 Tage dauerte, hat uns viel angenehmes gewährt. Schlegel war sehr gesund und heiter, die Verhältnisse die freundlichsten und ohne alle Spannung. Er und Schelling waren unzertrennlich. Frau von St. hat über allen Geist hinaus, den sie besitzt, auch noch den Geist und das Herz gehabt Schelling sehr lieb zu gewinnen. Sie ist ein Phänomen von Lebenskraft, Egoismus und unaufhörlich geistiger Regsamkeit. Ihr Äußres wird durch ihr Innres verklärt, und bedarf es wohl; es giebt Momente oder Kleidung vielmehr, wo sie wie eine Marketenderin aussieht und man sich doch zugleich denken kann, daß sie die *Phädre*[275] im höchsten tragischen Sinne darzustellen fähig ist. Die Gesellschaft war hier auf der Durchreise nach Wien.

Gegen das Frühjahr haben sich hier angemeldet Rumohr und Ludwig Tieck. Daß Werner nicht gekommen, zeugt von seinem polnischen Leichtsinn; er hätte die Nahmen schon behalten können. – Da dieß noch auf die Post muß, so verspare ich alles andre auf ein andresmal. Möge es euch wohl gehn in diesem Jahr!

Caroline Michaelis-Böhmer-Schlegel-Schelling an Luise Gotter, 15. Januar 1808, in: CBF II, Nr. 428, S. 514-515.

76. Caroline Michaelis-Böhmer-Schlegel-Schelling an Johanna Frommann, November 1808

[München, November 1808.]
Schelling kündigt mir eben an, daß er Ihrem Herrn Gemahl schreibt, und ich komme also in aller Eile dazu einen lang gehegten Vorsaz auszuführen, indem ich die Gelegenheit auf der Stelle ergreife, um mich mit Ihnen, liebe Fromman, über unser Leben und Streben zu besprechen. Gries, den ich Ihnen als einen lebendigen Brief zusandte, wird vorläufig erzählt haben, was er wohl oder übel von uns vernommen hat. Er ist seiner alten Heimath zugewandert, seinem ehemaligen Zimmer sogar, möchte ihm wieder so wohl dort werden können, wie ihm war, oder die Geduld seiner Freunde es ihn vergessen machen, daß er nicht ist, was er war. Klingern[276], den Sie uns empfehlen und der sich auch selbst empfielt, traf er hier an. Überhaupt war es ein Zeitpunkt, wo alte und neue Bekannte nach einander auftraten und wo die weite Welt einem ganz enge und traulich vorkommt, weil man von allen Seiten wieder sieht, was in der Ferne verschwunden schien. Es läßt sich überhaupt dazu an, als würde sich hier ein Sammelplaz bilden, wie Jena war; eine Menge Faden laufen hier wieder zusammen, theils sind sie wirklich schon angeknüpft, theils sehen wirs nur kommen. An wohlbekannten Gesichtern fehlt es schon seit einiger Zeit nicht. Jetzt sind wir nun so weit, daß Tiek manchen schönen Abend wieder vorlieset, eine Gabe, die er so ausgebildet hat, daß er wirklich einen ganz einzigen Genuß dadurch gewährt und sich in Einer Person zu einem vollständigen Theater auf und zusammen thut. Er ist übrigens noch der alte; die Anmuth seiner Sitten hat sich nur mit einer gereiften Würde vermählt, die aber absonderlich ihren Sitz in etwas von der Gicht gesteiften Beinen genommen hat. Von neuen Hervorbringungen ist wenig die Rede, doch hat er manches angefangen und viel projektirt, das jedoch nicht neu durch neuen Schwung des Geistes seyn mag. Seine Schwester ist auch hier, und der Bildhauer wird sich nächstens von *Coppet*

aus einfinden, wo er Frau von Stael in eine Bildsäule verwandelt, was in Anbetracht ihrer großen Beweglichkeit nicht für ein kleines Wunder zu halten ist. Es scheint, als wenn wir diese Gäste den Winter über behalten werden, obschon Tieck, den wir am liebsten behielten, von früherer Rückkehr spricht, die ihn über Jena führen wird.
Unser *Baron* ist uns, wie Sie von seiner Schwester wissen werden, seit mehreren Monaten abhanden gekommen. Er fing uns und sich selbst decidirt zu ennuyiren an, daß er plötzlich ein Bündel zusammen machte und mit Zurücklassung seiner Effekten und Bedienten an den Rhein wandelte, nach Kölln, wo er den Dom *nicht* sah, ins Siebengebürge, wo er mehr sprach, wie gut war, und endlich schrieb er von der böhmischen Gränze in kläglichen Ausdrücken um einen Paß und seinen Bedienten, die ihn beide, wie ich vermuthe, zu rechter Zeit erreicht haben. Wir wissen seitdem nichts von ihm, glauben aber, dieser Baron hätte wohl gethan sich ganz still auf seinen Gütern zu halten. Wenn er auch nie das Glöckchen des Eremiten und Waldbruders dort hätte läuten hören, so wäre ihm dafür das liebliche Geläute des schwerwandelnden Hornviehs ersprießlicher gewesen. Der Mensch ist gar nicht zu einer Bestimmung oder Arbeit zu bringen, durch die er sich zu etwas machte. Schelling hat sich alle Mühe deßhalb mit ihm gegeben, allein er hält nicht drei Tage Stich und zergeht dann wieder nach allen Seiten hin, welches am Ende auch der Fall mit seinem Vermögen seyn wird. Wenn er nach Wien gegangen ist, so hat er sicher darauf gerechnet Tieck noch zu treffen, der in der nehmlichen Zeit *hier* ankam. Wir wünschen, daß er dort nichts Thörichtes beginnen möge.
Daß Sie, liebe Fromman, sich jetzt ganz im Schooß Ihrer Familie befinden, habe ich zuerst von ihm vernommen. Wie glücklich ist der, der in dieser zerstükten Welt und Lage der Dinge ein solches Häuflein um sich zu versammeln hat.
Sie haben sich in dieser letzten Zeit auch ganz nahe am Mittelpunkt der Erde befunden und ich zweifle nicht, daß Sie die großen Schauspieler, die in Erfurt versammelt waren, selbst

sahen, sowohl die Helden, als die, welche die Helden spielen – Möchten Sie mir doch darüber etwas mittheilen wollen. Es dünkt mich, als wenn der *Talma*[277] fast mit eben so viel Furcht, ein *crime de leze Majesté*[278] begehn zu können, beurtheilt würde, als wenn es der Gebieter selbst wäre.

Sie wissen vielleicht, daß Hegel[279] in Nürnberg als Rektor des Gymnasiums placirt ist. Grüßen Sie Oken[280] von uns; es freut mich, daß er an Ihnen Freunde gefunden hat, die er in den Winterabenden mit seinem Laternchen in der Hand aufsuchen kann, wie er zu uns in Würzburg manch liebes mal ins Zimmer getreten ist.

Leben Sie recht wohl und versäumen Sie nicht zuweilen unsrer zu gedenken und uns auch dessen zu versichern.

Ihre Schelling.

Caroline Michaelis-Böhmer-Schlegel-Schelling an Johanna Frommann, November 1808, in: CBF II, Nr. 437, S. 538-540.

77. Caroline Michaelis-Böhmer-Schlegel-Schelling an Luise Wiedemann, Mitte März 1809

[München, Mitte März 1809]. Unsre Briefe sind sich begegnet, liebe Luise[281], und es kann wiederum der Fall seyn, aber ich mag jetzt mit dem Schreiben nicht säumen, da man nicht wissen kann, wie bald die Wege versperrt werden. Vielleicht geht es auch ohne dergleichen ab; wir sind darüber noch in einer solchen Ungewißheit in der Nähe, wie man in der Ferne sichs schwerlich vorstellt. Alle äußersten Anzeichen des Krieges sind da; der französische Gesandte hat Wien verlassen, der hiesige österreichische Gesandte, Graf Stadion, der in Göttingen einst studirte, ist von hier abgereiset, die Truppen sammeln sich; es heißt, daß am 20sten Franzosen hier einrücken werden. Anfangs glaubte man, die aus eurer Gegend unter

Pontecorvo, es scheint aber, es werden die unter *Davoust* seyn. Bei Hof ist von einer Abreise nach Mannheim die Rede, auch wird die Gemälde-Gallerie wieder eingepackt. Bei unsrer Nachbarschaft mit Oesterreich muß man sich freilich wohl auf die Möglichkeit gefaßt halten, daß der Feind einmal vordringt, so ruhig man über den Ausgang überhaupt seyn kann. Übrigens gestehe ich gern, daß mir nicht wohl zu Muthe ist bei dem nächsten Detail, ich bin zu unbekannt mit dieser Kriegesnoth, denn seltsamer weise waren wir so situirt, daß ich im langen Laufe dieses Krieges nur in Würzburg einmal zwei ehrliche Baiern zu bewirthen gehabt habe und ein paar Böhmen, die so unschuldig waren beim Abschiede zu fragen, was sie schuldig wären. Hier kann die Last ernstlicher werden, die Ausgaben beträchtlich; wir können dazu in den Fall kommen eine Zeit lang nicht bezahlt zu werden. Ich habe auch Philipp geschrieben, daß er mir ja für Geld sorgt, welches ich in diesem Augenblick am nöthigsten unter euch brauche. Daß bei diesen Umständen wieder nicht an die südliche Reise zu denken ist, siehst Du wohl; ich habe große Sorge, mir wird es wie Moses gehn. Wie gern möcht ich Dich einladen, wenn ich hoffen könnte, daß es nicht leere Worte blieben. Du *bist* eingeladen, sobald Du kannst und willst, beherbergen kann ich euch alle, so wie wir jetzt wohnen. Es wäre denn doch keine Unmöglichkeit von eurer Seite; ihr habt am Ende mehr Mittel zu solchen Ausflügen als wir und kühnere Entschlüsse. [Familienangelegenheiten.] Wir hatten hier den Frühling schon einmal, jetzt liegt wieder Schnee, und trägt nicht dazu bei unsere nächsten Aussichten freundlicher zu machen. Krankheiten herrschen in Menge. Diese Woche starb das schönste Mädchen in der Stadt und das einzige Kind ihrer Eltern, die ihr Herz von ihrer ersten Jugend an an sie gehängt hatten, denen sie oft der einzige Trost gewesen, die sich in allen Bedürfnissen eingeschränkt hatten um sie zu erziehn; sie sind selbst noch nicht bejahrt, die Tochter war 17 Jahr. Es hat mir die Brust schmerzlich zusammengedrückt ihrer Verzweiflung zu denken, die durch kein übrigbleibendes Interresse des Geistes und Herzens, so wie sie übrigens beschaffen sind, gelindert werden kann. Es sind *Emigrés*[282], obwohl beide von deutscher Abkunft, ihre Umstände sind oft kümmerlich gewesen, aber ihre Lage war jetzt gut, und durch die Tochter hingen sie mit dem glänzendsten Theil der hiesigen Welt zusammen. Der Stolz, der sich in die Liebe mischte, war verzeihlich. Bei dem Vater fand eine wahre Anbetung der Tochter statt, so daß er auch gar nicht strebte sie zu verheirathen. Das Mädchen war wirklich sehr schön und sittsam. Eine freudenlosere unnützere Existenz wie die dieser armen Eltern läßt sich nicht ersinnen, zumal da die Mutter mit dem noch sehr raschen Vater nur durch das Kind noch zusammenhing, und an Trost von oben herab auch nicht wohl bei ihnen zu denken ist.

Bey Tieks ist noch alles krank. Ich meine Dir letzthin schon über sie das Gehörige geschrieben zu haben. Ob sie katholisch geworden oder nicht, kann ich nicht bestimmt beantworten, ist aber auch nicht nöthig, was den förmlichen Übertritt betrifft. So viel ist gewiß, daß sie ein förmliches Commerce damit getrieben haben, indem dem päbstlichen General Vicar der Antrag von ihnen geschah, sie wollten für eine Pension alle deutschen Künstler in Rom zum Übertritt bewegen; die Pension sey nehmlich deswegen nöthig, damit sie ein Haus damit machen und die Leute an sich locken könnten. Der Pabst hatte aber andre Sorgen. Tiek ist sehr miserabel, indeß es ist unmöglich reines Mitleid zu hegen, sein Gesicht, das nun alles Wohlseyns und geselligen Freundlichkeit entkleidet ist, bringt selbst geheime Tücke und Wuth an den Tag. Der Bildhauer bleibt noch aus, auch Knorring. Der Krieg kann diese Menschen hier noch sehr bedrängen, indem sie von allen Geldressourcen abgeschnitten werden. Freilich wenn die Oesterreicher herkämen, so würden sie gloriiren; sie haben sich gänzlich dem Hause Habsburg ergeben und hoffen, Deutschlands Heil werde sich von daher entwickeln. Übrigens sind alle diese Hoffnungen und Glauben und Lieben nur poetisch bei ihnen zu nehmen, sie machen sich wenig aus Gott und Welt, wenn sie sich nur recht in die Höhe schwingen können und das Geld nicht mangelt. Ich habe nie unfrömmere, in Gottes Hand weniger ergebne Menschen gesehn als diese Gläubigen; besonders ist in der Schwester ein durchaus rebellischer Sinn, so daß man sich dadurch geneigt fühlt, auch das, was sie nicht unmittelbar selbst verschuldet, sondern durch Krankheit und dergleichen über sie verhängt wird, für ein Gericht des Himmels zu nehmen. Die drei Geschwister, jedes mit großem Talent ausgerüstet, in der Hütte eines Handwerkers geboren und im Sande der Mark Brandenburg, könnten eine schöne Erscheinung seyn, wenn nicht diese Seelen und Leib verderbliche Immoralität und tiefe Irreligiosität in ihnen wäre. Die Bernhardi hat einen Knaben von 6 Jahren; dem ist das Beste, was sie haben, eingeboren, so weit sich das jetzt beurtheilen läßt; ein herrliches Kind, das mir oft noch das Herz für sie beweget und das Schelling über alle Maße lieb hat. Da sich so ein Kind mehr durch Rede wie durch Handlungen rühren läßt, indem es die letzten nicht übersieht und einsieht, so hat er auch nur allen Honig der Rede in sich gesogen; ist durchaus edel in Gesinnung, heroisch und tapfer, spricht und drückt sich aus über seine Jahre, dabei hat er das mimische Talent seines Onkels, und eine unglaubliche Gewandtheit und Anstand des Körpers. Es ist etwas von einem Komödianten in ihm, doch gewiß auch ein tieferes und sehr gutes Prinzip, möge es der Himmel behüten! Es thut ihm freilich jetzt schon Schaden, daß er so oft die bittern und heftigen Ausfälle gegen andere Menschen, welche gegen seine Mutter gefehlt haben, in ihrem Sinn, anhören muß und vielleicht obendrein angewiesen wird, sich nichts davon merken zu lassen. – Neben allen seinen Planen, die sich auf die Wirklichkeit beziehen, hat er auch den Kopf voll von Poesien, die er für wirklich hält, er ist fest überzeugt, daß sein Oheim und der König Rother viele Riesen zusammen todtgeschlagen haben und Rothkäppchen vom Wolfe gefressen worden, der sich als ihre Großmutter anstellte. Ein Dichter will er nicht werden, sondern ein Feldmarschall, und da ihm Schelling das Dichterleben anpries, sagte er – wie? Du wolltest nicht lieber Deine Finger mit Blut als mit Dinte gefärbt sehn? – und das war eine Combination, die ganz aus ihm selbst kam. – Auch dieser arme Knabe ist sehr krank gewesen. Er heißt Felix und hat braune Augen und blondes Haar, wie die Mutter, vom Vater keinen Zug, so daß er eigentlich keinen Vater zu haben scheint, auch weiß er nicht, daß er einen hat. Bernhardi ist nur der dicke Herr für ihn. Den ältesten, den dieser mitgenommen, scheint sie schon vergessen zu haben. Von Tieks Frau ist nie die Rede, die Bernhardi haßt sie so, daß sie, wie sie mir sagte, ihren Bruder nicht nach ihr gefragt hat. Mir sagte er zu Anfang, sie wäre bei ihrer Mutter in Schlesien und er hätte noch eine kleine Tochter bekommen. Nach der Bernhardi ihren Insinuationen hat die Tiek während ihres Mannes früherer Abwesenheit mit Burgsdorf gelebt, auf dessen Gute (Ziebingen) Tiek auch nachher sich ernähren ließ. Sie behauptet, daß dort überhaupt eine Art von Gemeinschaft der Weiber eingeführt war. Drei Gräfinnen Finkenstein wohnen in der Nähe, aber unverheirathet. Friedrich Schlegel nannte daher T. den Hausfinken. Wie es damit steht, weiß ich nicht, habe auch nicht Ursache von der Ungeschmeidigkeit der Tiek ähnliches zu vermuthen, bei alle dem sollen sie so gut wie getrennt seyn. Wo T. von hier hin gehn wird, sehe ich auch nicht ab, da Burgsdorf heirathet, was solchem guten Leben ein Ende macht. Es ist wohl möglich, daß sie mit Ansiedelungsplänen hergekommen sind, aber sie haben sich bald um die Möglichkeit des Gelingens gebracht. Wunderbarerweise hat T. da einen Beschützer gesucht und gefunden, wo man es am wenigsten erwarten konnte, in Jakobi nämlich. – Von Große habe ich auch nie etwas gehört. Er muß sich ganz im Gedränge verloren haben. Von der *Nuys* auch seither nichts; schwerlich wird sie aber unter den jezigen Umständen in Wien geduldet werden, da sie sich auf den Schuz des französischen Gesandten gegen die Polizei schon einmal berufen hat. Friedr. Schlegel ist auch in Wien, er ist wie zum katholischen Glauben zum Hause Oestreich übergetreten. Wilhelm scheint doch unter seiner Aegide, das heißt unter der Aegide seiner Pallas, protestantisch zu bleiben, so gläubig er sonst gegen seine Freunde gesinnt ist, aber hier geht eben Glauben gegen Glauben und Einfluß gegen Einfluß auf. Dennoch ist er der reinste von allen diesen – denn ach wie sind jene von der Bahn abgewichen, wie haben sie sich sämtlich durch Bitterkeit gegen die Schicksale bestimmen lassen, die sie sich doch selber zugezogen! Friedrich hat die Anlage ein Ketzerverfolger zu werden – fast soll er schon fett, bequem und schwelgerisch wie ein Mönch seyn. Ich habe sie alle in ihrer Unschuld, in ihrer besten Zeit gekannt. Dann kam die Zwietracht und die Sünde, man kann sich über Menschen täuschen, die man nicht mehr sieht, noch Verkehr mit ihnen hat, aber ich fürchte sehr, ich würde mich auch über Friedrich entsetzen. Wie fest, wie gegründet in sich, wie gut, kindlich, empfänglich und durchaus würdig ist dagegen der Freund geblieben, den ich Dir nicht zu nennen brauche.

Constant[283] hat aus den drei Wallensteinen Einen schlechten fabrizirt, in Gehalt und Versen unausstehlich. Das nennen sie nun den Deutschen einen Dienst erzeigen und auch Wilhelm Schlegel behauptet, man müsse ihm dankbar dafür seyn. Das redt er gegen sein Gewissen. *Constant* hätte sich nicht an etwas Poetisches machen sollen, er scheint ganz unfähig dazu, und nur von der sittlichen Seite erkennt er die Deutschen.

Es ist mir eine gar angenehme Aussicht ein Häubchen von Dir zu bekommen, eine Sache, die ich immerwährend bedarf, indem ich mich schier nicht anders mehr leiden mag – und dann freut es mich recht, daß Du Dir die Mühe genommen, dergleichen für mich zu verfertigen. Du könntest sie wohl grade zu schicken – Perthes hat auch weiter keine Gelegenheit, denn die *Weltseele*, die er zum drittenmal auflegt, wird in Jena gedruckt.

* * *

Jemand, der aus Wien kommt, sagt, daß alle Truppenbewegungen über Böhmen und nach Italien zu gehen, hieher ganz und gar nicht. Die Gallerie in Dresden ist auch schon eingepackt.

Die Liebeskind ist nun hier etablirt mit Mann und vier Söhnen. Der Himmel weis, sie ist nicht anmuthig, sehr alt und häßlich. Geistreich habe ich sie nie gefunden. Übrigens bringt sie sich überall glücklich an und durch.
Lebe wohl, ich habe viel heute geschwazt und erwarte nun bald von Dir wieder zu hören, besonders daß ihr alle gesund seid. Ich umarme die Kinder.
Was Wiedemann nächstens wird, habe ich nicht recht lesen können – War es Rektor, nehmlich Prorektor?

Caroline Michaelis-Böhmer-Schlegel-Schelling an Luise Wiedemann, Mitte März 1809, in: CBF II, Nr. 441, S. 550-557.

78. Dorothea Mendelssohn-Veit-Schlegel an Friedrich Schlegel, 21. November 1809

Wien, 21. November 1809
[...] Aber denke dir nur, daß Caroline gestorben ist! Es war mir doch ein Schrecken, als Best es sagte. Mir ist sehr wohl, daß ich ihr längst schon verziehen habe, sonst müßte mir bange sein, daß sie ohne Versöhnung hat aus der Welt gehen müssen, und ich hoffe nun, sie wird Vergebung finden, wie ich ihr von ganzem Herzen vergeben habe. Sie machte mit Schelling und seinem Bruder eine Lustreise nach Schorndorf, dort ward sie plötzlich krank und starb nach wenigen Tagen an derselben Krankheit und auf dieselbe Art, wie ihre Tochter starb, unter Schellings und seines Bruders Händen. – So wie Du im Sinne hast, den Streit mit Schelling aufzunehmen, darf ich mich länger nicht dagegen setzen, obgleich mir innerlich davor graut, zumal wenn ich bedenke, daß Du den Faden da anknüpfest, wo es dann nicht mehr bei Dir steht, ihn wieder fallen zu lassen, nämlich bei Deinem Glauben und bei der Ehre der Kirche. Gott wolle Dir Kraft geben und Dich mit allen Gaben seines Geistes erleuchten! [...]

Dorothea Mendelssohn-Veit-Schlegel an Friedrich Schlegel, 21. November 1809, in: RB, Nr. 287, S. 432.

79. Friedrich Schlegel an Dorothea Mendelssohn-Veit-Schlegel, November 1809

Pest, November 1809

[...] So wollen wir uns übrigens diese sämtlichen Tiecks nur gar nicht weiter zu Gemüte ziehen, außer insofern sie in einer und derselben irdischen Welt mit uns atmen. – Mir tut es am meisten leid um seine Poesie, die doch in der Gemeinheit mit zugrunde gehen muß. Was die Religion betrifft, so laß Dir das weiter nicht empfindlich sein; der Mißbrauch der Unwürdigen gehört mit zu der irdischen Erscheinung des himmlischen Lichts. Glaube mir nur, zu den Zeiten der Apostel, selbst unter ihrer nächsten Umgebung und vorgeblichen Anhängern, hat es *grade solche* falsche Bekenner, die einen Teil der Mysterien mit dem Verstande oder der Phantasie wohl ergriffen hatten, von Sinnesart aber wüst und schlecht geblieben waren, genug gegeben. Du wirst die deutliche Beziehung darauf in sehr vielen Stellen des neuen Testaments finden und diese jetzt noch um so besser verstehen.

Dein Klagelied über die Gelehrten jetziger Zeit ist sehr gerecht. Aber ließe sich nicht ein eben solches von den Staatsbeamten – von der Gesellschaft und wovon nicht alles noch anstimmen? Man muß eben unerschütterlich standhaft und geduldig sein. [...] Wegen Schellings Angriff sei nur unbesorgt; antworte ich ihm, so gilt es nicht ihm allein, sondern ich nehme gleich Planck, Villers und alle einigermaßen honetten Gegner mit dazu und werde mir schon meine Grenzen zu setzen wissen. [...]

Also nun auch Caroline? Ich muß mich erst besinnen, was mir dies für einen Eindruck macht. Freilich, mir war sie schon lange gestorben.

Friedrich Schlegel an Dorothea Mendelssohn-Veit-Schlegel, November 1809, in: RB, Nr. 288, S. 433.

80. Karl Wilhelm Friedrich Solger an Karl Christian Friedrich Krause, 16. Juni 1811

Frankfurt a/O, 16. Juni 1811

[...] Tieck ist einer von denen, mit welchen man ein gründliches und zugleich erfreuliches Gespräch mit der größten Ruhe führen kann. Er spricht nicht ab, streitet mit Gründen, mischt zuweilen seine pikante Satire ein und drückt sich herrlich aus. Wenn er in den Zug kam, eine Weile allein zu sprechen, um etwas auszuführen, habe ich ihm mit wahrem Genusse zugehört; so schön spricht er. [...]

Karl Wilhelm Friedrich Solger an Karl Christian Friedrich Krause, 16. Juni 1811, in: RB, Nr. 294, S. 443.

81. Dorothea Mendelssohn-Veit-Schlegel an August Wilhelm Schlegel, 12. Januar 1813

Wien, 12. Januar 1813

[...] Wir haben *Den vierundzwanzigsten Februar*[284] gelesen und Ihrer fleißig dabei gedacht, wie Sie den Kurt wohl mögen dargestellt haben. Meiner Meinung nach ist das wohl von Werner das vollendetste Werk, aber leugnen kann ich nicht: Er ist mein Dichter nicht, nach diesem Werk weniger als je. Nie habe ich mich gegen jemand, der in der Tat ein Dichter ist, so feindlich gestimmt gefühlt; er ist meine ganze Antipathie. Es ist kein Leben, kein warmer Hauch, keine Natur, kein Glauben und kein

Abb. 18: Porträt Henrik Steffens (1773-1845)

Gefühl, keine andre Bewegung, als die man bei einem toten Frosch noch durch den Galvanismus hervorzuckt. Es ist die Sünde und die kalte, kalte Hölle! Pfui! – Das ganze schreckliche, unabwendbare Schicksal der Griechen ist sanft und tröstlich dagegen, weil man es bei jenen wohl fühlt, daß dieser Aberglaube bei ihnen wirklich Glaube war, und wo nur der ist, da hat auch jedes Verhängnis etwas Beruhigendes, Heilendes. Aber bei Werner ist es weder Glaube noch Aberglaube, sondern kaltes beobachtendes, konvulsivisches Nichts, der lähmende, starrende Tod im Innersten. Hätte er wenigstens diesen Stoff in eine Ballade oder Romanze gebracht – die Vergangenheit wird durch die Gegenwart des Erzählenden gemildert – aber diese Greuel so zu vergegenwärtigen, wie gefühllos, welch ein Scheusal! – Er ist jetzt in der Tat und, wie man sagt, ernstlich zur katholischen Kirche übergegangen. Ist dem so, dann habe ich Hoffnung für ihn, daß ihm der Sinn für die Schönheit aufgehen wird, der ihm jetzt sehr fern zu sein scheint; dann wird er diese Mißgeburten aber gewiß ebenso verabscheuen wie ich. Wie konnte sich Ihr schönes Herz entschließen, in einem solchen Stück eine Rolle zu übernehmen!

Dagegen lebt jetzt ein andrer Freund von Ihnen auf, der alte Pellegrin, Ihr Schüler und wahrhafter Verehrer Fouqué. Dieser schreibt ganz treffliche Sachen. Er hat jetzt einen Ritterroman geschrieben: *Der Zauberring*[285], und nun kann man sagen, daß die Deutschen einen Roman haben, den man den besten andrer Nationen an die Seite setzen kann. In seinen *Jahreszeiten* sind auch ganz unvergleichliche Märchen und Novellen von ihm. Dabei ist er so wahrhaft, so liebend und treugesinnt. Es ist ein rechter Meister, und wir mögen uns Glück zu ihm wünschen. Seine Frau schreibt auch vieles, manches recht Gute; sie selber aber ist mir nicht so lieb als ihr Gemahl. Sie rühmt sich in einem Briefe an Friedrich, daß *Sie* sehr leicht von der Freundin sich bestechen ließen. Ei, ei, was man nicht alles erfährt!

Ferner haben wir Goethes zweiten Teil seiner *Dichtung und Wahrheit*. Es ist in diesem zweiten Teil mehr Reichtum als in dem ersten; es will einem aber doch nicht klar daraus werden, woher denn nun der ausgezeichnete Mann, der Dichter seines Volks daraus hat entstehen können. Am Ende glaube ich doch, daß er diese ganze Form bloß braucht, um manches zu sagen, was ihm zu sagen bequem ist: das Beste aber verschweigt er dennoch. Aus diesen meistens läppischen Geschichtchen kann ich mir seine Entstehung nicht zusammensetzen. [...]

Dorothea Mendelssohn-Veit-Schlegel an August Wilhelm Schlegel, 12. Januar 1813, in: RB, Nr. 298, S. 446-447.

82. Henrik Steffens an Ludwig Tieck, 11. September 1814

Breslau, den 11. September 1814.
– – – So gewiß wie es ist, daß die Zeit, in welcher Goethe und Fichte und Schelling und die Schlegel, Du, Novalis, Ritter und ich, uns alle vereinigt träumten, reich an Keimen mancherlei Art war, so lag dennoch etwas Ruchloses im Ganzen. Ein geistiger Babelsturm sollte errichtet werden, den alle Geister aus der Ferne erkennen sollten. Aber die Sprachverwirrung begrub dieses Werk des Hochmuts unter seine eigene Trümmer. – Bist du der, mit dem ich mich vereinigt träumte? fragte einer den andern – Ich kenne Deine Gesichtszüge nicht mehr, Deine Worte sind mir unverständlich, – und ein jeder trennte sich in den entgegengesetztesten Weltgegenden – die meisten mit dem Wahnsinn, den Babelsturm dennoch auf eigene Weise zu bauen. – – –

Henrik Steffens an Ludwig Tieck, 11. September 1814, in: FdR, Nr. 99, S. 251.

Anmerkungen

Mehrmals auftretende Begriffe, Personen oder Sachverhalte werden nur bei erstmaliger Nennung im Text in den Anmerkungen erläutert.

1 Voltaire (1694-1778); das Drama *Zaïre* wurde 1733 veröffentlicht und 1749 in die deutsche Sprache übersetzt.
2 Entmannen, verschneiden.
3 Lat., bitte für uns.
4 Die *Odyssee* war eines der Hauptwerke des griechischen Epikers Homer (8. Jh. v. Chr.). *Dom Karlos* war ein Drama von Schiller (Friedrich Schiller: Dom Karlos. Infant von Spanien. Leipzig 1787).
5 Homer (8. Jh. v. Chr.), griech. Epiker.
6 Narr, Spaßvogel, Possenmacher.
7 Entscheidung, Ausspruch, Urteil.
8 Ossian, schottisch-gälischer Held (3. Jh. n. Chr.); John Milton (1608-1674), engl. Dichter; Ludovico Ariosto (1474-1533), ital. Schriftsteller; Publius Vergilius Maro (70-19.v.Chr.), römischer Dichter; Friedrich Gottlieb Klopstock (1724-1803), Dichter.
9 Der „Feuereifer eines Elias" bezieht sich auf das Alte Testament, Das erste Buch der Könige, Kap. 18, 39-40: „39Das ganze Volk sah es, warf sich auf das Angesicht nieder und rief: Jahwe ist Gott, Jahwe ist Gott! 40Elija aber befahl ihnen: Ergreift die Propheten des Baal! Keiner von ihnen soll entkommen. Man ergriff sie, und Elija ließ sie zum Bach Kischon hinabführen und dort töten."
10 Johann Wolfgang Goethe: Die Leiden des jungen Werthers. Leipzig 1774.
11 Apollonios Rhodios (Apollonius von Rhodos) (295-215 v. Chr.), griech. Epiker, bekannt durch das Epos Argonauten.
12 Gottfried August Bürger (1747-1794), Schriftsteller. Schiller hatte Bürgers *Gedichte* (Göttingen 1789) in einer schroffen und abfälligen Art rezensiert. Die Besprechung in der *Allgemeinen Literaturzeitung* hatte großes Aufsehen erregt. Friedrich Schiller: [Rez.] Bürgers Gedichte, in: Allgemeine Litteraturzeitung 15. und 17. Januar 1791.
13 Gemeint ist Voltaires satirischer Roman *Candide ou l'optimisme* (1759).
14 Gemeint ist Christoph Martin Wielands Verserzählung *Idris und Zenide* (1768).
15 *Oberon* ist ein Gedicht von Christoph Martin Wieland (Oberon. Ein Gedicht in vierzehn Gesängen. Weimar 1780).
16 Friedrich Wilhelm von Kommerstedt war beim Empfang des erwähnten Briefes in Weißenfels bei Novalis zu Besuch.
17 Kleine Insel vor der Küste Kleinasiens und zur Inselgruppe der Sporaden gehörig. Nach kirchl. Tradition Verbannungsort des Apostels Johannes. Gemeint ist hier Pillnitz bei Dresden, wo Friedrich Schlegel seit Januar 1794 bei seiner Schwester Charlotte Ernst lebte.
18 Lat., nach mehr oder weniger gebräuchlicher Sitte; Donna Ester war die Wirtin eines Lokals in Leipzig.

19 Friedrich Karl Johann Mestmacher; ein Bekannter von Schlegel und Novalis aus Leipzig.
20 Apicius war eine römischer Autor eines Kochbuchs und ein ausgewiesener Gourmet.
21 Gemeint ist ein Studienkollege aus Leipzig und Wittenberg, Ferdinand Graf zur Lippe-Biesterfeld-Weißengeld (1772-1846).
22 Franz Häberlin (1720-1787), Professor für Geschichte, Verfasser von der *Neueste[n] deutsche[n] Reichshistorie* (Helmstedt 1774-1786).
23 Karl Solomo Zachariä (1769-1843), von 1792 bis 1794 Hofmeister des obengenannten Ferdinand Graf zur Lippe-Biesterfeld-Weißengeld.
24 Dion aus Syrakus, Schüler von Platon; Platon (428-347 v. Chr.), griech. Philosoph.
25 Lat., ‚fiel er auch, es war doch groß, was er wagte'. Nach Ovid (Metamorphosen II, 328). Grabspruch für den abgestürzten Phaëton.
26 Massaker an den Hugenotten in Paris am 24. August 1572.
27 Erasmus Freiherr von Hardenberg (1774-1797), Bruder von Novalis.
28 Lat., vorläufig.
29 Hans Karl Erdmann Freiherr von Manteuffel (1775-1844), studierte mit Novalis zusammen in Leipzig und Wittenberg. Es war später Oberlandesgerichtspräsident in Magdeburg.
30 Fridrich Karl Forberg (1770-1848), Bekannter von Novalis in der Studienzeit in Leipzig.
31 Karl de Bolschwing, Studienfreund von Novalis in Leipzig.
32 Ernst Johann Alexander Freiherr von Mandern, Studienfreund von Novalis in Leipzig.
33 Sophie von Kühn (1782-1797); sie war seit dem 15. März 1795 mit Novalis verlobt.
34 Johann Gottlieb Fichte (1762-1814), Philosoph.
35 Baruch Spinoza (1632-1677), niederländischer Philosoph; Nikolaus Ludwig Graf von Zinzendorf (1700-1760), theologischer Schriftsteller, Begründer der Herrnhuter Brüdergemeinde.
36 Wilhelmine von Kühn-Thümmel (1767-1832), lebte in Sondershausen und war die Stiefschwester seiner späteren Verlobten Sophie von Kühn.
37 Johann Christian Stark (1753-1811), Professor der Medizin in Jena. Er behandelte Sophie von Kühn und war der Hausarzt von Schiller.
38 Karoline von Kühn (1777-1822), Schwester von Sophie von Kühn, der Verlobten von Novalis.
39 Eingriff, Einschneidung, hier Operation.
40 Schlöben bei Jena, Gut der Familie von Hardenberg.
41 Gottlob Albrecht Karl Freiherr von Hardenberg (1776-1813), Bruder von Novalis.
42 Joachim Friedrich Zezschwitz (1744-1820), Generalmajor der Kavallerie.
43 Gustav August Moritz von Mandelsloh; seit 1791 Premierleutnant im kurfürstlich sächsischen Husarenregiment.
44 Hier sind ‚rechtmäßige und gesetzmäßige Gründe' gemeint.
45 Dorf südöstlich von Jena.
46 Nach frz., ‚ma chère', meine Liebe.
47 Nach lat. esse, ‚sein'. Meint hier wohl ‚auf das eigene selbst zurückgeworfen‹.
48 Karl Ludwig von Woltmann (1770-1817), Professor der Geschichte in Jena. Er besuchte Sophie während ihrer Krankheit.

49 Bezieht sich auf einige Schriften und Schriftstücke, die Schlegel mit einem vorhergehenden Brief an Novalis geschickt hatte.
50 Zusätze, Anhang, Anmerkungen.
51 Johann Friedrich Reichardt (1752-1814), Komponist. Herausgeber der republikanischen Zeitschrift *Deutschland,* für die Friedrich Schlegel einen Aufsatz lieferte.
52 Friedrich Wilhelm Großkreutz, Novalis Onkel. Er war mit der Verlobung von Novalis nicht einverstanden und verblieb entgegen der Annahme in diesem Briefe noch bis zum 18. März 1797 in Weißenfels.
53 Gemeint ist hier *Urians Nachricht von der neuen Aufklärung nebst einigen anderen Kleinigkeiten von dem Wandsbecker Bothen* (Hamburg 1797) von Matthias Claudius.
54 Friedrich Schiller: Musen-Almanach für das Jahr 1797. Tübingen 1796. Der Almanach erschien im Oktober 1796.
55 Der Hinweis bezieht sich auf Schlegels anonymen Aufsatz *Der deutsche Orpheus. Ein Beytrag zur neuesten Kirchengeschichte,* der sich gegen Johann Georg Schlosser (1739-1799) richtete.
56 Die Erwähnung bezieht sich auf die Rezension von Schillers *Musen-Almanach auf das Jahr 1797* von Friedrich Schlegel, die zum endgültigen Bruch zwischen Schlegel und Schiller führte. Die weiteren Anmerkungen beziehen sich auf Timoleon von Korinth, der aus Hass gegen alle Tyrannen seinen Bruder Timophanes, als dieser sich der Alleinherrschaft bemächtigen wollte, töten ließ.
57 Zerstörerischer Stoff.
58 Jean Paul Friedrich Richter gen. Jean Paul (1763-1825), Schriftsteller. Die Anspielung bezieht sich auf eine enthusiastische Schilderung einer Begegnung Reichardts mit Jean Paul in dem schon vorher erwähnten zehnten Stück der Zeitschrift *Deutschland.*
59 Wiederkehr, Krankheitsrückfall.
60 Hofmeister der jüngeren Kinder der Familie Hardenberg.
61 Gemeint sind Teile der Aufzeichnungen *Philosophische Lehrjahre* (KFSA 18, S. 3-23).
62 Gemeint ist der von Friedrich Schiller herausgegebene *Musen-Almanach auf das Jahr 1798,* der im Oktober 1797 erschien.
63 Gemeint ist Goethes Elegie *Der neue Pausias oder das Blumenmädchen* und August Wilhelm Schlegels *Prometheus.* Beide Texte erschienen im *Musen-Almanach auf das Jahr 1798.* Ebenso beziehen sich die Erwähnungen der Texte *Zueignung* und die *6te Stanze* auf den *Musenalmanach.*
64 Johann Wolfgang Goethes Elegie *Alexis und Dora* erschien im *Musen-Almanach auf das Jahr 1797.*
65 Karl Chr. Erhard Schmid, ehemaliger Hofmeister von Novalis.
66 Gemeint ist die Ballade *Die Kraniche des Ibycus* (1797) von Friedrich Schiller.
67 August Wilhelm Schlegel: Arion. Romanze, in: Musen-Almanach auf das Jahr 1798, S. 278-286.
68 Karl Wilhelm Ferdinand von Funk (1761-1828), Rittmeister seit 1791, Mitarbeiter der *Jenaer Allgemeinen Litteratur-Zeitung* und von Schillers *Horen.*
69 Gemeint ist Friedrich von Hardenberg, gen. Novalis.
70 Johann Dominik Fiorillo (1748-1821), Kunstschriftsteller und Maler.
71 Valerius Wilhelm Neubeck (1765-1850), Arzt, Verfasser medizinischer Schriften, Lyriker und Übersetzer. Er schrieb das Lehrgedicht *Die Gesundbrunnen* (Breslau 1795).

72 Georg Joachim Göschen (1752-1828), Verleger. Seine Ausgaben der Weimarer Klassiker machten ihn neben Cotta zum bedeutendsten Verleger klassischer Literatur.
73 Das Buch Genesis (1. Buch Mose), Kap. 41, 17-21. Die mageren Kühe stehen für sieben karge Jahre, die die vorherigen guten Jahre ‚auffressen'.
74 Die Brüder Alexander (1771-1831) und Wilhelm Graf zu Dohna-Schlobitten (1773-1845). Schleiermacher stand mit beiden in Briefkontakt.
75 Caroline Gräfin zu Dohna-Schlobitten (1770-1864), Schwester von Alexander und Wilhelm.
76 Gräfin aus dem Hause Dohna-Schlobitten-Carwinden.
77 Gesichtszug.
78 Gemeint ist hier die im September/Oktober 1795 von Ignaz Aurelius Feßler gegründete Mittwochsgesellschaft. Man traf sich immer Mittwochs zwischen 17 und 22 Uhr. Nach 1806 gibt es keine Zeugnisse einer weiteren Existenz der Vereinigung. In Berlin gab es im 18. und 19. Jahrhundert mehrere Zusammenschlüsse, die alle unter dem Namen Mittwochsgesellschaft firmierten.
79 Markus Herz (1747-1803), Schriftsteller und Arzt, seit 1779 verheiratet mit Henriette Herz; Karl Gustav von Brinckmann (1764-1847), Schriftsteller und Diplomat.
80 Gemeint ist ein Lied aus der Shakespeare-Übersetzung von August Wilhelm Schlegel und wohl eine Vertonung von Reichardt. Wahrscheinlich meinte Auguste ein Lied aus Shakespeares *Was Ihr wollt*.
81 Johann Friedrich Gottlieb Unger (1753-1804), Verlagsbuchhändler in Berlin; Hans Friedrich Vieweg (1761-1835), Verleger.
82 August Wilhelm Schlegel: Die entführten Götter, in: Musen-Almanach für das Jahr 1797, S. 199-203. Behandelt wird der Untergang und die Zerstörung Roms durch die Gallier (um 390 v. Chr.).
83 August Wilhelm Schlegel: Prometheus, in: Musen-Almanach für das Jahr 1797, S. 49-75.
84 Lyceum der schönen Künste, Zeitschrift des Verlegers Johann Friedrich Gottlieb Unger (1753-1804), für die auch Friedrich Schlegel Beiträge lieferte.
85 Friedrich Schlegel: Über Lessing, in: Lyceum I, 2. Teil, S. 76-108.
86 Bezug auf Reichardts Lob der Gedichte von Johann Heinrich Voss (1751-1826), Verfasser der Idyllendichtung *Louise*. Zu dieser Formulierung Friedrich Schlegel ergänzend: „Voß ist in der Louise ein Homeride; so ist auch Homer in seiner Übersetzung ein Vosside" (KFSA II, S. 161).
87 Bei Friedrich Schlegel wird *liberal* nicht im politischen Sinne gebraucht. Es meint hier: geistig flexibel, keiner starren Haltung oder Meinung verpflichtet.
88 Frz., eigensinnig, starrköpfig sein.
89 Sogenannter Republikanismus.
90 Karl August Böttiger (1760-1835), Archäologe, Forscher, Schriftsteller.
91 Gemeint ist wahrscheinlich ein Buch Böttigers über Iffland, *Entwicklung des Ifflandischen Spiels in vierzehn Darstellungen auf dem weimarischen Hoftheater* (Leipzig 1796). Die entscheidende Kritik an Böttiger erscheint später im *Litterarischen Reichsanzeiger*.
92 August Wilhelm Iffland (1759-1814), Bühnenschriftsteller und Schauspieler.
93 Novalis schickte für die Publikation im *Athenäum* die Fragmentenreihe *Blütenstaub* und die *Hymnen an die Nacht* an Friedrich Schlegel.

94 Kritischer Überarbeiter.
95 Gemeint ist das *Philosophische Journal einer Gesellschaft Teutscher Gelehrten*, das Fichte zusammen mit Friedrich Immanuel Niethammer (1766-1848) herausgab und für das auch Schelling Beiträge lieferte.
96 Die *Horen* waren eine von Friedrich Schiller herausgegebene Monatsschrift, für die u.a. August Wilhelm Schlegel Beiträge lieferte.
97 Johann Friedrich Reichardt (1752-1814), Komponist.
98 Griech., Musagetes ist ein gebräuchlicher Beiname mit der Bedeutung Musenführer. Er wurde oft im Zusammenhang mit Apollo gebraucht.
99 Johann Joachim Winckelmann (1727-1768), Archäologe, Kunstgelehrter.
100 Ludwig Tieck (1773-1853), Schriftsteller.
101 Gemeint ist der zweite Band von August Wilhelm Schlegels Shakespeare-Übersetzungen. August Wilhelm Schlegel (Übersetzer): William Shakespeare, Dramatische Werke. 9 Bde. Berlin: Unger 1797-1800.
102 August Wilhelm Schlegel: Ueber Shakespeares Romeo und Julia, in: Horen 1797, 6. Stück, S. 18-48.
103 Plutarch (46-120 n. Chr.), griechischer Schriftsteller.
104 Francesco Petrarca (1304-1374), italienischer Humanist und Dichter.
105 Gemeint sind A. W. Schlegels auszugsweise vorgenommenen Versübersetzungen von Dantes *Göttlicher Komödie*. Der Aufsatz *Ueber die Göttliche Komödie* erschien zuerst in Gottfried August Bürgers *Akademie der schönen Redekunst* (I, 1791, 3. Stück, S. 239-301).
106 Der im Frühling 1798 gedruckte dritte Band der Shakespeare-Ausgabe enthält *Hamlet* und *Der Sturm*.
107 William Shakespeares *Caesar* war in der von A. W. Schlegel übersetzten Ausgabe von Shakespeares Werken enthalten, vgl.: William Shakespeare: *Dramatische Werke*. Übersetzt von August Wilhelm Schlegel. 9 Bde. Berlin: Unger 1797-1810.
108 Griech., Ethos.
109 Gemeint ist die Mittwochsgesellschaft. Man vgl. dazu Anm. 78.
110 Alhafi ist keine Figur aus einem Stück Shakespeares. Wahrscheinlich ist hier die Rolle in Lessings *Nathan der Weise* gemeint, Al-Hafi, der Schachpartner von Nathan, von der Schlegel annahm, er könne sie gut lesen. Henriette Herz berichtet über die Lesung des Nathans in ihrer Lesegesellschaft in Berlin.
111 Ein Externer, also Äußerer; nicht dem inneren Kreis zugehörig.
112 Auguste Böhmer (1785-1800), Tochter von Caroline Michaelis-Böhmer-Schlegel-Schelling und dem 1788 verstorbenen Arzt Johann Franz Wilhelm Böhmer.
113 Gemeint ist die von Karl Friedrich Christian Fasch (1736-1800) im Jahr 1790 gegründete Berliner Singakademie.
114 Friedrich August Eschen (1776-1800), Schriftsteller und Übersetzer.
115 Ital., verdrießlich machen, beleidigen, verärgern.
116 Friedrich Schlegel hatte sich in Berlin mit Tieck befreundet. Sein Bruder August Wilhelm Schlegel rezensierte verschiedene Shakespeare-Übersetzung und Dichtungen von Tieck lobend. Tieck schickte daraufhin seine *Volksmärchen*. August Wilhelm hatte 1797 zwei Bände Shakespeare-Übersetzungen veröffentlicht. Tiecks *Briefe über W. Shakespeare* wurden erst 1800 in Tiecks *Poetischen Journal* veröffentlicht.
117 Schlegels Abhandlung über *Romeo und Julia* war 1797 in Schillers *Horen* erschienen.

118 Ludwig Tieck: Briefe über W. Shakespeare, in: Ludwig Tieck (Hg.): Poetisches Journal 1 (1800), S. 18-80.
119 Ludwig Tieck: Der Sturm. Ein Schauspiel von Shakspear. Für das Theater bearbeitet von Ludwig Tieck. Nebest einer Abhandlung über Shakspears Behandlung des Wunderbaren. Berlin, Leipzig 1796.
120 Die *Darstellungen* erschienen 1799 und 1800 unter dem Titel *Romantische Dichtungen*. Ludwig Tieck: *Romantische Dichtungen*. 2 Bde. Jena 1799-1800.
121 Ludwig Tiecks Übersetzung des Don Quixote erschien 1799 bis 1801 bei Unger. Die Übersetzung von Friedrich Justin Bertuch (1747-1822) war 1775 erschienen.
122 Schillers *Musen-Almanach für das Jahr 1798* brachte unter mehreren anderen Gedichten August Wilhelm Schlegels auch dessen *Prometheus*, vgl. Anm. 83.
123 Christoph Martin Wieland (1733-1813), Schriftsteller; Friedrich Matthison (1761-1831), Lyriker.
124 Henriette de Lemos-Herz (1764-1847), seit 1779 mit dem Arzt und Schriftsteller Markus Herz (1747-1803) verheiratet.
125 Frz., eigentl. durch Milde, Wohltätigkeit, aber auch der Name eines Berliner Krankenhauses. Schleiermacher hatte 1796 eine Predigerstelle an der Charité in Berlin angenommen. Anspielung auf seine Beschäftigung in der Charité.
126 Die Wortkombinationen mit ‚Sym-' sind Wortschöpfungen von Friedrich Schlegel, der damit versuchte, etwa mit dem Begriff der Symphilosophie, das gemeinsame intellektuelle Interesse des Romantiker-Freundeskreises zu beschreiben. Man vgl. dazu: Ernst Behler: *Frühromantik*. Berlin, New York 1992, S. 10 ff.
127 Eigentl. ‚unter der Rose', als Bild der Verschwiegenheit, im Vertrauen, insgeheim.
128 Mundartliche Lautumschreibung von Gebühren.
129 Mundartliche Lautumschreibung von Douceur, Geschenk, Trinkgeld.
130 Christian Gottfried Körner (1756-1831), Oberkonsistorialrat in Dresden, Freund von Friedrich Schiller.
131 Christian Gottfried Schütz (1747-1832), Professor der Rhetorik und Herausgeber der *Allgemeinen Litteratur-Zeitung*.
132 Christoph Wilhelm Hufeland (1762-1836), Professor der Medizin in Jena (seit 1793).
133 Eigentl. mäeutisch, die Entbindung betreffend, geburtshilflich.
134 Schlegel ironisiert in diesen Passagen Novalis. Man vergleiche dazu in den Fragmenten bei Novalis: „Der Zauberer ist Poët. Der Profet ist zum Zauberer, wie der Mann von Geschmack zum Dichter." (Fragment 286, in: NS 2, S. 591). Novalis hatte Schlegel wohl einige Fragmente zum Lesen überlassen.
135 Bezeichnung für Stickstoff, nach Antoine Lavoisier (1743-1794), frz. Chemiker.
136 Gemeint wohl nach: frz. sur, über; oxydiren, griech. verkalken.
137 Euklid (365-300 v. Chr.), griechischer Mathematiker.
138 Frans Hemsterhuis (1722-1790), niederländischer Philosoph.
139 Bezieht sich auf einen Brief von Novalis, in dem er Bücher bei Friedrich Schlegel bestellte.
140 Frz., Neffe.
141 Man vgl. dazu: August Wilhelm Schlegel an Gottlieb Hufeland, 22. Juli 1798: „Im Juliusstück der Jahrbücher der Preussischen Monarchie werden Sie einen Aufsatz von eben dem Novalis finden, von dem der Blüthenstaub im Athenäum herrührt, worin er ein Ideal der monarchischen Verfassung als in der Person des jetzigen Königs realisirt betrachtet, und dieß zum Vehikel braucht, seine Philosopheme dar-

über beynah poetisch einzukleiden. Dieser Aufsatz hat in Berlin große Sensazion gemacht, die Aufmerksamkeit des Königs selbst auf sich gezogen, und ein Minister hat sich angelegentlich nach dem Verfasser erkundigt." (NS 4, Nr. 67a, S. 621).
142 Johann Wilhelm Ritter (1776-1810). Bei dem Buch handelt es sich um Johann Wilhelm Ritters *Beweis, dass ein ständiger Galvanismus den Lebensprozeß im Tierreiche begleitet* (Weimar 1798).
143 Bezieht sich auf Friedrich Schleiermachers Rezension im Athenaeum: Friedrich Schleiermacher: [Rez. Johann Jakob Engel, Der Philosoph für die Welt], in: Athenaeum 1800, Dritten Bandes Zweites Stück, S. 243-252.
144 Gemeint ist Dorothea Mendelssohn-Veit-Schlegel, die noch mit ihrem Mann, dem Bankier Simon Veit (gest. 1819), verheiratet war, von dem sie sich 1799 scheiden ließ.
145 Frz., eigentlich etwas Lächerliches.
146 Friedrich Wilhelm Joseph Schelling (1775-1854), Philosoph. Seit 1798 hatte er auf Empfehlung Goethes eine außerordentliche Professur in Jena.
147 Rahel Levin-Varnhagen von Ense (1771-1833), Schriftstellerin.
148 Mundartlicher Ausdruck für ziehen (Deutsches Wörterbuch III, Sp. 1865)
149 Gemeint ist der Aufsatz *Glauben und Liebe oder Der König und die Königin* von Novalis, der im Juli 1798 in den *Jahrbüchern der preußischen Monarchie* erschien.
150 Bei dem Buch handelt es sich um Johann Wilhelm Ritters *Beweis, dass ein ständiger Galvanismus den Lebensprozeß im Tierreiche begleitet* (Weimar 1798).
151 Bei der *Zoonomie* handelt es sich um das Buch *Zoonomia or the Laws of Organic Life* (3 Bde. 1794-98; dt. Hannover 1795-99) von Erasmus Darwin (1731-1803), Naturforscher und Großvater des berühmten Charles Darwin.
152 Friedrich Schlegel: Über Goethes Meister, in: Athenaeum 1797, Ersten Bandes Zweytes Stück, S. 323-354.
153 Friedrich Schlegel: Geschichte der Poesie der Griechen und Römer. Erste Abteilung des ersten Bandes. Berlin 1798. Es blieb bei der Veröffentlichung dieses einen Bandes.
154 Frz., Drehpunkt, Angelpunkt, Wendepunkt.
155 Die Andeutung von ‚Carl Nicolais Unfug' bezieht sich auf den Verleger Nicolai: „Karl August Nicolai hatte im Anzeiger es ‚Archivs der Zeit' 1798 S. 31 als ‚Nachricht für Freunde der schönen Litteratur' aus Ranküne eine Liste von ‚Tiecks sämtlichen Werken' drucken lassen und veranstaltete trotz Tiecks Protesten danach eine Ausgabe [...]." (CBF I, S. 726).
156 Aloys Ludwig Hirt (1759-1839), Archäologe, Kunsthistoriker.
157 August von Kotzebue: Die Corsen. Schauspiel in vier Akten. Leipzig: Kummer 1799. Bei der Eröffnung des Theater wurde zuerst Schiller Wallensteins Lager und dann Kotzebues Corsen gespielt.
158 Die *Piccolomini* sind der zweite Teil von Schillers *Wallenstein*. Friedrich Schiller: *Wallenstein. Ein dramatisches Gedicht*. Trilogie. Wallensteins Lager, Die Piccolomini und Wallensteins Tod. Tübingen 1800. Das Drama ist zwischen dem September 1793 und März 1799 entstanden.
159 Johann Diederich Gries (1775-1842); Übersetzer und Schriftsteller; Friedrich Mayer, aus Jena und Weimar, in verschiedenen romantischen Zeitschriften mit Beiträgen über Indische Philologie und Sanskrit vertreten. Führte Schopenhauer als Lehrer ins Sanskrit ein.

160 [Ludwig Tieck:] Franz Sternbalds Wanderungen. Eine altdeutsche Geschichte. Hg. v. Ludwig Tieck. 2 Bde. Berlin 1798.
161 Ludwig Tieck (1773-1853) hatte 1798 Amalie Alberti (1769-1837) geheiratet.
162 Johann Heinrich Meyer (1760-1832), Kunstfreund und in engem Kontakt mit Goethe stehend.
163 Karl Ludwig Fernow (1763-1808); Kunsthistoriker und Bibliothekar in Weimar.
164 Aloys Ludwig Hirt (1759-1839), Archäologe und Schriftsteller. Sein Aufsatz *Laokoon* erschien im 10. und 12. Stück der *Horen* (1797).
165 Gabriel Jonathan Schleusner (gest. 1798), hatte sich 1797 als Mediziner in Jena habilitiert.
166 Gemeint ist der Plan für den Aufsatz *Die Christenheit in Europa*, den Novalis im Herbst 1799 abgeschlossen hatte.
167 Friedrich Schlegel: Lucinde. Ein Roman. Erster Theil. Berlin 1799.
168 Anspielung auf den 1793 im revolutionären Frankreich gegründete ‚Wohlfahrtsausschuß', der nach kurzer Zeit die Regierungsmacht in sich konzentrierte und zur mächtigsten Regierungsinstitution aufstieg.
169 Franz Xaver von Baader (1765-1841), Philosoph, Theologe, Arzt, Fachmann im Bergbau.
170 Gemeint ist die von Goethe von 1798 bis 1800 herausgegebene Kunstzeitschrift *Die Propyläen. Eine periodische Schrift* (1. Bd., 1. St., Tübingen: Cotta 1799). Sie erschien erstmals im Oktober 1798.
171 Griech., eigentl. die schönhinterige Venus. Beiname der Venus in Syrakus.
172 Gottfried Wilhelm Leibnitz (1646-1716), Mathematiker, Philosoph. Gemeint sind mit der Beschuldigung die zwei Athenaeums-Fragmente 276 (von Friedrich Schlegel) und 279 (von Friedrich Schleiermacher).
173 Frz., auf der Höhe.
174 Lat., Auflistung der Fakten.
175 Gemeint ist Dorothea Mendelssohn-Veit-Schlegel, die zu diesem Zeitpunkt noch mit Simon Veit verheiratet war.
176 Franz Gareis (1776-1803), Maler.
177 August Ludwig Hülsen (1765-1810), Schriftsteller und Pädagoge, betrieb in Jena ein privates Erziehungsinstitut.
178 Betriebsamkeit.
179 Lat., durch einen Dritten.
180 Grundfaden beim Weben; hier im Sinne von ‚Basis‹, ‚erster Schritt' oder ‚tragende Säule' verwendet.
181 Ein runder (Himmels-)Körper, gemeint ist hier die Erde, der Erdball.
182 Plotin (205-270 v. Chr.), griech. Philosoph. Zu Novalis und Plotin vgl. man: Hans-Joachim Mähl: Novalis und Plotin. Untersuchungen zu einer neuen Edition und Interpretation des ‚Allgemeinen Brouillon', in: Jahrbuch des Freien Deutschen Hochstifts 1963, S. 139-250.
183 Salomon Maimon: Lebensgeschichte von ihm selbst erzählt und herausgegeben von Karl Philipp Moritz. 2 Bde. Berlin 1792-1793. Salomon Maimon (1754-1800), Aufklärer und Philosoph.
184 Julie von Charpentier (1776-1811), die zweite Verlobte von Novalis (seit Dezember 1798).
185 Gottlob Albrecht Karl Freiherr von Hardenberg (1776-1813), Bruder von Novalis.
186 Friedrich Schlegel: Treue und Scherz, in: KFSA 5, S. 29-35. Treue und Scherz ist

ein Abschnitt aus dem Roman *Lucinde* von Friedrich Schlegel. In der Endfassung steht der Abschnitt direkt vor dem Kapitel *Lehrjahre der Männlichkeit*.
187 Die *Lehrjahre der Männlichkeit* sind der mittlere, erzählerische Teil von Friedrich Schlegels Roman *Lucinde*.
188 Friederike Flittner-Unzelmann (1760-1815), Schauspielerin und Sängerin.
189 Heinrich (Henrik) Steffens (1773-1845), norwegischer Philosoph und Schriftsteller. Seit 1804 hatte er eine Professur in Halle und war eng mit Schleiermacher befreundet.
190 Frz. Erlebnis, Ereignis.
191 Johann Friedrich Wilhelm Toussaint von Charpentier (1738-1805), Bergrat, Vater der Geliebten von Novalis.
192 Johann Adolf Thielemann (1765-1824), Freund von Novalis.
193 Übergeben.
194 Johann Melchior Göze (1717-1786), Theologe und seit 1755 Hauptpastor in Hamburg. Streitbarer Aufklärer und Gegner von Lessing im Fragmentenstreit.
195 Gemeint ist Charlotte Ernst geb. Schlegel (gest. 1826), verheiratet mit Ludwig Emanuel Ernst (gest. 1826), Hofwirtschaftssekretarius in Dresden.
196 Gemeint ist der Kyniker aus Theben (ca. 330 v. Chr.), Verfasser philosophischer Parodien.
197 Johann Jakob Wilhelm Heinse (1746-1803), Schriftsteller.
198 Ein Ausschweifender, ein Lüstling.
199 Nach Horaz: „Macte / virtute esto!", Sei gepriesen wegen deiner Tugend! (Sermones 1.2, 31-32; Satiren in Hexameterform, 41-30 v. Chr.).
200 Friedrich Schlegel: Die Kunst der Griechen. An Goethe, in: Athenaeum 1799, Zweiten Bandes Zweites Stück, S. 181-192.
201 Die Anmerkung bezieht sich auf: Friedrich Schlegel: Die Kunst der Griechen. An Goethe, in: Athenaeum 1799, Zweiten Bandes Zweites Stück, S. 181-192, dort die Verse 119-122.
202 Vgl. Anm. 201, die Verse 177-180.
203 Vgl. Anm. 201, die Verse 160-162: „Süßer Anakreon, dich traf mit betäubendem Beil / Eros; dass du gehoben wie vom Leukadischen Felsen / Nieder ins wogende Meer taumeltest, Liebeberauscht."
204 Lat., gekrönt.
205 Spitzname für Gottlob Albrecht Karl Freiherr von Hardenberg (1776-1813), dem Bruder von Novalis.
206 Sophokles (ca. 496-406 v. Chr.), griechischer Tragödiendichter.
207 Die Anspielung bezieht sich auf Fichtes Absetzung in Jena. Am 19. November 1798 war die Beschlagnahmung von Fichtes *Philosophischem Journal* verfügt worden. Als Resultat der Auseinandersetzung verlor Fichte seine Professorenstelle an der Jenaer Universität.
208 Gemeint ist wohl Henriette Mendelssohn (1775-1831), Tochter von Moses Mendelssohn.
209 Ludwig Tieck: Prinz Zerbino oder die Reise nach dem guten Geschmack gewissermassen ein Fortsetzung des gestiefelten Katers. Ein Spiel in sechs Aufzügen. Leipzig, Jena 1799.
210 Gemeint ist Johann Diederich Gries. Er wird hier mit einem Spitznamen bezeichnet.
211 Justus Christian Loder (1753-1832), baltischer Arzt und Professor für Anatomie.

212 August von Kotzebue: Johanna von Montfaucon. Romantische Gemälde aus dem vierzehnten Jahrhundert, in fünf Akten. Leipzig 1800.
213 Cäcilie Gotter, Freundin von Dorothea, der Frau von August Wilhelm Schlegel.
214 Frz., Zwang, Fesselung, Pein, Qual.
215 ›cidevant‹, frz., ehemals, vormals; Sophie Fraenkel geb. Meyer aus Strelitz, Bekannte von Dorothea Mendelssohn-Veit-Schlegel.
216 Dorothea wurde am 6. April 1804 anlässlich ihrer Heirat mit Friedrich Schlegel in Paris evangelisch getauft.
217 Gemeint ist Auguste Ernst (1796-1857), Tochter von Charlotte Ernst geb. Schlegel, der Schwester von Friedrich und August Wilhelm Schlegel.
218 *Die neuen Arkadier*. Singspiel mit Musik von Süßmeyer, Berlin 3. August 1796.
219 Ludwig Baron von Holberg (1684-1754), dänischer Lustspieldichter.
220 Gemeint ist der Bürgermeister Karl Wilhelm Müller.
221 August von Kotzebue: Der hyperboreeische Esel oder Die heutige Bildung. Ein drastisches Drama, und philosophisches Lustspiel für Jünglinge, in einem Akt. Leipzig 1799. Zu den Streitigkeiten und Auseinandersetzungen um dieses Stück vgl. man auch: Rainer Schmitz (Hg.): Die ästhetische Prügeley. Streitschriften der antiromantischen Bewegung. Göttingen 1992.
222 Amalie von Helvig-Imhoff: Die Schwestern von Lesbos, in: Musen-Almanach für das Jahr 1800, S. 1-182.
223 Friedrich Schiller: Das Lied von der Glocke, in: Musen-Almanach für das Jahr 1800, S. 243-264.
224 Gemeint ist die Frau von Joseph Karl (Charles) Mellish (1768-1823), preußischer und weimarischer Kammerherr. Er hielt sich zwischen 1797 und 1802 in Weimar und Dornburg auf.
225 Gemeint ist der livländische Schriftsteller und Publizist Garlieb Helwig Merkel (1769-1850), der zeitweise in Jena, Weimar und Berlin lebte. Von dem Sonett („Ein Knecht hast für die Knechte Du geschrieben") schickte Wilhelm 40 gedruckte Exemplare an Schleiermacher, um diese zu verteilen. Der Klatsch und die Streitigkeiten zogen noch einige literarische Fingerübungen nach sich. Man vgl. dazu auch: CBF I, S. 748-749.
226 Frz., Bosheit, Arglist, böser Streich.
227 Christian Gottfried Schütz (1747-1832), Professor an der Universität Jena, Redakteur der *Allgemeinen Litteratur-Zeitung*.
228 Gemeint ist wohl eine satirische Bearbeitung unter dem Titel *Ulysses von Ithacia* von Ludwig von Holbergs *Peder Paars* (1719-1720).
229 Johann Friedrich Bohn (~1764-1803), Verleger in Lübeck.
230 Sophie Tieck-Bernhardi (1775-1836), Schriftstellerin und Schwester von Ludwig Tieck.
231 Bei dem Manuskript handelt es sich wahrscheinlich um den 1801 anonym veröffentlichten Roman von Sophie Bernhardi *Julie St. Albain*. Gottlieb Wilhelm Becker (1778-1854), Arzt und Schriftsteller.
232 Sophie Bernhardi: Wunderbilder und Träume in eilf Märchen (1802).
233 Friedrich Schlegel: An Heliodora, in: Athenaeum 1800, Dritten Bandes Erstes Stück, S. 1-3.
234 Gemeint ist der 1801 bei Bohn anonym erschienene Roman *Florentin* (Lübeck, Leipzig 1801) von Dorothea Mendelssohn-Veit-Schlegel.
235 Frz., Einkünfte, Renten.

236 Ludwig Tieck: Leben und Tod der heiligen Genoveva, in: Ders.: Romantische Dichtungen. 2 Bde. Jena 1799-1800, hier Bd. 2 (1800).
237 Heilmittel, eine planzliche Wurzel, als Katzenkraut bekannt.
238 Dreizeilige Versform, durch den Reim verbundene Strophen fünffüßiger Jamben.
239 Geld- oder Zahlungsanweisung.
240 Gemeint ist Henriette Herz (1764-1847) und Alexander Graf zu Dohna-Schlobitten (1741-1810).
241 Kleines lustiges Tanzstück.
242 Figuren der Komödie.
243 Gemeint ist die Geschichte von den drei Zwillingsbrüdern in Wielands *Neangir und seine Brüder*. Das Märchen befindet sich in Wielands *Dschinnistan*. Christoph Martin Wieland: Dschinnistan, oder Auserlesene Feen- und Geister-Mährchen. Theils neu erfunden, theils neu übersetzt und umgearbeitet von Ch. M. Wieland, F. Hildebrand von Einseidel und J. A. Liebeskind. 3 Bde. Winterthur 1786-1789.
244 Die Erwähnung bezieht sich auf eine von Dorothea geplante Übersetzung. J.-B. Louvet de Couvray: Les amours du Chevalier de Faublas (1787-1790).
245 Frz., unterwegs, während der Fahrt.
246 Friedrich Severin, Verlagsbuchhändler in Weißenfels.
247 Heinrich Eberhard Gottlob (1761-1851), Theologe und Orientalist, von 1789 bis 1803 Professor in Jena, und Elisabeth Friederike Caroline Paulus (1767-1844). Caroline Schlegels Tochter Auguste Böhmer war am 13. Juli 1800 in Bad Bocklet gestorben.
248 Schaustellung.
249 Es handelt sich um eine Rezension von Schleiermacher über J. J. Engels *Der Philosoph für die Welt* (Athenaeum 1800, Dritten Bandes Zweites Stück, S. 243-252).
250 Markus Herz (1747-1803), Philosoph, Kantianer. Er gehörte mit zur Gruppe der Berliner Aufklärer.
251 Frz., ‚für die Liebe seiner schönen Augen', im Sinne von: weil sie seine schönen Augen so lieben.
252 Anonym [d. i. Friedrich Schleiermacher]: [Rez.] Lucinde. Ein Roman von Friedrich Schlegel, in: Berlinisches Archiv der Zeit und ihres Geschmacks 1800, Juli, S. 37-43.
253 Engl., mit *Printers devil* ist hier nicht der Druckfehlerteufel gemeint. Hier wohl eher der Bote oder der Setzer, die das Manuskript für die Herstellung und den Satz des Buches fordern und damit einen scheinbar nötigen äußeren Druck erzeugen.
254 Klaus Günzel: König der Romantik. Das Leben des Dichter Ludwig Tieck in Briefen, Selbstzeugnissen und Berichten. 2. Aufl. Berlin 1986, S. 362.
255 Mit dem *Tristan* ist August Wilhelm Schlegels Tristan-Fragment gemeint. Man vgl. dazu die Widmung Tiecks an August Wilhelm Schlegel in seinem *Phantasus*. Mit *Paläophron und Neoterpe* ist ein der Herzogin Anna Amalie gewidmetes Gedicht gemeint, abgedruckt in Seckendorfs *Neujahrstaschenbuch von Weimar auf das Jahr 1801*.
256 Johann Wolfgang Goethe: Wilhelm Meisters Lehrjahre. Ein Roman. Berlin 1795-1796.; Ludwig Tieck: Franz Sternbalds Wanderungen. Eine altdeutsche Geschichte. 2 Bde. Berlin 1798; Friedrich Heinrich Jacobi: Woldemar. Eine Seltenheit aus der Naturgeschichte. Flensburg, Leipzig 1779.

257 Gemeint ist der von Ludwig Tieck und August Wilhelm Schlegel herausgegebene *Musen-Almanach für das Jahr 1802* (Tübingen 1802).
258 Griech., hoher Bühnenschuh beim Theater.
259 Gemeint ist Friedrich Schillers *Turandot*.
260 Clemens Brentano (1778-1842), Schriftsteller.
261 Gustav Ludwig von Wrangel (1770-1811), ehemaliger Offizier, studierte in Jena und war mit Clemens Brentano befreundet.
262 Friedrich Karl von Savigny (1779-1861), seit 1800 Professor an der Universität Marburg (Rechtswissenschaft).
263 Gemeint sind die Kinder von Frommann: Friedrich Johannes Frommann (1797-1886), genannt Fritz, Frommanns Sohn; Allwine Sophia Frommann (1800-1875), Frommanns Tochter.
264 Hausfreund, Frauenbegleiter, Fremdenführer.
265 Pindar (aus Böotien, 518-430 v. Chr.), griech. Lyriker.
266 Dante Alighieri (1265-1321), italienischer Schriftsteller.
267 Wilhelm Heinrich Wackenroder, Ludwig Tieck: Herzensergießungen eines kunstliebenden Klosterbruders. Berlin 1797; Novalis: Geistliche Lieder (1799-1800 entstanden); Friedrich Schlegel: Alarcos. Berlin 1802; Ludwig Tieck: Leben und Tod der heiligen Genoveva, in: Ders.: Romantische Dichtungen. Bd. 2. Jena 1800.
268 Gemeint ist das Schauspiel *Lacrimas* von Christian Wilhelm Schütz (Berlin 1803).
269 Pedro Calderón de la Barca (1600-1681), spanischer Schriftsteller.
270 Lat., ob Recht oder Unrecht.
271 Friedrich Müller gen. Maler Müller (1749-1825), Schriftsteller, Maler.
272 Lat., von Göttern niederer Herkunft.
273 Tücke, Streich. Jemandem einen Tuck tun meint, ihm einen Streich spielen.
274 Dorothea Schlegel übersetzte die Rittergeschichte *Lother und Maller* (Frankfurt 1805).
275 Gemeint ist die *Phädra* von dem französischen Dramatiker Jean-Baptiste Racine (1639-1699).
276 Franz Xaver Klinger, Bekannter von Gries in Jena und mit Friedrich Schlegel in Paris befreundet.
277 François Joseph Talma (1763-1826), Schauspieler.
278 Frz., eigentl. ‚crime de lèze majesté', Verbrechen gegen den König.
279 Georg Wilhelm Friedrich Hegel (1770-1831), Philosoph.
280 Lorenz Oken (1799-1851), Physiker, Zeitschriftenherausgeber, Naturforscher.
281 Luise Wiedemann, Schwester von Caroline Michaelis-Böhmer-Schlegel-Schelling.
282 Frz., Ausgewanderte.
283 Benjamin Constant (1767-1830), Lebensgefährte der Madame de Stael, veröffentlichte 1809 eine Zusammenfassung von Schillers *Wallenstein*: *Wallstein, tragédie en cinq actes et en vers, imitée de l'allemand*.
284 Gemeint ist das von Friedrich Ludwig Zacharias Werner (1768-1823) verfasste Stück *Der vierundzwanzigste Februar* (Altenberg 1815).
285 Friedrich de la Motte Fouqué: Der Zauberring, ein Ritterroman. Nürnberg 1812.

Chronik

Die nachfolgende Chronik versucht die wichtigsten Daten für eine zeitgeschichtliche Einordnung der verzeichneten Personen und Ereignisse zu geben. Dabei wurden vor allem die an den Briefwechseln und Zusammenkünften beteiligten Personen berücksichtigt.

1763 Caroline Michaelis-Böhmer-Schlegel-Schelling (nachfolgend Caroline Schlegel) wird am 2. September in Göttingen geboren. Ausbildung im Hause ihres Vaters, des Orientalisten Johann David Michaelis.

1764 Dorothea Mendelssohn-Veit-Schlegel wird als Tochter von Moses Mendelssohn am 24. Oktober geboren. Genau wie bei Caroline Schlegel erfolgt die Erziehung vor allem durch den Vater und ist von dessen aufklärerischen Auffassungen geprägt.

1767 Geburt von August Wilhelm Schlegel in Hannover.

1768 Friedrich Schleiermacher wird am 21. November in Breslau als Sohn eines Geistlichen geboren. Seine schulische Laufbahn und Ausbildung absolviert er auf verschiedenen herrnhutischen Instituten und Schulen.

1772 Der Bruder August Wilhelm Schlegels, Friedrich, wird am 10. März in Hannover geboren. Am 2. Mai wird Friedrich von Hardenberg gen. Novalis auf dem Familiengut in Oberwiederstedt geboren.

1773 Ludwig Tieck wird am 31. Mai in Berlin geboren. Im selben Jahr erblick auch Wilhelm Heinrich Wackenroder in Berlin das Licht der Welt. Beide besuchen ab 1782 das Friedrich Werdersche Gymnasium.

1783 Dorothea Mendelssohn heiratet den Bankier Simon Veit.

1784 Caroline Schlegel heiratet am 15. Juni den Arzt Johann Franz Wilhelm Böhmer und übersiedelt mit ihm nach Clausthal.

1785	August Wilhelm Schlegel immatrikuliert sich an der Universität Göttingen. Bekanntschaft mit Gottfried August Bürger. Geburt von Carolines Tocher Auguste Böhmer.
1787	Friedrich Schleiermacher beginnt an der Universität in Halle ein Studium der Theologie und Philosophie.
1788	Caroline Böhmers Mann stirbt und sie kehrt ins elterliche Haus nach Göttingen zurück.
1790	Friedrich von Hardenberg gen. Novalis schreibt sich zum Studium der Rechtswissenschaften an der Universität in Jena ein.
1791	A. W. Schlegel geht als Hofmeister (Privatlehrer) nach Amsterdam. Friedrich von Hardenberg gen. Novalis und Friedrich Schlegel beginnen in Leipzig mit einem Studium der Rechtswissenschaften.
1792	Beginn der Freundschaft zwischen Friedrich Schlegel und Novalis. Tieck beginnt an der Universität in Halle zu studieren und wechselt im Laufe des Jahres an die Göttinger Universität zum Studium der Literaturwissenschaft. Caroline Böhmer wohnt bei Georg Forster und seiner Frau in Mainz. Sie engagiert sich als ‚Clubbistin' der Mainzer Republik.
1793	Novalis beginnt an der Universität in Wittenberg zu studieren. Tieck und Wackenroder studieren in Erlangen. Caroline Böhmer wird inhaftiert und mit Hilfe August Wilhelm Schlegel gelingt ihr die Übersiedlung in die Nähe Leipzigs. Kontakt Böhmers mit Friedrich Schlegel. Tieck und Wackenroder an der Göttinger Universität.
1794	F. Schlegel studiert in Dresden. August Wilhelm Schlegel beginnt die Mitarbeit an den *Horen*. Novalis macht sein Examen in Wittenberg und begegnet erstmals Sophie von Kühn. Tieck als freier Schriftsteller tätig. Friedrich Schleiermacher arbeitet als Hilfsprediger.

1795	Friedrich Schiller lädt A. W. Schlegel zur festen Mitarbeit an der Zeitschrift *Die Horen* und dem *Musenalmanach* nach Jena ein. Novalis verlobt sich am 15. März mit Sophie von Kühn. Im Juli kehrt A. W. Schlegel von seiner Tätigkeit als Hauslehrer in Amsterdam nach Deutschland zurück. Beginn der Shakespeare-Übersetzungen. Im Sommer begegnen sich Novalis, Fichte und Hölderlin bei Niethammer in Jena. Im November erkrankt Sophie von Kühn.
1796	Schleiermacher an der Charité in Berlin. A. W. Schlegel besucht seinen Bruder in Dresden und heiratet am 1. Juli Caroline Böhmer. Friedrich Schlegel zieht Anfang August nach Jena und nimmt die Freundschaft mit Novalis und Fichte wieder auf. Sophie von Kühn wird in Jena ärztlich behandelt.
1797	Die Brüder Schlegel entzweien sich endgültig mit Schiller (Mai). Friedrich Schlegel zieht am 15. Juli nach Berlin. Schleiermacher ist mit Herz befreundet und F. Schlegel begegnet zum ersten Mal Dorothea Mendelssohn-Veit. Tod Sophie von Kühns (19. März). Schleiermacher und F. Schlegel enger miteinander befreundet und ab Dezember gemeinsame Wohnung. Dorothea trennt sich von ihrer Familie. Von Ludwig Tieck erscheint *Der gestiefelte Kater*.
1798	Wackenroder stirbt am 17. Februar. Sommeraufenthalt in Dresden: A. W. und F. Schlegel, Caroline Michaelis-Böhmer-Schlegel, Novalis, Fichte und Schelling. F. Schlegel liest an der Universität in Jena *Über philosophische Kunstlehre*.
1799	Im September kehrt F. Schlegel zusammen mit Dorothea nach Jena zurück. Tieck heiratet Amalie Alberti. Dort treffen die Brüder Schlegel mit Caroline, Dorothea, Ludwig Tieck, Novalis und Schelling zusammen. Novalis und Tieck begegnen sich erstmals am 17. Juli. Von Ludwig Tieck erscheinen die

	Romantischen Dichtungen (*Leben und Tod der heiligen Genoveva*).
1800	Treffen in Bamberg (Caroline Schlegel, Auguste Böhmer, August Wilhelm Schlegel und Friedrich Wilhelm J. Schelling). A. W. Schlegel zieht nach Berlin. Bruch der Ehe mit Caroline. Friedrich promoviert und habilitiert sich in Jena. Carolines Tochter Auguste Böhmer stirbt.
1801	Novalis stirbt. Friedrich Schlegel siedelt ebenfalls nach Berlin über.
1802	Friedrich Schleiermacher geht als Hofprediger nach Stolpe. Friedrich Schlegel und Dorothea ziehen nach Paris. Dort gründen sie die Zeitschrift *Europa*.
1803	Clemens Brentano verheiratet sich mit Sophie Mereau. A. W. Schlegel hält öffentlich seine *Vorlesung über die romantische Literatur* in Berlin. Caroline und A. W. Schlegel lasssen sich scheiden und Caroline heiratet anschließend F. W. J. Schelling.
1804	Friedrich Schleiermacher geht als Professor der Theologie nach Halle. In Paris heiraten Friedrich Schlegel und Dorothea. A. W. Schlegel zieht zu Frau de Staël an den Genfer See; vermehrte Reisen in ganz Europa.
1805	Schiller stirbt in Weimar.
1806	Niederlage Preußens bei der Schlacht bei Jena und Auerstedt. Auflösung des *Heiligen Reichs Deutscher Nation*. Bruch zwischen Schelling und Fichte in München. Sophie Mereau-Brentano sirbt in Heidelberg.
1808	Friedrich Schlegel geht nach Wien. Schelling Generalsekretär der Akademie der bildenden Künste in München. Von Arnim und Brentano erscheint *Des Knaben Wunderhorn*. Johann Wolfgang Goethe *Faust. Der Tragödie erster Teil*.

1809	Caroline stirbt am 9. September. Caspar David Friedrich *Mönch am Meer*.
1810	Johann Wilhelm Ritter stirbt am 23. Januar in München.
1811	Selbstmord von Heinrich von Kleist.
1812	Die *Kinder- und Hausmärchen* der Brüder Grimm erscheinen. Friedrich de la Motte Fouqué *Der Zauberring*.
1813	Niederlage Napoleons bei der Völkerschlacht bei Leipzig.
1814	Neuordnung Europas auf dem Wiener Kongreß. Rahel Levin konvertiert zum Protestantismus und heiratet Karl Varnhagen.
1815	J. v. Eichendorff *Ahnung und Gegenwart*.
1816	Ludwig Tieck *Phantasus*.
1817	Wartburgfest der Burschenschaften. Achim von Arnim *Die Kronenwächter*.
1818	Caspar David Friedrich *Der Wanderer über dem Nebelmeer* und *Kreidefelsen auf Rügen*.
1819	Ermordung Kotzebues. Karlsbader Beschlüsse. Ludwig Tieck in Dresden.
1820	Friedrich Schlegel *Signatur des Zeitalters*.
1829	Friedrich Schlegel stirbt in der Nacht vom 11. zum 12. Januar.
1839	Am 3. August stribt Dorothea.
1845	August Wilhelm Schlegel stirbt am 12. Mai in Bonn.
1853	Ludwig Tieck stirbt am 28. April in Berlin.
1854	Schelling stirbt am 20. August.

Literaturverzeichnis

In den Literaturverweisen und Quellenangaben verwendete Kurzbezeichnungen und Siglen:

BaF Briefe an Friedrich Baron de la Motte Fouqué. Mit einer Biographie von Julius Eduard Hitzig und einem Vorwort und biographischen Notizen von Dr. H. Kletke herausgegeben von Albertine Baronin de la Motte Fouqué. Berlin 1848.

CBF Caroline. Briefe aus der Frühromantik. Nach Georg Waitz vermehrt herausgegeben von Erich Schmidt. 2 Bde. Leipzig 1913.

FdR Jonas Fränkel (Hg.): Aus der Frühzeit der Romantik. Berlin 1907 (Umschlagtitel: Aus der Blütezeit der Romantik).

GR Carl Schüddekopf, Oskar Walzel (Hg.): Goethe und die Romantik. 2 Bde. Weimar 1898-1899.

KFSA Kritische Friedrich-Schlegel-Ausgabe. Hg. von Ernst Behler. 3. Abt.: Briefe von und an Friedrich und Dorothea Schlegel (23: 1788-1797. 1987; 24: 1797-1799. 1985; 30: 1818-1823. 1980). Paderborn u.a. 1980-1987.

KGA V.1-5 Friedrich Daniel Ernst Schleiermacher. Kritische Gesamtausgabe. Fünfte Abteilung: Briefwechsel und biographische Dokumente. Bd. 1-5. Hg. v. Andreas Arndt u. Wolfgang Virmond. Berlin u. a. 1985-1999.

NS 4 Novalis: Schriften. Vierter Band: Tagebücher, Briefwechsel, Zeitgenössische Zeugnisse. Hg. v. Richard Samuel in Zusammenarbeit mit Hans-Joachim Mähl u. Gerhard Schulz. Stuttgart 1975.

RB Friedrich Gundelfinger (Hg.): Romantiker-Briefe. Jena 1907.

Ritter 1988 Der Physiker des Romantikerkreises Johann Wilhelm Ritter in seinen Briefen an den Verleger Carl Friedrich Ernst Frommann. Herausgegeben und mit Kommentaren versehen von Klaus Richter. Weimar 1988.

Allgemeine weiterführende Literatur

Berg, Christa (Hg.): Handbuch der deutschen Bildungsgeschichte. München 1987-1996 (Bd. 1: 15.-17. Jahrhundert: Von der Renaissance und der Reformation bis zum Ende der Glaubenskämpfe. Hg. v. Notker Hammerstein. Unter Mitw. von August Buck. 1996; Bd. 2: 18. Jahrhundert. 1996; Bd. 3: 1800-1870: Von der Neuordnung Deutschlands bis zur Gründung des Deutschen Reiches. Hg. v. Karl-Ernst Jeismann. 1987; Bd. 4: 1870-1918: Von der Reichsgründung bis zum Ende des Ersten Weltkriegs. Hg. v. Christa Berg. 1991).

Grenzmann, Wilhelm: ‚Brief‘, in: Werner Kohlschmidt, Wolfgang Mohr (Hg.): Reallexikon der deutschen Literaturgeschichte. Bd. 1. 2. Aufl. Berlin 1958, S. 186-193.

Patze, Hans (Hg.): Geschichte Thüringens. 6 Bde. Köln 1967-1984 (Mitteldeutsche Forschungen 48).

Brief und Gespräch

Baasner, Rainer (Hg.): Briefkultur im 19. Jahrhundert. Tübingen 1999.

Bauer, Werner M., Johannes John, Wolfgang Wiesmüller (Hg.): ‚Ich an Dich‘. Edition, Rezeption und Kommentierung von Briefen. Innsbruck 2001.

Baumann, Gerhart: Der Brief. Mitteilung und Selbstzeugnis, in: Ders.: Sprache und Sprachbegegnung. München 1981, S. 98-112.

Bausinger, Hermann: Die alltägliche Korrespondenz, in: Klaus Beyrer, Hans-Christian Täubrich (Hg.): Der Brief. Eine Kulturgeschichte der schriftlichen Kommunikation. Frankfurt am Main 1996, S. 294-303.

Becker, Heinz: Die Briefausgabe als Dokumentenbiographie, in: Wolfgang Frühwald, Hans-Joachim Mähl, Walter Müller-Seidel (Hg.): Probleme der Briefedition. Kolloquium der Deutschen Forschungsgemeinschaft Schloß Tutzing am Starnberger See 8.-11. September 1975. Boppard 1977, S. 11-25.

Becker-Cantarino, Barbara: Leben als Text. Briefe als Ausdrucks- und Verständigungsmittel in der Briefkultur und Literatur des 18. Jahrhunderts, in: Hiltrud Gnüg, Renate Möhrmann (Hg.): Frauen – Literatur – Geschichte. Schreibende Frauen vom Mittelalter bis zur Gegenwart. Stuttgart 1985, S. 83-103.

Beyrer, Klaus; Hans-Christian Täubrich (Hg.): Der Brief. Eine Kulturgeschichte der schriftlichen Kommunikation. Frankfurt am Main 1996.

Bluhm, Lothar; Andreas Meier (Hg.): Der Brief in Klassik und Romantik. Aktuelle Probleme der Briefedition. Würzburg 1993.

Bohrer, Karl Heinz: Der romantische Brief. Die Entstehung ästhetischer Subjektivität. München, Wien 1987.

Brunnemann, Anna: Die Frau als Briefschreiberin, in: Der Kunstwart 25 (1911), Sp. 453-456.

Ebrecht, Angelika, Regina Nörtemann, Herta Schwarz (Hg.): Brieftheorie des 18. Jahrhunderts. Texte, Kommentare, Essays. Stuttgart 1990.

Feilchenfeldt, Konrad: Öffentlichkeit und Chiffrensprache in Briefen der späteren Romantik, in: Wolfgang Frühwald, Hans-Joachim Mähl, Walter Müller-Seidel (Hg.): Probleme der Briefedition. Kolloquium der Deutschen Forschungsgemeinschaft Schloß Tutzing am Starnberger See 8.-11. September 1975. Boppard 1977, S. 125-154.

Grosse, Siegfried; Martin Grimberg, Thomas Hölscher: „Denn das Schreiben gehört nicht zu meiner täglichen Beschäftigung". Der Alltag kleiner Leute in Bittschriften, Briefen und Berichten aus dem 19. Jahrhundert. Bonn 1989.

Hahn, Barbara: „Weiber verstehen alles à la lettre". Briefkultur im beginnenden 19. Jahrhundert, in: Gisela Brinker-Gabler (Hg.): Deutsche Literatur von Frauen. Bd. 2. München 1988, S. 13-27.

Hartung, Wolfdietrich: Briefstrategien und Briefstrukturen – oder: warum schreibt man Briefe?, in: Inger Rosengren (Hg.): Sprache und Pragmatik. Lunder Symposium 1982. Stockholm 1983, S. 215-228.

Hartwich, Helmut: Zwischen Briefsteller und Bildpostkarte. Briefverkehr und Strukturwandel bürgerlicher Öffentlichkeit, in: Ludwig Fischer, Knut Hickethier, Karl Riha (Hg.): Gebrauchsliteratur. Methodische Überlegungen und Beispielanalysen. Stuttgart 1976, S. 114-126.

Heinritz, Reinhard: Zur Theorie und Poetik des Briefwechsels im Umkreis von Klassik und Romantik, in: Literatur in Wissenschaft und Unterricht 20 (1987), S. 374-388.

Heuser, Magdalene: „Das beständige Angedencken vertritt die Stelle der Gegenwart". Frauen und Freundschaften in Briefen der Frühaufklärung und Empfindsamkeit, in: Wolfram Mauser, Barbara Becker-Cantarino (Hg.): Frauenfreundschaft – Männerfreundschaft. Literarische Diskurse im 18. Jahrhundert. Tübingen 1991, S. 141-165.

Lerchner, Gotthard: Stilideale literarischer Epochen, Epochenstile und Sprachstilgeschichte. Trivialisierungstendenzen in der deutschen Briefkultur des 18. und 19. Jahrhunderts, in: Ulla Fix, Hans Wellmann (Hg.): Stile, Stilprägungen, Stilgeschichte. Über Epochen-, Gattungs- und Autorenstile, sprachliche Analysen und didaktische Aspekte. Heidelberg 1997, S. 40-54.

Metzler, Regine: Privatbriefe aus dem 16. und dem 18. Jahrhundert. Ein empirischer Vergleich zur Textsortengeschichte, in: Volker Hertel (Hg.): Sprache und Kommunikation im Kulturkontext. Festschrift Gotthard Lerchner. Frankfurt am Main [u.a.] 1996, S. 359-381.

Nickisch, Reinhard M. G.: Brief. Stuttgart 1991.

Prokop, Ulrike: Liebe und Lektüre oder: Was bedeuten die Tränen der Leserin? Aus dem Briefwechsel zwischen Caroline Flachsland und Johann Gottfried Herder 17770-1773, in: Jürgen Belgrad (Hg.): Zur Idee einer psychoanalytischen Sozialforschung. Festschrift Alfred Lorenzer. Frankfurt am Main 1987, S. 259-303.

Schlaffer, Hannelore: Glück und Ende des privaten Briefes, in: Klaus Beyrer, Hans-Christian Täubrich (Hg.): Der Brief. Eine Kulturgeschichte der schriftlichen Kommunikation. Frankfurt am Main 1996, S. 34-45.

Schuller, Marianne: Im Unterschied. Lesen, Korrespondieren, Adressieren. Frankfurt am Main 1990.

Schwarz, Herta: „Brieftheorie in der Romantik", in: Angelika Ebrecht, Regina Nörtemann, Herta Schwarz (Hg.): Brieftheorie des 18. Jahrhunderts. Texte, Kommentare, Essays. Stuttgart 1990, S. 225-238.

Schwarz, Herta: Poesie und Poesiekritik im Briefwechsel zwischen Clemens Brentano und Sophie Mereau, in: Anita Runge, Lieselotte Steinbrügge (Hg.): Die Frau im Dialog. Studien zur Theorie und Geschichte des Briefes. Stuttgart 1991, S. 33-50.

Woesler, Winfried: Der Brief als Dokument, in: Wolfgang Frühwald, Hans-Joachim Mähl, Walter Müller-Seidel (Hg.): Probleme der Briefedition. Kolloquium der Deutschen Forschungsgemeinschaft Schloß Tutzing am Starnberger See 8.-11. September 1975. Boppard 1977, S. 41-59.

Geselligkeit und geselliges Leben

Belwe, Andreas: Ungesellige Geselligkeit. Kant: Warum die Menschen einander ‚nicht wohl leiden', aber auch ‚nicht voneinander lassen' können. Würzburg 2000.

Berger, Joachim (Hg.): Der ‚Musenhof' Anna Amalias. Geselligkeit, Mäzenatentum und Kunstliebhaberei im klassischen Weimar. Köln, Weimar, Wien 2001.

Busch-Salmen, Gabriele; Walter Salmen; Christoph Michel: Der Weimarer Musenhof. Dichtung, Musik und Tanz, Gartenkunst, Geselligkeit, Malerei. Stuttgart, Weimar 1998.

Fauser, Markus: Das Gespräch im 18. Jahrhundert. Rhetorik und Geselligkeit in Deutschland. Stuttgart 1991.

Gaus, Detlef: Geselligkeit und Gesellige. Bildung, Bürgertum und bildungsbürgerliche Kultur um 1800. Stuttgart, Weimar 1998.

Hausmann, Guido (Hg.): Gesellschaft als lokale Veranstaltung: Selbstverwaltung, Assoziierung und Geselligkeit in den Städten des ausgehenden Zarenreiches. Göttingen 2002.

Herz, Henriette: Lesegesellschaften, in: Dies.: Henriette Herz in Erinnerungen, Briefen und Zeugnissen. Leipzig, Weimar 1984, S. 46-52.

Herz, Markus: Fragmente aus einer Abendunterhaltung in der Feßlerschen Mittwochsgesellschaft, in: Der neue teutsche Merkur 2 (1798), S. 305-311; 3 (1798), S. 3-10, S. 215-222.

Hofer, Michael: Nächstenliebe – Freundschaft – Geselligkeit. Verstehen und Anerkennen bei Abel, Gadamer und Schleiermacher. München 1998.

Hoffmann, Stefan-Ludwig: Die Politik der Geselligkeit. Freimaurerlogen in der deutschen Bürgergesellschaft 1840-1918. Göttingen 2000.

Köhler, Astrid: Salonkultur im klassischen Weimar. Geselligkeit als Lebensform und literarisches Konzept. Stuttgart 1996.

Löschburg, Winfried: Die Berliner Mittwochsgesellschaften. Bemerkungen zur Berliner Kulturgeschichte, in: Berliner Heimat, Berlin (Ost) 1957, S. 53-55.

Marwinski, Felicitas: Lesen und Geselligkeit. Jena 1991.
Oberdorfer, Bernd: Geselligkeit und Realisierung von Sittlichkeit. Die Theorieentwicklung Friedrich Schleiermachers bis 1799. Berlin 1995. (Theologische Bibliothek Töpelmann 69)
Pöthe, Angelika: Schloß Ettersburg. Weimars Geselligkeit und kulturelles Leben im 19. Jahrhundert. Weimar, Köln, Wien 1995.
Seibert, Peter: Der literarische Salon. Literatur und Geselligkeit zwischen Aufklärung und Vormärz. Stuttgart, Weimar 1993.
Siebel, Ernst: Der großbürgerliche Salon 1850-1918. Geselligkeit und Wohnkultur. Berlin 1999.
Vollhardt, Friedrich: Selbstliebe und Geselligkeit. Untersuchungen zum Verhältnis von naturrechtlichem Denken und moraldidaktischer Literatur im 17. und 18. Jahrhundert. Tübingen 2001.
Weckel, Ulrike u.a. (Hg.): Ordnung, Politik und Geselligkeit der Geschlechter im 18. Jahrhundert. Göttingen 1998. (Das achtzehnte Jahrhundert. Supplementa 6).

Romantik

Behler, Ernst: Frühromantik. Berlin 1992.
Foschi-Albert, Marina: Friedrich Schlegels Theorie des Witzes und sein Roman ‚Lucinde'. Frankfurt am Main 1995.
Fröschle, Hartmut: Goethes Verhältnis zur Romantik. Würzburg 2002.
Glaser, Horst Albert; György M. Vajda (Hg.): Die Wende von der Aufklärung zur Romantik 1760-1820. Amsterdam, Philadelphia 2001.
Graevenitz, Gerhart von u.a. (Hg.): Die Stadt in der europäischen Romantik. Würzburg 2000.
Haym, Rudolf: Die romantische Schule. Ein Beitrag zur Geschichte des deutschen Geistes. Berlin 1870.
Hörisch, Jochen: Die fröhliche Wissenschaft der Poesie. Der Universalitätsanspruch von Dichtung in der frühromantischen Poetologie. Frankfurt am Main 1976.
Kremer, Detlef: Romantik. Stuttgart, Weimar 2001.
Pikulik, Lothar: Frühromantik. Epoche – Werke – Wirkung. 2. Aufl. München 2000.
Rese, Friederike: Republikanismus, Geselligkeit und Bildung. Zu Friedrich Schlegels ‚Versuch über den Begriff des Republikanismus', in: Athenäum 7 (1997), S. 35-71.
Schanze, Helmut (Hg.) Romantik-Handbuch. Stuttgart 1994.
Schmitz, Rainer (Hg.): Die ästhetische Prügeley. Streitschriften der antiromantischen Bewegung. Göttingen 1992.
Scholz, Hannelore: Widersprüche im bürgerlichen Frauenbild. Zur ästhetischen Reflexion und poetischen Praxis bei Lessing, Friedrich Schlegel und Schiller. Weinheim 1992.
Segebrecht, Wulf (Hg.): Romantische Liebe und romantischer Tod. Über den Bamberger Aufenthalt von Caroline Schlegel, Auguste Böhmer, August Wilhelm Schlegel und Friedrich Wilhelm Schelling im Jahre 1800. Bamberg: Universität Bamberg 1979. (Fußnoten zur Literatur 48).
Zimmerli, Walther Ch. (Hg.): ‚Fessellos durch die Systeme'. Frühromantisches Naturdenken im Umfeld von Arnim, Ritter und Schelling. Stuttgart-Bad Cannstatt 1997.

Verzeichnis der Abbildungen

Abb. 1: Porträt August Wilhelm Schlegel (1767-1845)
Abb. 2: Caroline Michaelis-Böhmer-Schlegel-Schelling an Johann Wolfgang Goethe, 26. November 1800 (CBF II, zwischen S. 18 und 19)
Abb. 3: Porträt Caroline Michaelis-Böhmer-Schlegel-Schelling (1763-1809)
Abb. 4: Porträt Friedrich von Hardenberg gen. Novalis (1772- 1801)
Abb. 5: Porträt Friedrich Schlegel (1772-1829)
Abb. 6: Porträt Dorothea Mendelssohn-Veit-Schlegel (1763-1839)
Abb. 7: Ansicht Jena um 1790
Abb. 8: Porträt Friedrich Wilhelm Joseph Schelling (1775-1854)
Abb. 9: Dresden und Umgebung (1776)
Abb. 10: Dame schreibend am Sekretär
Abb. 11: Porträt Friedrich Schleiermacher (1768-1834)
Abb. 12: Porträt Ludwig Tieck (1773-1853)
Abb. 13: Porträt Johann Gottlieb Fichte (1762-1814)
Abb. 14: Philipp Otto Runge, Wir Drei (1805)
Abb. 15: Ansicht Dresden, Altmarkt mit Kreuzkirche (1751)
Abb. 16: Porträt Johann Wilhelm Ritter (1776-1810)
Abb. 17: Stadtplan Paris
Abb. 18: Porträt Henrik Steffens (1773-1845)

Drucknachweise

TEXTE
Der Herausgeber dankt den Verlagen und Institutionen für die freundlicherweise erteilten Abdruckgenehmigungen für die Briefe. Nicht immer konnten die Rechteinhaber ermittelt werden. Bitte wenden Sie sich gegebenenfalls an den Verlag.

ABBILDUNGEN
Der Herausgeber dankt den Verlagen und Institutionen für die freundlicherweise erteilten Abdruckgenehmigungen. Nicht immer konnten die Rechteinhaber ermittelt werden. Bitte wenden Sie sich gegebenenfalls an den Verlag

Register

Ariosto, Ludovico (1474-1533) --- 247
Asverus, Ludwig Christoph Ferdinand --- 238
Baader, Franz Xaver von (1765-1841) --- 123, 130, 137, 154
Becker, Gottlieb Wilhelm (1778-1854) --- 183
Bernhardi, August Ferdinand (1769-1820) --- 196, 221, 226
Bernhardi, Sophie geb. Tieck (1775-1833) --- 98 f., 183, 188 ff., 198, 209, 221, 226, 231, 246, 255, 260 f.
Bertuch, Friedrich Justin (1747-1822) --- 92, 181
Böhme, Jakob (1557-1624) --- 128
Böhmer, Auguste (1785-1800) --- 14, 23, 77, 84, 88, 135, 138, 157 ff., 163--168, 174 f., 177--182, 192, 209
Böttiger, Karl August (1760-1835) --- 52, 79, 115 f., 231
Bohn, Johann Theodor --- 199
Bohn, Sophie geb. Wesselhöft --- 179
Bolschwing, Karl de --- 45
Brentano, Clemens (1778-1842) --- 218 ff., 229, 232
Brinckmann, Karl Gustav von (1764-1847) --- 75, 202
Bürger, Gottfried August (1747-1794) --- 36, 69
Calderón de la Barca, Pedro (1600-1681) --- 243, 245, 247 f.
Carlowitz, Hans-Georg von (1772-1840) --- 113, 154
Catel, Ludwig Friedrich (1776-1819) --- 227, 231
Charpentier, Johann Friedrich Wilhelm Toussaint von (1738-1805) --- 146
Charpentier, Julie von (1776-1811) --- 52, 133, 136, 148, 162, 216
Christus, Jesus --- 126
Constant, Benjamin (1767-1830) --- 262
Creuzer, Christoph Andreas Leonhard (1768-1844) --- 29
Creuzer, Georg Friedrich (1771-1858) --- 29

Dante Alighieri (1265-1321) --- 84, 170, 241
Diderot, Denis (1713-1784) --- 248
Dohna-Schlobitten, Alexander zu (1771-1831) --- 74 f., 189, 192
Dohna-Schlobitten, Caroline zu (1770-1864) --- 74
Dohna-Schlobitten, Wilhelm zu (1773-1845) --- 74 f.
Einsiedel, Friedrich Hildebrand von (1750-1828) --- 230
Engel, Johann Jakob (1741-1802) --- 110, 210
Ernst, Auguste (1796-1857) --- 177
Ernst, Charlotte geb. Schlegel (gest. 1826) --- 136, 139, 148, 190, 193, 204, 217, 249
Ernst, Ludwig Emanuel (gest. 1826) --- 216
Eschen, Friedrich August (1776-1800) --- 83 f., 88 f.
Euklid (365-300 v. Chr.) --- 105
Euripides (ca. 485-406 v. Chr.) --- 252
Fasch, Karl Friedrich Christian (1736-1800) --- 88
Ferdinand (Fert) Graf zur Lippe-Biesterfeld-Weißenfeld (1772-1846) --- 41
Fernow, Karl Ludwig (1763-1808) --- 119
Fichte, Johann Gottlieb (1762-1814) --- 12, 15, 46, 65 f., 81, 85, 89, 102, 126, 128, 134, 141 f., 146, 148, 160, 174, 176, 188, 191 f., 198 f., 209 f., 252, 268
Finck von Finckenstein, Henriette (1774-1847) --- 213, 261
Fiorillo, Johann Dominik (1748-1850) --- 72
Forberg, Fridrich Karl (1770-1848) --- 45
Fouqué, Friedrich de la Motte (1777-1843) --- 239--248, 267
Friedrich Wilhelm III., König von Preußen (1770-1840) --- 32, 108
Frölich, Heinrich --- 138, 187
Frommann, Allwine Sophia (1800-1875) --- 232

Frommann, Friedrich Johannes (1797-1886) --- 232
Frommann, Johanna Charlotte (1765-1830) --- 164, 179, 255 ff.
Frommann, Karl Friedrich Ernst (1765-1837) --- 164, 223, 225, 231 ff.
Funk, Karl Wilhelm Ferdinand von (1761-1828) --- 72
Gleim, Johann Wilhelm Ludwig (1719-1803) --- 247
Göschen, Georg Joachim (1752-1828) --- 73
Goethe, Johann Wolfgang (1749-1832) --- 22, 24, 44, 53, 67--74, 91 f., 98, 100, 105, 116--119, 128, 135, 142, 147, 150, 164, 166, 172, 182, 185 f., 214, 221, 227--231, 240, 247, 252, 267 f.
Götze, Johann Melchior (1717-1786) --- 146
Gotter, Julie --- 226 f., 233--238
Gotter, Luise (1760-1820) --- 165, 254
Gries, Johann Diederich (1775-1842) --- 51, 117, 228 f., 255
Grieshammer, Georg August (gest. 1833) --- 203
Häberlin, Franz (1720-1787) --- 41
Hardenberg, Erasmus von (1774-1797) --- 44, 56, 58
Hardenberg, Friedrich von (1772-1801) --- 12, 14, 16, 29--39, 41--49, 52--66, 72, 78 f., 81, 86, 97 f., 100, 103--107, 112 f., 120--137, 139--142, 145--152, 154 ff., 160, 162 ff., 172, 182, 185, 193 ff., 203--208, 213, 216 f., 243, 268
Hardenberg, Gottlob Albrecht Karl von (1776-1813) --- 48 f., 52, 58, 75, 98, 136, 162, 182 f., 195, 205, 216 f., 242
Hegel, Georg Wilhelm Friedrich (1770-1831) --- 238, 257
Heinse, Gottlob Heinrich (1766-1812) --- 150, 218, 247
Hemsterhuis, Frans (1722-1790) --- 104 f., 134
Herz, Henriette (1764-1847) --- 75, 93 ff., 97, 101, 112, 120, 137 f., 142 ff., 152, 155 f., 161, 198 f., 249
Herz, Markus (1747-1803) --- 189, 210

Hirt, Aloys Ludwig (1759-1839) --- 115, 119
Holberg, Ludwig (1684-1754) --- 177, 181
Homer (8. Jh. v. Chr.) --- 35 f.
Hülsen, August Ludwig (1765-1810) --- 15, 130, 153, 160
Hufeland, Christoph Wilhelm (1762-1836) --- 23, 102, 141, 166 f., 177, 179, 181, 209, 238
Humboldt, Wilhelm von (1767-1835) --- 231
Iffland, August Wilhlem (1759-1814) --- 95, 117, 138 f., 228, 230, 232
Jacobi, Friedrich Heinrich (1743-1819) --- 141, 261
Jean Paul -> Richter, Jean Paul Friedrich
Just, August Cölestin (1750-1822) --- 45, 56 ff., 60--64
Kant, Immanuel (1724-1804) --- 124, 126
Klinger, Friedrich Maximilian (1752-1831) --- 240, 255
Klopstock, Friedrich Gottlob (1724-1803) --- 35, 73
Körner, Christian Gottfried (1756-1831) --- 101, 217
Kommerstedt, Friedrich Wilhelm von --- 39
Kotzebue, August von (1761-1819) --- 117, 165, 177, 194, 226, 228, 230 f.
Krates (ca. 330 v. Chr.) --- 150
Krause, Karl Christian Friedrich (1781-1832) --- 265
Kühn, Karoline von (1777-1822) --- 48
Kühn, Sophie von (1782-1797) --- 46 ff., 51 ff., 55 ff., 72
Kühn-Thümmel, Wilhelmine → Thümmel, Wilhelmine von
Kuhn, Friedrich Adolf (1774-1844) --- 177
Lafontaine, August Heinrich Julius (1758-1831) --- 90, 104
Landvoigt (Hofmeister der Fam. Hardenberg) --- 59 f.
Leibnitz, Gottfried Wilhelm (1646-1716) --- 124, 135
Leisewitz, Johann Anton (1752-1806) --- 219
Lemos-Herz, Henriette de → Herz, Henriette

Lenz, Jakob Michael Reinhold (1751-1792) --- 240
Lessing, Gotthold Ephraim (1729-1781) 127, 218
Levin-Varnhagen, Rahel (1771-1833) --- 106, 112, 156, 170, 184 ff., 192 f., 196, 199
Lindner, Friedrich Ludwig (1772-1845) --- 172
Loder, Justus Christian (1753-1832) --- 164 f., 167, 226, 230 f.
Luther, Martin (1483-1546) --- 121, 126
Majer, Friedrich (1772-1818) --- 223, 225
Mandelsloh, Gustav August Moritz von --- 49, 52 f.
Manteuffel, Hans Karl Erdmann von (1775-1844) --- 45, 52
Massenbach, Christian Karl August Ludwig von (1758-1827) --- 143
Matthison, Friedrich (1761-1831) --- 92
Mayer, Johann Tobias (1723-1762) --- 117
Mendelssohn-Veit-Schlegel, Dorothea (1763-1839) --- 11 f., 14 ff., 20, 23 f., 50 ff., 93 f., 97 ff., 110, 137 f., 142, 152, 155 f., 159 ff., 166, 168--175, 178 ff., 182--193, 195--203, 207--211, 213, 215, 217--220, 228, 233, 251 ff., 263 ff., 267 f.
Merkel, Garlieb Helwig (1769-1850) --- 179 ff.
Meyer, Johann Heinrich (1760-1832) --- 119
Michaelis-Böhmer-Schlegel-Schelling, Caroline (1763-1809) --- 12, 14, 16, 18, 22 f., 25, 30, 51, 57, 78, 80, 84--90, 97 f., 100--104, 108 f., 113--120, 133 ff., 137--142, 145--152, 155 ff., 159 ff., 163--170, 172--175, 177--186, 191 f., 197 ff., 208 f., 213--216, 226--238, 254--263
Milton, John (1608-1674) --- 35
Mohammed (auch Mahomet, ca. 570-632 n. Chr.) --- 121, 126
Moses, biblische Gestalt --- 126
Müller, Friedrich gen. Maler Müller (1749-1825) --- 246, 248
Müller, Johann Georg (1759-1819) --- 242, 244

Müller, Karl Wilhelm (1728-1801) --- 178
Napoleon I. Bonaparte, Kaiser v. Frankreich (1769-1821) --- 180, 194
Necker, Jacques (1732-1804), Vater von Mad. de Stael --- 246
Nicolai, Friedirch Christoph (1733-1811) --- 115, 160
Niemeyer; August Hermann (1754-1828) --- 108
Niethammer, Friedrich Immanuel (1766-1848) --- 12, 14, 23, 85, 89, 101 ff., 141, 178, 227, 238
Novalis -> Hardenberg, Friedrich von
Oehlenschläger, Adam Gottlob (1779-1850) --- 252
Oertel, Friedrich L. von (???) --- 115, 119
Oken, Lorenz (1779-1851) --- 257
Ossian (3 Jhd. n. Chr.) --- 35 f.
Paulus, Heinrich Eberhard Gottlob (1761-1851) --- 208
Perthes, Friedrich Christoph (1772-1843) --- 262
Petrarca, Francesco (1304-1374) --- 84
Pindar (518-430 v. Chr.) --- 239
Platon (428-347 v. Chr.) --- 41 f., 135, 143, 221
Plotin (205-270 v. Chr.) --- 132 f., 135
Plutarch (46-120 n. Chr.) --- 84
Podmanitzky von Aszód, K. --- 23, 237 f.
Racine, Jean-Baptiste (1639-1699) --- 252
Recke, Elise Freifrau von der (1756-1833) --- 52
Reichardt, Johann Friedrich (1752-1814) --- 51, 55 f., 78 f., 81, 83, 89, 108
Reinhard, Ernestine, geb. v. Charpentier (geb. 1774) --- 141, 146
Reinhard, Franz Volkmar (1753-1812) --- 141, 146
Reinhold, Karl Leonhard (1758-1823) --- 29
Richter, Jean Paul Friedrich (1763-1825) --- 56, 100, 104, 115, 119, 147, 150
Ritter, Johann Wilhelm (1776-1810) --- 14, 97, 108, 113, 134, 140, 154, 208, 223 ff., 228 f., 232 f., 268
Röderer, Johann Gottfried (1749-1815) --- 70

Röschlaub, Andreas (1768-1835) --- 209
Rousseau, Jean-Jaques (1712-1778) --- 149
Rumohr, Karl Friedrich Ludwig Felix von (1785-1843) --- 254
Runge, Philipp Otto (1777-1810) --- 212
Savigny, Friedrich Karl von (1779-1861) --- 232
Schelling, Karl --- 178, 226, 228
Schelling, Friedrich Wilhelm Joseph (1775-1854) --- 15, 18, 23, 51, 66, 96 ff., 102 ff., 106 f., 112 f., 117, 123, 130, 134, 140, 154, 156, 166, 169 f., 172, 178, 180 ff., 187, 207, 209, 213--216, 221, 225 f., 228--231, 237, 253 ff., 260, 263 f., 268
Schiller, Friedrich (1759-1805) --- 15, 24, 29 f., 33--38, 71 f., 81, 84, 102, 116 f., 142, 147, 164, 172, 178, 182, 186, 220, 230, 244
Schiller, Luise Antoinette Charlotte geb. Lengefeld (1766-1826) --- 120, 141, 146 f., 175, 178, 180 f.
Schlegel, August Wilhelm (1767-1845) --- 12, 14--19, 23 f., 29 f., 39, 51 f., 65, 67--74, 77--88, 90--93, 95, 97, 99--105, 109, 111, 113 ff., 118 ff., 132--135, 138, 141 f., 145 ff., 152 ff., 156, 164, 169, 171 ff., 177, 180--183, 185, 190 f., 194, 196 ff., 201, 207, 213, 216 f., 220 ff., 226--232, 239--248, 251--254, 261 f., 265, 267 f.
Schlegel, Friedrich (1772-1829) --- 12--16, 18, 23 f., 29 f., 38--47, 51 f., 54 ff., 58 ff., 65 f., 72, 75, 77--91, 93 ff., 97, 99--139, 141 f., 146 f., 149 f., 152--161, 164 ff., 168 ff., 172 f., 177 ff., 181 ff., 185 ff., 190, 192--195, 197--200, 202, 205--208, 210 f., 213, 215--219, 221 f., 228 ff., 234--238, 245, 248--253, 261--265, 268
Schleiermacher, Friederike Charlotte (1765-1831) --- 74--77, 93 ff.
Schleiermacher, Friedrich Daniel Ernst (1768-1834) --- 12, 14 f., 21, 23 f., 52, 74--77, 81 f., 84, 93 ff., 97, 99 ff., 103 ff., 124, 127, 129, 142 ff., 153 f., 159 ff.,

169--174, 182 ff., 186--192, 195--203, 207--211, 213, 220 ff., 248 ff.
Schleusner, Gabriel Jonathan --- 120
Schlichtegroll, Adolf Heinrich Friedrich (1765-1822) --- 232
Schlosser, Johann Georg (1739-1799) --- 55
Schütz, Christian Gottfried (1747-1832) --- 102, 180, 247
Seidler, Luise (1786-1866) --- 180
Shakespeare, William (1564-1616) --- 23, 72, 85, 87, 90 f., 94 f., 101, 139, 142, 159, 214, 221, 241 f., 245, 247 f., 252
Sokrates (um 470-399 v. Chr.) --- 113
Solger, Karl Wilhelm Ferdinand (1780-1819) --- 265
Sophokles (ca. 496-406 v. Chr.) --- 156, 221
Spalding, Johann Joachim (1714-1804) --- 141
Spinoza, Baruch (1632-1677) --- 46, 135
Staël-Holstein, Anne Germaine Baronesse de, geb. Necker (1766-1817) --- 245, 252, 254, 256
Stark, Johann Christian (1753-1811) --- 47
Steffens, Henrik (1773-1845) --- 14, 141, 266, 268
Talma, François Joseph (1763-1826) --- 257
Thielemann, Johann Adolf (1765-1824) --- 146, 148 f.
Thümmel, Wilhelmine von geb. von Kühn (1767-1832) --- 47 f., 52 ff.
Tieck, Amalie geb. Alberti (gest. 1837) --- 119, 128, 134, 172, 177, 179, 261
Tieck, Ludwig (1773-1853) --- 14 ff., 51, 83 ff., 88--93, 97 ff., 115, 118 f., 137, 153, 156--160, 163, 170, 172, 177 f., 180--183, 189 ff., 193 f., 197, 203--207, 213 f., 216 f., 231, 246, 252, 254 ff., 259, 261, 264 f., 268
Tieck, Sophie -> Bernhardi, Sophie
Tiedemann, Dieterich (1748-1803) --- 132
Tischbein, Sophie --- 165 f., 168, 175, 177, 180
Unger, Friederike Helene geb. von Rothenburg (1741-1813) --- 252 f.

Unger, Johann Friedrich Gottlieb (1753-1804) --- 77 ff., 83 f., 88 f., 92, 101, 107 f., 190, 196
Unzelmann, Friederike --- 138 f., 238
Veit, Philipp (1793-1817) --- 173 ff., 200
Veit, Simon (gest. 1819) --- 97, 188, 191
Vergilius Maro, Publius (70-19 v. Chr.) --- 35
Vermehren, Johann Bernhard (1774-1803) --- 23, 229, 238
Vieweg, Hans Friedrich (1761-1835) --- 77 f., 80, 84, 110
Villers, Charles Francois Dominique de (1765-1815) --- 264
Vinci, Leonardo da (1452-1519) --- 72
Voltaire, François Marie Arouet (1694-1778) --- 32
Voß, Johann Heinrich (1751-1826) --- 84, 92, 178
Werner, Friedrich Ludwig Zacharias (1768-1823) --- 265
Wiedemann, Luise --- 257--263
Wieland, Christoph Martin (1733-1813) --- 92, 115, 227
Winckelmann, Johann Joachim (1717-1768) --- 82, 219, 248
Wolf, Christian Gottlob (1757-1838) --- 108
Woltmann, Karl Ludwig von (1770-1817) --- 53, 56
Wrangel, Gustav Ludwig von (1770-1811) --- 232
Zachariä, Karl Solomo (1769-1843) --- 41
Zelter, Karl Friedrich (1758-1832) --- 189
Zezschwitz, Joachim Friedrich (1744-1820) --- 49
Zinzendorf, Nikolaus Ludwig von (1700-1760) --- 46